哲学和社会主义新论

董德刚 / 著

人民东方出版传媒
People's Oriental Publishing & Media
東方出版社
The Oriental Press

图书在版编目（CIP）数据

哲学和社会主义新论 / 董德刚著. --北京：东方出版社，2023.6
ISBN 978-7-5207-3335-9

Ⅰ.①哲… Ⅱ.①董… Ⅲ.①马克思主义哲学—研究—中国 Ⅳ.① B0-0

中国国家版本馆 CIP 数据核字（2023）第 035430 号

哲学和社会主义新论
ZHEXUE HE SHEHUIZHUYI XINLUN

作　　者： 董德刚
责任编辑： 张晓雪　韩封三祝
出　　版： 东方出版社
发　　行： 人民东方出版传媒有限公司
地　　址： 北京市东城区朝阳门内大街 166号
邮　　编： 100010
印　　刷： 永清县晔盛亚胶印有限公司
版　　次： 2023年6月第 1 版
印　　次： 2024年 6月第 2次印刷
开　　本： 787毫米 ×1092毫米　1/16
印　　张： 22.5
字　　数： 300千字
书　　号： ISBN 978-7-5207-3335-9
定　　价： 88.00元
发行电话：（010）85924640

目 录

contents

第二编　社会主义问题探索

第三编　出国考察报告及其他

前　言

本书是我的又一本个人文集，题名为《哲学和社会主义新论》，主要考虑如下：我的专业是马克思主义哲学，学习、研究和阐释有关哲学问题是自己责无旁贷的分内之事，也是本书的一个重要内容。而所谓社会主义问题实质代表着当代中国乃至世界的实际问题，前者不过是后者的代名词，本书亦对它们作了较多论述。进一步说，哲学又是思想工具或理论武器，社会主义问题则是我们面对的现实问题，它们之间是“矢”和“的”的关系。这些文章力求把马克思主义哲学研究与中国社会主义现实问题探索有机结合起来，做到“有的放矢”，因而以“和”连之。这其实也是我自1972年底开始充任理论教员以来，数十年理论工作生涯的“主线”和主旋律，而且，愈到后期愈加明确。之所以称之为“新论”，是自以为与同时期相关论著相比，本书中的大多数文章还是包含若干新意的，它们至今仍有一定思想价值，具有“可读性”。

本书共收入了我的31篇文章，它们都曾公开发表过，并且大部分被一些报刊和网站所转载（摘），每篇文章的题注说明了有关情况。按照内容，我将这些文章分为三编，各编中的文章均按时间顺序排列：第一编马克思主义哲学研究，收入12篇论文；第二编社会主义问题探索，录入10篇文章；第三编出国考察报告及其他，收录9篇文稿。前两编的文章，发表时间是2011年至2022年；第三编所收录的3篇出访报告及1篇自述文章（《从初中生到硕士研究生》）发表的时间略早，但因散见于不同报刊，不便查阅，这里一并编入，其他5篇文章皆发表于2010年之后，都是我“花甲”以后的作品。这次结集出版，只做了个别文字订正。这些文章中自以为新意较多的段落，采用黑体字表示，谨供读者赏鉴。

本书虽然分为三编，但实际上，它们是有部分交叉的：我的马克思主义哲学研究，不是纯学理性的抽象演绎，而是紧密联系当代中国以及世界之现实问题；而我对社会主义问题的探索，又与哲学的应用以至于发挥和发展密切相联；甚至出国考察报告及序言和书评，也是既关注现实问题，也体现着哲学思维，与前两部分具有互补和参照作用。

本书中的文章都是以前本人正式出版的三部个人文集①未曾收入过的，是自己既往学习、思考和写作的延续，可视之为“花甲十载结新果”。

当然，在现今浩如烟海的哲学社会科学论著中，我的这些理论著述或曰粗识浅见，自知是微不足道的，绝不比“盲人摸象”更高明，唯愿它们能够为一些读者主要是师友们所不弃，乃至对社会发挥一点有益作用！

本人曾撰有一首小诗，发表于中央党校《燕京诗刊》2018年第36期，现抄录如下，聊表自己此时的心情：

出书叹

几度寒暑著新书，

编校数月始印出，

劳碌多日赠师友，

不知能有几人读？

这里顺便发表一点感想，算是一个思想者的自白吧！

我于1984年34岁考进中央党校攻读哲学硕士研究生，毕业后留校工作，迄今已近40年，几乎在此度过了后半生。这半世的生活，就其主要内容而言，可称之为“思想人生”——以思想为职业，以思想为追求，以思

① 这三部个人文集是：《思想者的足迹——哲学论文集》，文津出版社1995年版；《哲学与现实》，经济科学出版社1999年版；《用中国化马克思主义破解现实问题》，九州出版社2012年版。

想为价值。借用17世纪法国著名哲学家笛卡尔的话说，“我思故我在”。反之，不思则无作为，不思则无价值，不思就无我了！这大概也是绝大多数思想理论工作者的宿命。我们这些人，既不去做工、务农和经营实业，也不去从政和管理国家，更不去献艺和娱乐众生，我们只能在思想领域工作，也甘于从事这一事业，并且以此为乐趣。思想，正是人之所以为人的重要特征之一，马克思甚至把精神即思想看作是“地球上最美的花朵”呢！我很庆幸自己能够充任理论教员，并且喜欢这一社会角色。这种理论教学与研究，既是自己赖以为生、养家糊口的职业，也是自己真心喜爱、乐此不疲的事业，职业与事业在我身上高度统一起来了，这使自己得以长期保持理论探索的热情。而且，教师工作还有一大优点，即自身必须不断学习提高，要经常读书、看报、上网、思考、调研、写作、讲授、交流，以适应教学科研发展的需要，实际也是不断进行自我人力资本投资，客观上会使自己的人生价值日渐升值。如果说，自己现在的学识和能力同过去相比已有较大提高，那么，确是得益于这种长期的人力资本投资。这同不少人数十年基本原地踏步恰成鲜明对照。

不过，在中央党校担当教师是有特殊性的。特殊性之一，就是我们所面对的学员主要是党和国家的中高级领导干部（也有少量理论骨干），他们的主要特点是担负重要领导责任，具有比较丰富的实际工作经验。他们的实际经验与我们教师的理论专长具有很大的互补作用，教师们可以通过学员了解很多实际情况（这是普通高校所不具备的），学员们借助教师充实新的理论知识。当然，政界与我们理论界或学术界也有明显差别：政界重在求同、强调与领导保持一致，理论家则贵在求异、提出一家之言；政界更多讲究人情、人缘、人际关系，理论家则更为注重事实、真理、规律。但从另一面说，政治家更注重做事、注重结果、注重成功，而理论家则更看重逻辑、看重说法、看重词句，因此，政治家比较务实，讲究实际，理论家则较多务虚，有时难免理想化。中国先人有言：“不当家不知柴米贵”“事非经过不知难”。记得一位西方政治家也说过，如果一个农夫的工具就是一支笔，而耕地却在千里之外，那么，耕作成百上千顷田地就是一件轻而易举的事情了。这是需要理论工作者加以警惕的，不要动辄就想绘制“最新最美的图画”以至于“改变世界”。

正如自己多次讲过的，我的信念是："思想者"的生命和价值在于"思想"；"思想者"的使命和责任在于为社会提供"思想"，以帮助人们审视和改变这不尽如人意的世界。实际上，思想是现实的反映，思想的内容都或直接或间接地来自于现实，深刻的思想大多是对现实本质和趋势的揭示，而思想的褒贬臧否多半是对现实的剖解特别是对其中弊端的鞭笞。

当然，思想者、理论家们也是多种多样的。我在《当代中国根本理论问题——科学的马克思主义观研究》一书中，曾经从基本价值取向和思想境界的角度，把理论家们划分为三种类型：“只知唯上”的理论家、“八面见光”的理论家、“为国为民”的理论家。前两类理论家不足为训，自己是以第三类理论家为人生标杆的，虽不能至，心向往之。

有时自己也想，在成千上万的思想者、理论家中，自己有什么特点呢？原中央党校哲学教研部主任许全兴教授在给上述拙著撰写的书评中提炼出三个词作标题：现实感、讲真话、讲新话[①]。这虽然不无过誉和溢美之嫌，但也确乎离事实不远。回顾数十年的理论工作历程，可以将自己的主要特点概括为：独立思考，敢说真话，关注现实，注重批判。

所谓独立思考，就是不盲目崇拜任何权威，不人云亦云，乃至“说大则藐之”，总要用自己的头脑思考，说自己的话，很少“我注六经”，更多的是“六经注我”，即不满足于诠释前人和他人，而主要是借题发挥，阐述自己的思想见解。之所以要少“注经”，主要是因为“经”的历史背景毕

① 许全兴:《现实感·讲真话·讲新话——读董德刚〈当代中国根本理论问题〉》,《科学社会主义》2010年第1期。

竟与我们今天有很大不同，时移势转，不能简单照搬，何况，所有的“经”都不可能句句是真理，而是都有或多或少、或大或小的缺失。所谓“六经注我”，并非实用主义、随心所欲，而是根据新的实际，发掘出其中带有规律性、普遍性的东西，这些东西与“经”的某些内容是可以契合一致的。

敢说真话，就是不更多顾忌什么人高兴不高兴、满意不满意，也不更多考虑个人的得失荣辱，只要是符合事实、符合人民利益的事情，就放胆直言，不惧“千夫诺诺，一士谔谔”，“虽千万人，吾往矣”，“苟利国家生死以，岂因祸福避趋之”。不说做“民族的脊梁”，总要有点骨气、正气吧！偌大个国家，遇到明显悖谬之事，总要有人言语一声啊！希望尽微薄之力，让我们的社会少一点犹太裔美国哲学家阿伦特所说的“平庸的恶”。

关注现实，是说自己始终关心社会实际生活，关心大多数人的生存境遇，关心中国与人类的命运。这可能与自己从事马克思主义哲学特别是历史唯物主义专业有关，言必称“社会发展一般规律”，当然也与自身自然科学知识较少有关，自己对社会问题比较关注和敏感，可谓“春江水暖鸭先知”，能够提出一些具有前瞻性的问题和观点。

注重批判，则是说自己力求对现实以及反映它的各种理论观点采取分析的态度，思考的重点是现实社会和已有理论中的问题和不足，不断揭示它们，从思想上矫正它们，以期现实社会更美好、理论更完善。**我赞赏这样的几句话：为文不作媚时语，但留清白在人间。不为帝王唱赞歌，只为苍生诉真情。**

有时自己甚至不无欣慰地想，这些特点在一定意义上不正是继承了马克思的精神品格吗！

多位名家说过，思想者往往是痛苦的。诚哉斯言！痛苦何在？痛在总是“杞人忧天”——忧国忧民忧党，而且是“进亦忧，退亦忧”乃至“退更忧”；痛在屈原之谓“众人皆醉我独醒”，常遇孔子和庄子所说“夏虫不可语冰”之无奈，时逢柏拉图“洞穴之喻”般情景，反而会被一些人视为

另类、异端，其实，设若没有所谓另类和异端，一切照旧，哪里还会有什么“创新”？！痛在权力的肆虐，内外信息常被屏蔽，诸多禁令扰人心智，思想的成果即使“怀胎十月”也很难甚至不准“分娩”！极而言之，或有“生命之虞”！不少时候，自己呕心沥血写出了文章，虽然明明知道它们触碰了社会和某些人的痛处，却总是期待报刊公开发表，其间难免担忧和纠结，时有“胎死腹中”之患，一旦如愿以偿则如释重负！但愿未来的思想家们能够从苦海尤其是权力的肆虐中解脱出来！

回首往事，尽管磕磕绊绊、不无坎坷，但无论顺逆浮沉，自己的血总是热的，一直在“用力地生活”——认认真真地做事，老老实实地做人，孜孜不倦地求索，光阴没有虚度。这是可以告慰自己、子孙、师友和亲朋的。

第一编

马克思主义哲学研究

马克思主义哲学中国化的三维审视*

马克思主义哲学中国化的基本含义，是实行马克思主义哲学与中国具体实际相结合。这种表述，已经标明了两个基本要素，一是马克思主义哲学，二是中国具体实际。同时，它还省却了一个要素——实行这个结合的实践主体问题。可见，马克思主义哲学中国化作为一个行为过程，包含实践主体、马克思主义哲学、中国具体实际三个基本要素。它以实践主体为现实中介，统摄马克思主义哲学与中国具体实际两个侧翼，可称为“一主两翼”的“三维”结构。我们要深入厘清马克思主义哲学中国化的含义，就要注意这三个不同的维度。当然，这三者密切相关，需要联系起来进行研究。

一、应当中国化的马克思主义哲学主要是指马克思哲学中的普遍真理和普适价值观念

马克思主义哲学中国化这个命题，隐含着一个前提性判断：马克思主义哲学是科学的、合理的、进步的，并且至今都管用的东西，所以要把它拿来中国化。可是，这样的马克思主义哲学究竟指的是什么？需要作些具体分析，以便使之得以澄明。

第一，要实行中国化的马克思主义哲学，显然不是指中国自己的哲学，

---

* 此文发表于《理论视野》2012 年第 8 期,《新华月报》2012 年 9 月下半月、人民网、中道网等转载。

因为它已经“中国化”了，没有必要再讲“中国化”，而主要是指原生态的、本来意义的马克思主义哲学即马克思（及恩格斯）的哲学。当然，列宁以及斯大林等人对马克思哲学的某些发展，也属于马克思主义哲学，但它们只是派生的和从属的部分，可以从略。

第二，进一步说，能够和应当同中国具体实际相结合的马克思主义哲学是指马克思哲学中的普遍真理和普适价值观念。真理和价值是人们把握世界的两个基本维度。过去，我们重视前者，忽视后者，现在应当加以矫正。所谓普遍真理和普适价值观念，是说它们不仅在外国是科学的、进步的，而且在中国也是科学的、进步的；它们不仅在19世纪是合理的、适用的，而且在21世纪乃至今后仍然是合理的、适用的。只有这种性质的马克思哲学才能够被愈来愈多的国家和人民所接受，才可能长期传承。倘若不是普遍真理、普适价值观念，那么，它们既不可能也不应当长期坚持下去。

那么，马克思哲学中包含哪些普遍真理、普适价值观念呢？我认为，马克思哲学在前人基础上主要是提出了三个具有独创性的重大观点即实践观点、生产观点、群众观点，它注重实践，注重生产，注重群众，注重人的自由全面发展。一方面，这些观点反映了客观规律特别是社会历史发展的普遍规律，其中最重要的是社会存在（实践）决定社会意识（认识）而社会意识又有相对独立性和反作用的规律、生产关系和上层建筑一定要适合生产力发展状况的规律、人民群众是历史创造者的规律，具有高度的科学性，是不可违背的普遍真理；另一方面，这些观点又在前者基础上，表达了以无产阶级为代表的绝大多数人的利益要求，具有崇高的人民性，体现了马克思主义的价值取向。这一价值取向带有普适性。顺便指出，一些人批判所谓“普世价值”，只讲个别和特殊、否定一般和普遍，似乎各国人民之间没有什么共同利益、共同关切、共同追求，各国人民的价值观念也没有什么交集、重合、一致性，不存在什么“人间正道”即普遍必然趋势，马克思主义价值观念也没有什么普适性，这显然是不正确的。

将上述普遍真理和普适价值观念综合起来加以提炼，**马克思哲学的基本精神，就是在尊重客观规律特别是社会规律的基础上，为绝大多数人即全体人民（包括其中每一个人）谋利益。其中，“尊重客观规律特别是社会规律”是前提和基础，它体现了马克思主义哲学的科学性；不尊重规律、不讲究科学，就没有马克思主义哲学。而“为绝大多数人即全体人民（包括其中每一个人）谋利益”，则是核心和目的，它体现了马克思主义哲学的人民性；不能把自我利益摆到适当位置上，没有为人民谋利益的奉献精神、牺牲精神，不是真正的马克思主义者。它们是科学性与人民性的统一，求真理与求价值的统一。只要坚持了这个基本精神，就是真正坚持了马克思主义哲学。这是马克思主义最基本的立场、观点和方法。所谓“忠于马克思主义”的实质，应是忠于科学、忠于人民，而不是忠于马克思个人及其语录。这也是坚持马克思主义的基本标准。**

马克思哲学的基本品格，集中表现为关注现实，注重批判。马克思首先是一个革命家，同时又是一个理论家，他特别关注现实，关注社会经济、政治、文化和人的生存状况。他胸怀崇高的理想主义情怀，对现实社会采取无情的批判即理性的分析态度。他强调：“……辩证法在对现存事物的肯定的理解中同时包含对现存事物的否定的理解，即对现存事物的必然灭亡的理解；辩证法对每一种既成的形式都是从不断的运动中，因而也是从它的暂时性方面去理解；辩证法不崇拜任何东西，按其本质来说，它是批判的和革命的。”[①]尽管在革命年代和建设年代，这种批判精神的具体表现具有很大不同，但其基本精神却应是始终如一的。可惜，多年来，这种批判精神在中国日渐匮乏，随处可见的是远离现实、自说自话、自娱自乐，或者是美化现实、歌功颂德、“为名利谋”。不少所谓马克思主义哲学家同马克

① 《马克思恩格斯文集》第5卷，人民出版社2009年版，第22页。

思哲学的基本品格已经越来越远了。

第三，马克思哲学中也有不属于普遍真理和普适价值观念的东西，它们不能也不应当中国化。**由于马克思的哲学产生于一个半多世纪以前（相当于中国清朝的道光至光绪年间），它自然带有那个时代、实践和科学发展水平的历史局限。而且，作为个体，马克思也带有个人的某些局限，不可能“句句是真理”，更不必说“句句是普遍真理”了。譬如，马克思的阶级理论有些偏激，国家理论相对薄弱，人性理论不够完全，价值理论只具雏形。换言之，马克思哲学中包含某些简单化因素、过激因素、空想因素。指出这些问题，主要目的不是批评前人（马克思能够在那个时代作出偌大贡献已经十分伟大），而是提醒今人：这些不够科学、合理的东西，不应当继续固守，不能把它们拿来中国化。我们要用马克思的分析批判方法对待马克思哲学，尊重实践检验，既要注意证实，也要注意证伪。马克思的哲学需要发展即扬弃，需要进一步科学化、现代化、完善化。**

第四，其他哲学有无普遍真理、普适价值观念因素？是否能够和应当同中国具体实际相结合？诚然，其他哲学中确有不少不科学、不合理因素，不能用来解决中国实际问题。但同时，无论是西方哲学，还是中国古代哲学，其中都有不少至今仍然给人以智慧和启迪的优秀遗产，都有普遍真理、普适价值观念因素。这可以说是绝大多数理论工作者的共识。对这些因素，我们必须予以吸收和利用，也应当将它们“中国化”。

这是否会出现一个悖论：马克思哲学中的一些内容不属于马克思主义哲学，而非马克思哲学中的一些东西却属于马克思主义哲学？如果我们以人划线，把马克思的哲学思想都看作是马克思主义哲学，把其他人的哲学思想都当作非马克思主义哲学，确实会出现上述悖论。但这种以人划线的方法却是错误的。因为我们是把马克思主义哲学当作指导思想即科学、合理、至今管用的东西来定位的。而这样的指导思想，任何个人都不可能独自包揽，它只能根据长期的群众实践，由众多人的思想精华构成。因此，正确的方法应当是以正误优劣为准，不问出自谁人，只问好坏对错。按照这一标准，无论对于马克思，还是对于其他人，都应当采取科学的分析态度：马克思的哲学思想有对有错，其他人的哲学思想也不全是谬误，它们都有二重性。当然，马克思哲学思想的真理性更多些，以至于人们容易忽视其中的非科学因素。上述悖论同迄今我们的指导思想大多以领袖个人名字命名（如马克思列宁主义、毛泽东思想、邓小平理论）的方式有关。放眼未来，如果我们的指导思想不再以个人名字命名，可能这类误解就会大大减少，教条主义、个人迷信也会进一步失去立足之地。

一切反映客观规律、符合绝大多数人利益的思想理论，都是同马克思主义哲学一致的。马克思主义哲学必须保持海纳百川的宽广胸怀。它同古今中外人类其他文明成果是一致的和相容的。必须反对把马克思主义哲学个人化、教条化、圣经化、标签化、抽象化的倾向，特别是反对把马克思主义哲学同人类其他文明成果对立起来的“自我孤立化”和“僵化”的倾向。如果排斥马克思主义哲学之外的其他文明成果，我们就会抱残守缺，多走弯路，失之偏颇。那么，把它们看作是一致的，马克思主义哲学的指导作用又体现在何处？就体现在用马克思哲学的基本精神——忠于科学、忠于人民——把它们贯通起来、整合起来。

二、实践主体应把马克思哲学中的普遍真理和普适价值观念内化并且关注中国现实

马克思主义哲学与中国具体实际相结合的中介是实践主体。马克思主义哲学要靠这个主体去掌握和运用，中国具体实际同样要靠这个主体去认识和改造，二者的结合更要靠这个主体去实施，并且就体现在这个主体的实践过程中，他担当着实现二者结合的重大责任。

实行马克思主义哲学与中国具体实际相结合的实践主体，主要是指马克思主义哲学工作者和各级领导干部。他们又可分为个人与团体两种基本

类型，并有不同领域、不同层次等区别。

马克思主义哲学中国化，对于实践主体提出了很高的要求：

第一，把马克思哲学中的普遍真理和普适价值观念内化为主体的素质和修养。要实现马克思主义哲学与中国具体实际的结合，首先需要实现马克思主义哲学与实践主体的结合。假如主体不了解、不熟悉、不相信马克思主义哲学，或者对马克思主义哲学的理解不科学，那么，是不可能实现马克思主义哲学与中国具体实际的正确结合的。

由于马克思主义哲学建立在批判审查和吸收人类已有主要文明成果的基础上，所以，这种内化，就是努力用人类全部文明成果充实和丰富主体自身，正如列宁所说："只有了解人类创造的一切财富以丰富自己的头脑，才能成为共产主义者。"① 而其中的重点，则是把马克思哲学中的普遍真理和普适价值观念转化为主体的思想方法和价值取向两个层面，即冯契先生所说的"化理论为方法，化理论为德性"②。当然，这不是一个短暂的一蹴而就的事情，而是一个需要较长时间并且需要多次反复的学习、消化、领悟的过程。

要把马克思主义哲学方法论化。马克思主义哲学的主要观点像其他知识一样，都提供了一种认识框架，运用它来分析问题，这些观点就转化为方法。我们要努力把马克思主义哲学普遍真理转化为思想方法，真正学会使用这个认识工具。马克思主义哲学包含丰富的方法论思想，这主要是由实践观点而来的辩证决定论方法和实践标准，由生产观点而来的社会基本矛盾学说特别是生产力标准，由群众观点而来的群众路线特别是人民利益标准，由阶级观点而来的阶级阶层分析方法，由辩证观点而来的系统（矛盾）分析方法，由历史观点而来的历史主义方法，等等。其中最基本的是

① 《列宁选集》第 4 卷，人民出版社 1995 年版，第 285 页。

② 参见《冯契文集》第 1 卷，华东师范大学出版社 1996 年版，第 20 页。

三个标准：实践标准、生产力标准、人民利益标准。我们要坚持和发展马克思主义哲学，必须认真研究和自觉运用这些方法。

要把马克思主义哲学价值观化。马克思主义哲学更重要的意义是提供科学合理的价值取向。我们要努力把马克思主义哲学的普适价值观念转化为品格、德性、价值取向。要心中有“大家”，而不是只有自我。要服膺真理，而不是逢迎权势。要有知其不可而为之、甘为真理而献身的精神。现在有一些人，是口头上的马克思主义、集体主义、社会主义，实际上的官僚主义、个人主义、封建专制主义，可称之为口是心非式“马克思主义者”。事实上，就居于核心地位的价值取向而言，马克思主义哲学并不玄奥，就是在尊重客观规律的基础上为绝大多数人即全体人民谋利益，包括其中每一个人的合理利益，促进“一切人”包括其中每个人自由而全面的发展。

思想方法主要是科学与否即真假问题，属于工具理性范畴；价值取向主要是好坏优劣、善恶美丑问题，属于价值理性范畴。前者是基础，后者是核心。这也是本文称之为上下有别的“两个层面”而不是并列的“两个方面”的原因。但二者又不能截然分开。这不仅因为离开了科学基础，价值取向就会发生偏差，离开了正确的价值取向，科学方法就会失去方向和意义；而且因为科学方法本身就含有一定的价值因素，正确的价值取向本身也包含科学方法的成分。

第二，关心和关切中国现实情况，包括经济、政治、文化、社会等各个方面，既有兴趣，又有体察。当然，任何个人的精力都是有限的，不可能无所不知、无所不晓。而且，在当代社会，人们都处于一定的分工体系之中，对其他领域的了解都是十分有限的。但一般地说，总要对中国发展大势有个基本把握，对于社会发展的某一方面特别是自己所在领域的实际有比较深入的认识。譬如，搞经济学的人，应当对中国经济状况有较多了解；搞哲学的人，应当对人们的思想观念及其背后的生存状态有较多把握。

假如对中国各方面的实际情况都是一知半解、若明若暗，甚至茫然无知，那是不可能实现马克思主义哲学与中国具体实际相结合的。

还应指出，为了真正搞清中国的具体实际，实践主体还需要具有宽广的世界眼光，以人类文明发展阶段和趋势为基本坐标，以世界各国的经验为参照。这种对世界的真实了解和深入把握，正是实际的世界观（与书面或口头的世界观相对），它能够帮助我们切实弄清中国在当今世界所处的位置、发展阶段和未来走向。

三、对中国具体实际的哲学把握和实践改进

马克思主义哲学中国化的落脚点和最终结果，是运用马克思主义哲学分析、回答、解决中国实际问题，结成理论和实践两方面的成果，即对中国具体实际的哲学把握和实践改进。

这里着重谈谈对中国具体实际的哲学把握问题，它表现为由浅入深的三个层次：

第一，马克思主义哲学中文化，即用中国语言表达马克思哲学思想。譬如实事求是，其魂是马克思哲学，其形是中国语言，这是马克思主义哲学中国化的一个成功范例。只有用中国语言把马克思哲学清楚明白地表述出来，形神兼备，才能被人们所理解和掌握，进而加以实际运用。这虽然并不深奥，却是一个前提性问题。

第二，马克思主义哲学具体化。这主要着眼于空间维度，强调中国这个特定地域的实际。就层次而言，马克思主义哲学是一般，中国具体实际是特殊，二者相结合即为前者的具体化。它主要是指马克思主义哲学的应用。毛泽东在出版《毛泽东选集》时，把《中国共产党在民族战争中的地位》一文中原有的“马克思主义中国化”的提法，修改为“使马克思主义在中国具体化”是有道理的，它使比较抽象的“中国化”的含义更加明确了。马克思哲学中的普遍真理和普适价值观念，在中国与在外国都是同一

的，没有什么中国化问题。正如建筑学（以及各种自然科学）的基本原理，在世界各国都是同一的，没有什么中国化的问题一样。但是，中国人运用这些基本原理，要建造出适合中国自然地理、风俗文化和具体条件的房屋道路桥梁，才能解决中国人的生存和发展问题。单靠普遍真理，即使它无比正确，也不能解决任何实际问题，所以，要把它们“具体化”。

第三，马克思主义哲学现实化。这主要着眼于时间维度，强调现实指向，强调解决当下问题。这是对具体化的进一步限定。所谓现实，与过去（历史）和未来相对，而现实化，即指既不要滞后，也不应超前。例如，有的学者强调中国现阶段的价值观念核心应当是平等，理由是马克思所说的社会主义是资本主义之后的更高级的社会，社会主义区别于资本主义的主要特点就是更为平等。这个观点的主要缺陷，就是忽略了我国现阶段的社会并不是马克思所说的作为共产主义第一阶段的那个社会主义社会，而是邓小平所说的“事实上不够格”①的社会主义，即与资本主义并存的、在经济文化等方面还落后于资本主义发达国家的“混合型”或“过渡型”社会，它既有封建主义因素，又有资本主义因素，也有某些社会主义因素。把没有阶级、没有国家、没有政党、没有军队等因素的未来共产主义社会的价值观念硬套到中国现阶段，存在着时空错位的“非现实化”问题。其实，在当今中国，富强、民主、自由、文明的重要性，丝毫不亚于平等的重要性。更一般地说，在今日中国，大力清除封建主义残余影响、借鉴吸收资本主义文明成果的紧迫性，丝毫不亚于批判资本主义的紧迫性。还应指出，马克思主义哲学强调，“人们所达到的生产力的总和决定着社会状况”②，生产力是社会进步的根本标准。但不少学者在比较社会主义和资本主义的时候，却不顾我国目前生产力水平远远落后于资本主义发达国家的基本事实，

---

① 《邓小平文选》第 3 卷，人民出版社 1993 年版，第 225 页。

② 《马克思恩格斯选集》第 1 卷，人民出版社 1995 年版，第 80 页。

大讲我们如何先进、优越，资本主义如何陷入危机、困境，鼓吹所谓“中国震撼”，总喜欢用批判资本主义来证明自己政治正确。这虽然也有部分事实根据，但总体上却是对现实的扭曲反映。这种认识完全背离了马克思主义哲学的基本观点，也是“非现实化”的重要表现。

马克思主义哲学在中国的具体化、现实化内在包含着发展、矫正的含义，因为时代、发展阶段、具体条件不同，对原有理论必然要有所鉴别、有所取舍、有所补充、有所拓展。换言之，马克思主义哲学与中国具体实际之间存在着双向互动作用。

马克思主义哲学中国化的理论成果，集中体现为形成若干具有较强哲学意味的实践理念、重要概念。例如，我们党所提出的社会主义初级阶段，解放思想实事求是，“三个有利于”标准，以人为本与和谐社会，等等。这些理念和概念，能够比较准确地描述现实，揭示现实的本质，特别是反映广大人民群众的利益要求，指明现实的发展趋势，提出解决中国问题的基本思路。它们既有对于当代人类社会一定的普适性、共同性，又体现着中国风格、中国气派；它们既是哲学的、普遍的，也是具体的、特殊的，对于解决中国现实问题具有很强的针对性、可行性；它们既是实然的、“解释世界”的理念，更是应然的、“改变世界”的理想，具有重要的导向作用。

所谓对中国具体实际的实践改进，包括形成符合中国国情的各个层面的科学合理的政策措施、体制机制、制度架构、发展道路或曰“模式”，最终表现为生产力的发展、国家的富强、人民生活水平的提高，并且得到本国绝大多数社会成员以及世界人民的认可。我们实行马克思主义哲学中国化的根本目的，正是为了正确解决各种实际问题尤其是重大问题，使人所依存的世界更美好，使绝大多数人包括自己的生活更幸福。

此外，对于马克思主义哲学中国化，还可以从结合过程的角度进行分析。这个过程又可分为微观和宏观两个层面。笔者已经对此作过一些探索[1]。微观层面的结合过程，起点是运用马克思主义搞清具体实际，历经依次递进的实践理念、具体方案、实际行动三个主要环节。宏观层面的结合过程，体现为正确处理理论与实践、理论的多种主体、集体智慧与个人创造、马克思主义与人类其他文明成果等四重关系，努力做到立足群众实践、遵循分工规律、汇聚集体智慧、广汲文化营养等。

① 参见董德刚:《当代中国根本理论问题——科学的马克思主义观研究》，河北人民出版社 2009 年版，第十二章马克思主义与具体实际结合的微观机制、第十三章坚持和发展马克思主义的宏观实现路径。

论社会发展的一种动力机制*

社会是泛指由于共同物质条件而互相联系起来的人群①。在微观上，它表现为企业、社区、机关、学校及家庭等团体；在中观上，它表现为地区、部门、阶级、阶层等群体；在宏观上，它表现为由生产力、生产关系（经济基础）和上层建筑等要素以及由经济、政治、文化等领域所构成的完整社会形态，如国家。这三个层次之间是包含关系：宏观包含中观，中观包含微观。本文主要论域为宏观层次，但对于中观和微观层次同样适用。所谓社会发展，意即社会向好的方面演进。那么，社会究竟是如何发展的？马克思说："全部社会生活在本质上是实践的。"② 这表明，社会发展就是作为主体之人能动改造作为客体之社会的实践过程。对此，可以从多种角度进行分析。例如，从社会客体（社会自身的结构体系）角度看，是生产力、生产关系（经济基础）和上层建筑等要素以及经济、政治、文化等领域相互作用的过程；从社会主体角度看，是个人、群体（阶级、阶层等）、人民群众相互作用的过程。本文提出，从主客体统一之历史过程的角度看，社

---

* 此文发表于《河北学刊》2013 年第 4 期（发表时，题目中的"一种"被删掉了），人民网、人民论坛网、中道网、爱思想网、中国改革论坛网、共识网等转载。《北京日报》2013 年 8 月 5 日以《谈社会发展的一个动力机制》为题摘转，并被人民网、光明网、网易、星岛环球网、中国日报、凤凰网、东方网、华龙网、国史网、天津网、中国经济网、求是理论网、中国社会科学网、宣讲家网站等转载，还收入北京日报理论部编《大家小文——社科美文精选》一书（北京日报出版社 2016 年版）。

① 《现代汉语词典》修订本，商务印书馆 1998 年版，第 1115 页。

② 《马克思恩格斯选集》第 1 卷，人民出版社 1995 年版，第 56 页。

会发展大体表现为问题→不满→表达→改进四个环节前后相继的周期，然后，由改进再到新的问题→不满→表达→改进。这是一个循环往复、螺旋式上升的过程。这也是社会发展的一种动力机制。

一、问题、不满、表达、改进四个概念释义

本文所使用的问题、不满、表达、改进四个概念，都是浅显直白的日常生活用语，不需要更多解释，但现实情况错综复杂，细究起来，还是有一些问题需作必要说明。

在社会领域中，所谓问题就是社会现状与一定的主体需要不适应而有待解决的社会矛盾。人们之所以要能动地改造世界包括社会，其根源就在于人们的各种需要与世界不能满足它们之间存在着矛盾。正如列宁所说："世界不会满足人，人决心以自己的行动来改变世界。"① 作为高级动物之人的需要，以动物性生理需要为基础，同时又生长出社会性需要，并呈现出不断增长的趋势，且永远不会停止在某一水平上，因而它同世界之间也永远存在着矛盾。这个矛盾是人类一切矛盾的本源，也是分析社会发展机制的基石。

马斯洛提出，人有生理需要、安全需要、友爱（归属）需要、尊重需要、自我实现需要，它们由低到高排列。② 它呈现为从物质性需要到精神性需要直至自我实现需要（即从生存需要到发展需要）的序列。马斯洛的需要层次论所体现的主要是个体的、层级高度的视角。从个人与他人的社会关系、横向广度的视角看，人的需要在境界方面也有差别，如就关注的范围而言，从关心自我到关心亲属朋友，再到关心群体（集体）、广大公众直至人类，同样表现为由低到高的序列。后者就是所谓公民意识以至于世界

① 《列宁专题文集——论辩证唯物主义和历史唯物主义》，人民出版社 2009 年版，第 138 页。
② ［美］马斯洛著:《自我实现的人》，许金声等译，生活·读书·新知三联书店 1987 年版，第 160 页。

公民意识。儒家所言“己所不欲，勿施于人”以及“己欲立则立人，己欲达则达人”，尽管在等级分明的前资本主义社会并无实现可能，却包含着众生平等的观念要素，是超越生物本能的共生观念，也是高尚的境界。此外，从纵向的时间维度上看，无论个人、群体或人类，都有当前需要与长远需要的区别。可持续发展理念就体现着既要关注当前、又要关注长远的宏大视野。

任何一个社会都不可避免地存在这样那样的问题，譬如，社会自身结构体系的矛盾、失衡，社会供给与一定主体需求的错位，社会实际状况与一定主体意识的不平衡，等等。问题是多种多样的，存在着不同层次、领域、时段之分，它们又都有局部性问题与全局性问题或枝节问题与根本问题之别。

指出各种社会都存在问题，并不等于对该社会的完全否定。倘若所指问题是局部的，那就等于肯定了该社会主要方面是合理的、健康的。反之亦然。在实践即实际工作和生活中，人们总要提出一定的目标、任务，这是自觉实践不可缺少的要素。而目标、任务除了维持现状的情况（这比较少见）之外，在很大程度上就是问题的另一种表述方式，它们本身就是有待于解决的问题。在中国学术界和理论界，科学研究应当从问题出发，即问题意识，已经成为许多学者的共识，也表明了问题的优先和基础地位。

所谓不满，基本含义就是不满意，是一定主体对某种社会状况的否定性评价。它是问题在一定主体意识中的映射，是主观对客观的反映，它来源于客观问题，但又有鲜明的主观自觉因素。从强度上看，它大体可分为不满足、不够满意、不满意、很不满意、深恶痛绝五个等级。从不满的主体上分，有少数人与多数人、下层与上层、这一阶层或群体与那一阶层或群体等区别。从指向的领域分，有对整个社会不满与只对其中某一方面不满之别。从不满的内容层次上分，有低级不满（对与个人低级需要相连的生存条件的不满）、高级不满（对与个人关系密切的发展条件的不满）、超级不满（对更广大范围的国家事务、社会道德状况等的不满）等。正如马斯洛所说："…… 人类将总是抱怨。没有什么伊甸园，天堂也不存在，除了经历一两个时刻外，也没有什么极乐。不能想象，有什么东西能使人们得到完全满足，使人们不再需要新的东西。"他还把牢骚分为低级牢骚、高级牢骚和超级牢骚三种。[①] 本文所说的三种不满，便是套用了这一思想。

需要说明的是，肯定和否定是一件事情的两个方面，二者同时并存而且互为反比。例如，对社会某一方面不满意同时意味着对社会的其他方面满意，不够满意也仅仅意味着满意程度不高，不等于完全不满意，犹如半杯水一样，不够满意描述的只是其上空的部分，却舍弃了其下盈的部分。其实，问题概念也是如此：一般地说，问题和成绩是同时并存的，讲问题舍弃了成绩方面，但并不等于否定它。许多人以为不满似乎只是负面的消极因素，实际上，在很多情况下，它恰恰是推动社会改进的直接动力。要推动社会发展和进步，需要从找到问题开始。正如开明的基层干部所说："成绩不讲跑不了，问题不讲不得了。"亦如俗语所言："良药苦口利于病，忠言逆耳益于行"。对社会满意、肯定以至颂扬，固然也有鼓舞人心、振作精神、坚定信念等积极作用，但它的基本功能是维持现状，对解决社会问题、促进社会发展并无多大意义。这正是本文之所以侧重于探讨不满的缘由。

不满有合理与不合理的根本性质之分。这是一个重要区别，但如何划分却并非易事。按照马克思主义的基本精神，从原则上说，能否增进人民利益即公众利益（包括合理的个人利益）是核心尺度，它标志着其方向是否正确，此为价值性标准；而是否具备实现条件则是基础尺度，它标志着其可行性高低，此为科学性标准。它们是核心与基础、目的与手段的辩证

① ［美］马斯洛著：《自我实现的人》，许金声等译，生活·读书·新知三联书店 1987 年版，第 170—171 页。

统一。这就是说，反映人民利益、反对不良现象的不满是合理的，在此基础上，可行性条件愈充分的不满其合理性愈高；而损害人民利益的、要求过高即不具可行性的不满是不合理的。对人民和社会来说，合理的不满是积极的因素和好事；只有那些不合理的不满才是消极因素和坏事。后者在现实生活中表现为罔顾公众及他人利益而只谋个人及小团体之私的不满，片面的、极端的、过激的要求，缘于孤陋寡闻、主观臆想之“问题”的怨愤，等等。毋庸多言，这类区分都具有相对性。

在通常情况下，不满主要来自社会下层，它是推动改变现状的主要动力。一般地说，需要不能满足特别是受到损害的人必然产生不满。只不过有的不满受到社会压抑，严重时甚至主体已经麻木，久痛不觉其苦。同时，社会上层也会有一定不满，它也是改变社会现状的重要力量。在社会量变时期即社会基本制度不变期间，前者大多要和后者结合并且通过后者才能起作用。

不满也是相比较而存在的。譬如，有些人生活境况比过去有所改善，但相对于其他生活更好的人或更高的标准，也会产生不满。一国民众的生活在同自己的纵向比上虽有较大进步，但横向看即相对于其他国家人民更好的生活，人们同样会产生不满。对此，马克思举过一个生动的例子：“一座房子不管怎样小，在周围的房屋都是这样小的时候，它是能满足社会对住房的一切要求的。但是，一旦在这座小房子近旁耸立起一座宫殿，这座小房子就缩成茅舍模样了。……那座较小房子的居住者就会在那四壁之内越发觉得不舒适，越发不满意，越发感到受压抑。”[①] 这就是说，横向比较（实质是社会比较）比纵向比较（实质是自我比较）更容易刺激人们的敏感神经。

所谓表达，就是一定主体用语言、行动等有形方式表示自己的意见和

① 《马克思恩格斯选集》第 1 卷，人民出版社 1995 年版，第 349 页。

态度。表达的形式具有多样性，大体可分为语言（有声语言和文字符号）表达、形象（体态、图像、音乐、组织标识等）表达、行动（礼仪、集会、游行、示威等）表达三种。人之所以不同于动物，显著特征之一，就是人所独具的“第二信号系统”——语言表达系统。语言表达能够提供的信息量最大，因此应予特殊重视。表达的作用是反映社会状况并且向公众传达自己的意愿，包括反映问题和不满的信息。参照卡尔纳普关于语言有两种职能（即功能）的论述，表达的内容可分为两类：一类是陈述经验事实，一类是表露情感和意愿①。后者可统称为表达主体意愿。表达的进一步延伸，就是提出解决问题的方案、对策和措施等，它体现主体意愿，同时也不得不考虑经验事实和现实条件，是对未来应当如何的期望。广义的表达包含寻求、获取、传播信息和思想三个环节②，前二者即现在人们常说的知情权中所谓“知情”，而“传播”即为狭义的“表达”。本文的表达概念一般系指其广义。

所谓改进，就是改变社会旧有状况即解决存在问题，使之有所进步。对于存在的问题表达合理的不满，在这方面，如果下层和上层的意见完全一致至少是部分一致，就会实现改良（小修小补）和改革（大修大补）；假如下层与上层的意见相反，则会出现两种情况：当下层力量足够强大时，就会发生革命，而在下层力量比较弱小时，社会整体将保持现状，但可能会发生局部冲突。而对不合理的不满，通过解释、疏导、批评等途径即所谓做思想工作以及心理治疗，可以使之化解，从而改善社会状况。这些，都是改进的表现形式。

改进总体上是正向的变化即发展，但并非理想化的直线运动，而是波浪式地前进，它会时而偏左，时而偏右，但总趋势是上升的、进步的，其

① 参见孙正聿:《思想中的时代》，北京师范大学出版社 2004 年版，第 339 页。

② 参见联合国《公民权利和政治权利国际公约》第 19 条。

根据是绝大多数社会成员都要求而且事实上也在不断增进自己的利益——这正是社会发展的实质内涵。改进也不是一次性的活动，它在很大程度上正如电脑改进一样，是一个不断针对存在问题而进行修补、调试、升级的过程。如果实在无可救药，就只得更换电脑了——这相当于社会领域的根本革命。这种持续改进正是社会持续发展的基础。

二、问题→不满→表达→改进机制的简要证明

上文已经包含了部分证明，以下从逻辑与实证两个方面作简略论证。

从逻辑上说，社会发展究竟是怎样发生的？我们可以从结果上倒推：社会发展一定是一种改进——改进体制机制、改进实际状况等。这种改进必定是由一定的群体来完成的。虽然这种改进的必要和可行方案极可能被某一个人或几个人首先意识到，但个人却不可能单枪匹马地改变社会，必须动员组织一定的群体，这就不可缺少也不可绕过表达环节。而表达的主要内容显然是对社会现状的不满，它能够在该群体内引起共鸣。这些不满的根源则是社会存在问题。换言之，无论哪一个社会的演化，都是一个不断试错、纠错的过程。这里的错失就是问题，而意识到错失即表现为不满。要纠正这些错失，必须求得一定社会共识，这就离不开表达。如果错失得以减少，此即改进，社会就会发展和前进；如果错失不能得到纠正，甚至愈来愈大，社会则将停滞甚至倒退。

对于这种动力机制的概括，有人可能会联想到波普尔的著名公式：P1 → TT → EE → P2，即“问题P1—尝试性的理论TT—批评性地消除错误EE—新问题P2”[①]。本文同这个公式确有一定联系，至少在从问题出发以及四段论的形式上有相似之处，但二者的区别还是明显的和主要的：其一，

① ［英］卡尔·波普尔著：《客观知识——一个进化论的研究》，舒炜光等译，上海译文出版社1987年版，第154页，另见第127页。

波普尔公式的论域是知识的增长即认识论领域，而本文的论域则是社会，后者包含前者但比前者内容更为丰富，因为知识增长只是社会发展的一部分；其二，本文的不满、表达都是波普尔的公式所没有的，改进也不限于理论方面。目前，笔者尚未发现比波普尔公式更接近问题→不满→表达→改进这一动力机制的观点，因此，本文关于这一动力机制的概括，不能归结为任何已有的理论，而是一种新的尝试，具有相对独立的地位和意义。

从实证上看，古今中外的无数实例证明了上述动力机制。这里仅举革命、改革、改良和创新等若干事例。

20 世纪的中国革命是怎样发生的？根源是封建专制制度的腐败以及帝国主义国家的入侵，引起了众多志士仁人的强烈不满，他们宣传、动员、组织群众进行斗争，经过长期的政治的（含暴力的）、经济的、文化的反复较量，最后推翻了腐朽的旧制度，建立了新中国。

中国为什么要实行改革开放？基本原因是原有的体制制度严重束缚了生产力的发展、损害了广大人民群众的根本利益，“文化大革命”更使这种导致经济上普遍贫穷、政治上人人自危、文化上封闭愚昧的体制制度的弊端暴露无遗，造成全社会的普遍不满，进而在邓小平等领袖人物的引导、推动下，开始走上了改革开放的新道路。自那时以来，中国的许多社会问题都是由突发事件触发而解决的。如 2003 年孙志刚事件所导致的《城市流浪乞讨人员收容遣送办法》的废止和国务院《城市生活无着的流浪乞讨人员救助管理办法》的公布实施；多起抗议野蛮暴力拆迁事件与 2011 年 4 月国务院《国有土地上房屋征收与补偿条例（草案）》的出台；众多人士对住房、教育、医疗、养老等现状的不满促使国家政策向注重民生转变；互联网上人们对某些官员和垄断行业腐败问题的揭露所引起的制度进步；许多群众维护自己正当权益的言行与国家人权政策的改进。这些问题最终得以解决，可谓都体现了问题→不满→表达→改进这一社会发展动力机制。

现代发达资本主义国家为什么比原始野蛮的资本主义制度更为文明？

根本原因是在生产力发展的基础上，广大工人阶级和其他劳动群众对严重社会弊端的不满，导致他们不断进行抗议、示威、罢工以及其他有组织的斗争，迫使资产阶级和执政集团不得不作出某些调整及改良，从而部分地满足了弱势阶级和阶层的利益要求，使社会利益结构得到了改进，社会矛盾得以缓和。这种调整和改良经过长期积累，已经使资本主义制度发生了部分质变。现代发达资本主义国家之所以具备较强的自我调节能力，重要机制之一就是各个社会群体都能够比较顺畅地表达利益诉求，在现代民主法治框架内互相博弈，并且通过普选制约束执政集团不得不站在比较客观公正、公平的立场上，协调和兼顾社会各方利益，达成大致的均衡。

现在，创新已成为一个热门词语。那么，创新是如何发生的？在通常情况下，创新总是在一定压力（如市场压力、资源压力、社会压力）下开始的。这些压力就是问题和不满。创新主体表达这种不满，组织起一定的团队或借助于一定的社会力量，作出新的探索并取得实际成效，此即改进。理论创新作为创新之一种，也是如此：理论家和思想家们发现原有理论存在某些问题，不满于此种现状，于是便尝试作出改变，提出新的见解，这些见解在社会一定范围内切磋、论辩、修正，最后才形成了得到一定社会认可的某一新的理论。

三、问题→不满→表达→改进机制的实践启示

理性对待不满。问题在任何时期都是客观存在的，因而人们总会有这样那样的不满。领导者在情感上大多对不满持抵触甚至厌恶态度。这颇易理解。因为不满意味着对其领导的不完全认同，对其工作的某种否定。但领导者应有自知之明，他不可能事事正确，即使正确的事也很难使所有人都满意。特别是那些利益受到严重损害的人，心存不满更是十分正常的事情，而且，不满之中总有某些合理因素，它是推动社会发展的重要动力。有不满是正常的，而完全满意是不可能的，即使存在这种现象，也一定是

虚假的。当然，喜欢虚假满意的领导者不在少数，但这只是鸵鸟式的自欺欺人。值得警惕的是，领导者手中都握有一定的权力，他可能利用这些权力打压不满者，直至使用暴力强制手段予以消灭，至少让他们不敢乱说乱动。但这是同现代文明根本对立的，必将受到舆论的谴责和人们的反抗，也不可能长期维持，只能得逞于一时。

实际上，马克思主义历来强调对一切事物包括社会都要作历史的辩证的分析，反对全盘肯定或全盘否定。马克思明确讲过："……辩证法在对现存事物的肯定的理解中同时包含对现存事物的否定的理解，即对现存事物的必然灭亡的理解；辩证法对每一种既成的形式都是从不断的运动中，因而也是从它的暂时性方面去理解；辩证法不崇拜任何东西，按其本质来说，它是批判的和革命的。"① 辩证法作为普遍规律和方法，适用于所有的个人、群体和国家，适用于一切历史阶段。丧失这种批判的和革命的精神，社会就不能继续发展。"蔑视辩证法是不能不受惩罚的。"②

关键环节是表达。问题与不满都是具有必然性的存在，关键是人们有无适当的表达渠道及其宽窄。表达渠道愈窄，不满就愈易累积，当其爆发时破坏性就会很大；表达渠道愈宽，就愈容易宣泄和舒缓压力。有适当的表达，才可能有一定的改进；而压制表达，则会掩盖问题，使改进成为不可能。须知，批评不等于反对，批评更不等于加害，而歌功颂德者不一定都是好心，其中有大量别有用心的谋私者。

当然，对于不满不能一概肯定。因为人人都有偏见——人们总是受到自己知识背景、认知水平、价值取向、有限视野等局限，不可能完全客观、全面地看问题，由此产生的不满自然存在缺陷。这种缺陷，只能依靠集体智慧——群体讨论和相互竞争等来加以弥补。或者说，一种偏见只能用另

① 《马克思恩格斯文集》第 5 卷，人民出版社 2009 年版，第 22 页。
② 《马克思恩格斯文集》第 9 卷，人民出版社 2009 年版，第 452 页。

一种偏见来制约，众多偏见的相互制衡、相互抵消、相互补充更接近真理。这恰恰证明了表达的不可或缺。应当相信广大群众是知情达理的，真理和正义终将胜利。至于个别的造谣、诬陷以至于煽动社会动乱等极端言论，完全可以依据法律予以制止和惩处，不必为此而因噎废食。

如前所述，表达的归结是传播信息和思想即言论出版自由。在人类历史发展的很长一个时期，专制制度盛行，不存在言论出版自由，时常可见的是“因言获罪”“文字狱”“莫谈国事”。随着专制制度的瓦解和资本主义的发展，言论出版自由逐渐成为公民的基本权利。例如，马克思和恩格斯合著的《共产党宣言》，其主旨是批判资本主义制度，并且公然宣称要用暴力推翻它。这样一部著作，1848 年在英国公开面世，随后不久，就在法国、德国、美国等国多次出版。由此可见，即便在当时原始野蛮的资本主义条件下，也已经实行了言论出版自由。这种自由并没有造成资本主义制度的毁灭，相反，却使它不断得到救治甚而得以更生。社会主义本来应当是比资本主义更文明进步的社会制度，可在斯大林式的传统社会主义国家，这种自由却是很难想象的。这绝不是历史的进步而是倒退。压制人们表达，会造成严重的社会后果：社会病患不能得到及时医治，以至于社会病入膏肓，上层尚浑然不觉。例如，在 1989 年 11 月召开的罗马尼亚共产党全国代表大会上，该党领袖齐奥塞斯库多次赢得代表们经久不息的热烈掌声，被一致推举为国家领导人，并且得到举国庆祝，执政地位似乎固若金汤。然而，不到一个月时间，暴力压制人民表达的该党政权就被推翻，而齐氏则被枪决。邓小平在《解放思想，实事求是，团结一致向前看》的重要讲话中也说过：“要相信绝大多数群众有判断是非的能力。一个革命政党，就怕听不到人民的声音，最可怕的是鸦雀无声。……一听到群众有一点议论，尤其是尖锐一点的议论，就要追查所谓‘政治背景’，所谓‘政治谣言’，就要立案，进行打击压制，这种恶劣作风，必须坚决制止。毛泽东同志历来说，这种状况实际上是软弱的表现，是神经衰弱的表现。”[①]

现在，言论出版自由已经写进了世界各国包括中国的宪法。国际社会公认：对它的“限制只应由法律规定并为下列条件所必需：（甲）尊重他人的权利或名誉；（乙）保障国家安全或公共秩序，或公共卫生或道德”[②]。毋庸多言，表达是以思想自由为前提的，它是思想自由的延伸。人们能否自由表达即有无言论出版自由，既是公民有无基本权利的问题，也是一个社会能否正视自身问题并且加以改进的前提条件。假设连表达都不被允许或不畅通，还怎么能期望社会问题得到改进呢？

这里特别需要提到知识分子。因为知识分子主要从事脑力劳动，他们对社会问题也更为关心，尤其是从事社会科学研究的知识分子，其工作就是对社会问题发表各种意见。因此，他们对言论出版自由的需要最为强烈。从一定意义上说，失去言论出版自由，他们也就失掉了生存的基本条件，几乎等同于对他们的骟杀。这看起来似乎只是关涉少数人的事情，但知识分子在很大程度上是社会包括各个阶级和阶层的喉舌，其中相当一些人是真诚为国为民的，扼杀知识分子实质是对人民包括各个阶级和阶层的封喉。应当看到，随着社会特别是教育事业的发展，愈来愈多的人拥有了中等以上学历和知识素养，日益知识分子化，言论出版自由对所有人都将成为日常社会生活的必需。

值得庆幸的是，当今世界互联网日益发达，它等于在官方垄断的新闻媒体之外涌现了无数的民办报纸、民办杂志、民办广播、民办电视、民办通讯社，普通公民拥有了一个重要的信息通道。它使人民群众的知情权、表达权、参与权、监督权不再是空谈，它强迫各个国家不得不兑现公民的言论出版自由等宪法权利。再搞封锁消息、控制舆论、文过饰非已经很难

① 《邓小平文选》第2卷，人民出版社1994年版，第144—145页。

② 联合国《公民权利和政治权利国际公约》第19条。1998年10月5日我国政府已经签字并多次声明实施该公约。

办到了。互联网的广泛使用，尽管也有某些负面的东西，但总体上是一个巨大的历史进步。可以说，互联网是民主政治的重要推进器，而网络民主是当代民主的一种重要形式。

但我们也应看到，网络民主毕竟只是民主的一种形式——一种虚拟的民主。网络民主的发达，在一定意义上恰恰反衬出实体民主的不发达。如果普通公民可以比较自由地在报刊杂志、广播电视上发出自己的声音，可以及时地向议员或代表、官员和政府部门表达自己的诉求，那么，网络民主就不会异常繁荣了。

改进与表达密切相联。改进是一个复杂的过程。作为一种实践，它以改进的主体特别是决策者为中心，包括调查→决策→执行→反馈四个基本环节，它们也是一个前后相继的周期，是一个循环往复不断前进的过程。作为其基础的调查就是决策者了解社会包括群众的真实情况，而反馈自然包括群众的意见和要求。可见，群众能否自由表达对于有无改进具有决定性的作用。这实质上也就是决策是否科学与民主的问题。倘若“情况不明决心大，权力集中无制衡”，那么，决策必然出现重大失误，并且很难纠正，社会代价往往过高。

在控制论中，信息反馈是一个极其重要的概念，它是指由控制系统把信息输送出去，又把其作用结果返送回来，并对信息的再输出发生影响，从而起到控制的作用，以达到预定的目的。在社会领域同样如此。只有借助于广大群众的表达即信息传播和反馈，才能使社会管理者既有动力又有压力，从而适当调整政策，促使社会出现改进。

一段时间以来，“讲真话难”成为我国社会的一个严重病症。它使决策过程中时常信息失真，上层决策者很难了解真实情况和人民意愿，容易出现重大误差；而且，即便是明显不当的决策也很难得到真实反馈，作为下级的不少官员常常心口不一地“完全拥护”、大唱赞歌，纠正偏差十分困难。当然，真话不等于真理。但是，只有通过真话才能够达到真理，这却

是不二的途径。如此讲真话难，缺少信息真实这个起码的基础条件，怎么可能实现科学发展？正如有人所言："说真话，自己付出代价；不说真话，国家付出代价。"[①]我们常说，当代中国现行制度的一个重要优势，是便于集中力量办大事。但还应进一步说，搞得好的话，这是我们的优势；搞得不好，也是我们的劣势——集中力量办错事，盲目决策，劳民伤财，代价高昂！这类实例不胜枚举。而搞得好与不好的关键，就看决策是否民主、是否科学，其中的必要条件之一就是人们包括相关官员能否都讲真话。

改进离不开一定的社会资源。这里的资源包括经济、政治、文化三大类别。其中，经济资源系指资产、人力资本等，政治资源系指组织、权力等，文化资源系指知识（信息）、传播工具等。资源作为主体改造客体的手段、工具或中介，具有重要作用，它是主体力量的放大和延伸。不掌握任何资源的主体，只剩赤手空拳，力量十分有限，难以对社会作出改进。一个社会的资源愈是集中在少数人手中，大多数人愈是无能为力，也不可能成为社会主人。要使大多数人成为社会主人，就必须使他们拥有一定的社会资源。不过，实现人人平等地占有一切社会资源是一种极高的理想状态，是每个人自由全面发展的必要条件，也是马克思设想的共产主义社会（其第一阶段是社会主义社会）的实质内容之一。但现实与这一理想尚相距甚远。在相当长的历史时期包括我国现阶段，社会资源的占有必定是不够均衡甚至是很不均衡的，总有某些优势群体或阶层，如官员阶层、富豪阶层等。

在这种情况下，我们可以先易后难，从比较容易做到的初级平等切入，从实现全体人民的基本权利起步。这些基本权利包括经济领域的基本生活保障、政治领域的基本表达权利、文化领域的思想文化自由等。现在，基本生活保障已经初步解决，于是，各个阶层特别是弱势群体能否自由发声

① 刘青松：《新闻纸并不总是真话纸》，《同舟共进》2009 年第 12 期。

即表达就显得尤为重要。近年来，一些人特殊关注和强调中国作为发展中国家在世界上的话语权，就其反对西方发达国家话语霸权的意义而言，具有一定合理性和必要性，但他们大多忽略国内普通公民特别是弱势群体的话语权，这又显得十分狭隘，背离马克思主义、共产党要为全体人民谋利益的根本宗旨。只有广大群众真正拥有表达的权利，才能造就强大的社会舆论和驱杀腐败等社会病菌的“阳光”，才能对官僚特权、资本霸权形成有效的监督和制约，才能维护公众和社会的根本利益，使国家重大决策更加合理，促进我国社会的科学发展。同时，如果各个阶层包括弱势群体都能够比较充分地表达自己的利益诉求，还可以使一些人们的心理怨愤得以宣泄并得到抚慰，甚至会减少社会极端事件，缓解一些人同社会的对抗情绪，提高社会和谐程度。

将以上所述综合起来，问题→不满→表达→改进这一动力机制最重要的实践启示是：必须切实落实公民表达自由即思想言论出版自由。这是推进社会发展和进步的基本条件。

略论客体对主体的反作用 *

一、哲学界普遍忽视的一个问题

在实践基础上产生的主体与客体，是马克思主义哲学的一对基本范畴。20 世纪 80 年代以前，人们将主体对客体的关系，大多概括为改造关系和认识关系。随着新时期我国哲学价值论研究的蓬勃兴起，到了 1987 年以后，不少学者又在前两种关系的基础上，增加了（价值）评价关系，从而扩展为认识、（价值）评价、改造的三重关系。此外，高等学校的某些教材还讲到四重关系——在前三种关系的基础上增加了审美关系①。这不能不说是研究的进展。不过，上述概括仅仅着眼于主体维度，局限于主体对客体的作用。它们的论述还缺少另一个重要维度，即客体对主体的反作用。因而，论述主体与客体的关系，可以说是不够完全的。当然，不少论著也讲到主客体的相互制约和相互转化，其中就包含着客体对主体具有反作用的思想。但是，有关论述都没有展开，语焉不详。与它们所讲的主体能动作用相比，不成比例。其影响所及，时至今日，客体对主体到底具有哪些反作用，很多哲学工作者都不甚了了。

在一般情况下，我们把主体对客体施加的影响称作“作用”，意思是主体是主动方，并且具有自觉意识——能够意识到自己的主动行为。而客体

---

* 此文发表于《中共中央党校学报》2013 年第 4 期，理论网、人民网、共产党员网等转载。

① 参见高清海主编:《马克思主义哲学基础》下册，人民出版社 1987 年版，第 8—9 页；肖前主编:《马克思主义哲学原理》上册，中国人民大学出版社 1994 年版，第 289 页。

是被动方，我们把客体对主体的影响称作“反作用”，是受动后的反应。在逻辑上，客体反作用位于主体作用之后，但实际上，主体作用与客体反作用大多是同时发生的，属于“刺激——反应”关系中的后者。

在《关于费尔巴哈的提纲》中，马克思批评旧唯物主义只是从客体的角度理解事物而具有片面性，强调唯物主义应该从实践的角度、从主体的角度去理解事物。改革开放以来，我国哲学界突出阐发马克思的这一重要思想。高扬主体性，对于调动亿万人民的主动性、积极性和创造性，对于促进我国的改革开放和现代化建设发挥了巨大作用。不过，物极必反，过犹不及，现在，不少人又走向了另一种片面性：只从主体角度看问题，忽视从客体角度看问题。这大概同一个流行观念有关：主体是主导的、积极的、处于支配地位的因素，而客体是从属的、消极的、处于受支配地位的因素。这个观念有一定的道理，但不完全准确。自然客体已经具有刺激感应性，仅仅是低级形态的、非自觉的能动性；由人组成的社会客体更不可能是完全被动的承受者，而是表现出较高级形态的、自觉的能动性。正如在物理学中，作用与反作用同时存在，相互制约，缺一不可，在主客体关系中，前者对后者的作用与后者对前者的反作用也是同时存在，相互制约，缺一不可的，需要全面把握。

恩格斯说：“相互作用是事物的真正的终极原因。我们不能比对这种相互作用的认识追溯得更远了，因为在这之后没有什么要认识的东西了。”[①]大千世界的各种因果性、规律性、多样性等，都体现在它们之间极其复杂的相互作用之中。这甚至可能是浩渺宇宙、社会生活与人类个体统一的根本机制。我们把握主体与客体的关系，应当注意它们之间的相互作用，包括客体对主体的反作用。

① 《马克思恩格斯选集》第4卷，人民出版社1995年版，第328页。

二、主体、客体的概念及其多重关系

在马克思主义哲学中，主体是指在一定社会关系中从事实践活动和认识活动的人。在多数哲学辞典和教科书中，这个均可以查到的定义表明，主体首先是指“人”。世界有了人以后才有主体与客体的区分，主体是属人的概念，非人不能成为主体。正如马克思所说：“主体是人，客体是自然，这总是一样的，这里已经出现了统一”[①]。“人是自然存在物、社会存在物和精神存在物的统一”[②]。其次主体是“从事实践活动和认识活动的人”，就是说主体是有意识的、有行为能力即具有自觉能动性的人。毛泽东说过：“思想等等是主观的东西，做或行动是主观见之于客观的东西，都是人类特殊的能动性。这种能动性，我们名之曰‘自觉的能动性’，是人之所以区别于物的特点。”[③]这种能动性也可称为主动性、自觉性、自为性。主体是指具有这种自觉能动性的人，即真正的“活人”，死人或者无行为能力的人（如婴儿）不能称其为主体。最后，主体处于一定的社会关系之中，与其他人发生着这样或那样的联系，是“社会的人”，具有社会历史性，不与任何人发生联系的、孤立的人是不存在的，也不能成为主体。主体大致能够分为三种类型——个体、群体、人类。群体包括由人构成的社会组织和社会机构，如政党、政府，等等。

客体是指主体的实践活动和认识活动所指向的对象。客体属于客观存在，但两者又不等同。只有进入主体活动范围、与主体发生关系的客观存在，才能成为主体活动的对象即客体。马克思认为：“非对象性的存在物，是一种非现实的、非感性的、只是思想上的即只是虚构出来的存在物，是抽象的东西。”“被抽象地孤立地理解的、被固定为与人分离的自然界，对

① 《马克思恩格斯选集》第2卷，人民出版社1995年版，第3页。

② 《马克思主义哲学》（马克思主义理论研究和建设工程重点教材），高等教育出版社、人民出版社2009年版，第335页。

③ 《毛泽东选集》第2卷，人民出版社1991年版，第477页。

人说来也是无。”[①]客体的一般特征是客观性（不以主体的主观意志为转移）、历史性（客体不仅自身在变化，而且它与主体的关系也在变化）、多样性。它大体有三种类型：一是自然客体，包括土地、矿藏、水源、动植物直至太空，等等。其中，既有天然的、原始的自然客体，更多的是经过人工改造过的“人化自然”。二是社会客体，包括个人、群体、社会、人们之间的社会关系以及社会组织和社会机构，等等。三是精神客体，包括人的主观精神活动、在图书报刊和广播影视网络等大众传播媒体中表现、表达的思想内容等。

主体与客体概念是相对而言的。它们相互依赖，失去一方，他方就不存在。进一步说，主体与客体之间又是相互作用的，并且表现为多重关系。如前文谈到的认识关系、（价值）评价关系、改造关系和审美关系。在这四重关系中，改造关系或实践联系属于本体论维度，它是主客体关系的本源，决定着主客体之间的其他关系。认识关系属于认识论维度。它以客体为中心，体现着主体趋近客体的本真面目，为主体的改造活动提供前导、客观根据以及客体尺度。（价值）评价关系属于价值论维度。它以主体为中心，体现着客体满足主体的需要，为主体的改造活动提供动力、目的以及主体尺度。需要说明的是，（价值）评价关系所处的维度与前两种维度有一定交叉：价值关系作为客观存在的利害关系，也属于本体论意义上的存在；评价关系作为对客观存在的价值关系的反映，则属于广义的认识范畴。尽管它与追求真理的认知性质有别，但也可视为认识论维度。至于审美关系，在哲学意义上，不是指狭义的艺术中的审美关系，而是指广义的、即马克思所说的“两个尺度”的统一：“动物只是按照它所属的那个种的尺度和需要来建造，而人懂得按照任何一个种的尺度来进行生产，并且懂得处处都

① 《马克思恩格斯全集》第 42 卷，人民出版社 1972 年版，第 169、178 页。

把内在的尺度运用于对象；因此，人也按照美的规律来构造。”[①]它体现着作为认识关系和价值关系结晶的真理和价值的统一，体现着主体和客体的高度和谐一致、主体的自由全面发展是主体改造活动的最高追求和最高成果。

三、客体对主体反作用的表现

客体对主体的反作用表现在以下三个方面：

第一，与主体对客体的认识关系相对应，客体对主体具有显露信息的作用。自然客体、社会客体和精神客体都不是绝对意义上的黑箱，都能够或多或少地展现一定的信息。这是主体认识客体的必要条件，也是世界可知的一个前提。这些信息，包括客体的状态、属性、本质、规律，等等。其中，作为社会客体的人，更具有特殊的能动性，所提供的信息也更为复杂。当然，显现的这些信息，情况十分不同。有些信息是裸露的，主体可以直接感知；有些信息是深藏的，主体要借助于一定的工具或中介，如望远镜、显微镜甚至基本粒子加速器、社会调查研究等，才能获取；还有些信息，如军事的、商业的、国家的秘密，受到比较严密的保护和掩饰，更要主体通过特殊手段才能破译和获取。这种客体向主体的信息输出，是主客体关系的一个基础方面。倘若客体不显露任何信息，主体便丝毫不了解客体的情况。所谓认识、评价和改造，也都无从谈起。

第二，与主体对客体的（价值）评价关系相对应，客体对主体具有影响其利益的作用。评价作为一种特殊的认识，属于主观意识的范畴，但是，它以客观存在的价值关系为反映对象和基本前提。从价值关系的角度看，客体对于主体不是等价的，而是存在着利害不同的影响。譬如，自然客体，既可以给主体提供有利于其生存和发展的资源和条件，包括各种生产资料和生活资料等，也可能对其生存和发展造成巨大的危害，如水火、地震等

① 《马克思恩格斯选集》第 1 卷，人民出版社 1995 年版，第 47 页。

灾害。同样，作为社会客体，既可能有助于一定主体的发展，也可能束缚和损害其发展。尤其值得注意的是，社会客体由人构成，其本身也具有特定的需要和利益。它们与主体之间具有错综复杂的利益博弈关系。当然，在不同历史时期、不同经济技术条件下，这些利害关系是十分不同的，存在着相互促进、彼此抵触、尖锐冲突等不同性质以及主要与次要、直接与间接、显性与隐性、当前与长远等程度区别。而无论何时，客体对主体都是利害并存的，只是比重有所不同。正因为如此，主体才有可能和必要评价客体，进而产生主体改造客体的需要。

第三，与主体对客体的改造关系相对应，客体对主体具有承载制约的作用。客体无疑具有被动性，它承载着主体所主动施加的作用。客体承载主体的作用，表现为允许主体在一定范围内改变自己，给予主体行动一定的选择空间，使其利益在一定程度上得到实现，这是客体对主体活动的支撑。但是，客体的承受是有限度的。超出了客体能够承受的范围，客体就会反弹。正所谓压迫愈深，反抗愈烈，以至于玉石俱焚，最终使主体的期望和利益化为乌有。这时，客体对主体的制约作用就明显地表露出来，表明客体并不是完全消极的、被动的。对于主体，客体具有一定的主动性、能动性。对待自然客体，主体的任意而为，如乱砍滥伐，会遭到报应，已经是众所周知的事实。对待社会客体更是如此。譬如，在领导工作中，主体的权威要以客体的认可为条件，失掉人心的领导者是很难谈得上权威的。同样，新闻媒体的传播要以受众的阅读或收视为条件。倘若没有读者或观众，媒体的传播功能就等于零。更不必说，在社会领域中，主体与客体还可以转换地位和角色。例如，在民主政治的条件下，领导与群众是互为主体、客体的。两者的相互制约就更为明显。从更一般的意义上说，作为主体的个人、群体等，其素质、需要乃至生命归根到底都是由作为客体的自然界特别是社会所决定的。人们常说的客体主体化，并不是无意义的虚化概念，而是有着实在的内容："在实践中，主体把一部分客体作为生活资料直接消费而转化为主体的成分，把一部分客体转化为活动的中介即作为自身器官的延长而包括在主体的活动之中。”[①] 不仅如此，客体还限定了主体发挥作用的范围、程度乃至方式，它强迫主体承认客体自身的属性和规律，强制主体必须尊重客体，迫使主体把外在的约束内化为自省自律的理性意识和道德规范。在这个意义上，主体对客体的改造同时也是客体改变主体的过程。这是一种双向互动的关系。因此，在实践过程中，主体必须注意主体尺度与客体尺度的统一，只顾主体的需要和利益是片面的，必然会受到客体的抵制和矫正。在社会领域，尤其是在当代中国和世界，除了你死我活这种极端对立的特殊情况，一般来说，主体与客体均应当努力寻找利益共同点、交集处、互补性，尊重差异，包容多样，秉持差异性共生理念。主体追求生存和发展理所当然，但必须自我节制，也要给客体的生存和发展留有空间，不能实行“唯我主义”。设若消灭了客体，与其相对应的主体也就无法生存和发展，甚至不复存在了，整个社会也将归于死寂。这自然是最应当避免的悲剧。人们之间长期存在一定的差异，虽然与理想化的平等相距甚远，不无缺憾，但也有其存在的根据和理由，属于正常现象。况且，它们是社会发展的动力之一，只是不能超出社会的承受力，不损害大多数人的利益。此即差异性共生。其基本取向是主体与客体、部分与整体的共生共荣，共同追求与实现社会的和谐。

四、研究客体对主体反作用的意义

研究客体对主体的反作用，具有两个方面的意义：

一方面，在理论上，长期以来，哲学界关注主体对客体的作用，轻视客体对主体的反作用，至今很难找到有关这种“反作用”的深入研究成果。

---

① 《马克思主义哲学》（马克思主义理论研究和建设工程重点教材），高等教育出版社、人民出版社 2009 年版，第 88 页。

本文试图弥补这个不足，使人们的认识更全面一些，具有拾遗补缺的意义。

另一方面，在实践上，人们出于求生存、求发展的本能，自然要追求人欲的满足。人欲不断增长，经常彼此抵触，造成无数的矛盾和冲突。只有碰撞到不可违抗的客观限制，方能止歇。这已经被无情的历史所证明。于是，悲天悯人的宗教应运而生。其主要功能之一，就是通过宣扬因果循环、善恶有报等观念，抑制人们无穷无尽的欲望，约束人们贪得无厌的行为，劝导人们要有所敬畏、有所规诫、积德行善，平衡不断膨胀的人欲。后来，哲学社会科学的各个学科和各种流派相继诞生。它们的重要内容之一，就是试图满足人们的合理要求，同时揭示其可能的限度，即“人为自己立法”，制约各种过度的要求，包括限制权力的专横、资本的贪婪、个人的放纵，等等。这将伴随人类的始终。社会的发展和人的能力的增强，人们改变和改造世界的作用越来越大（这里的“人们”，既包括人类整体，又包括群体如政党、政府、企业，还包括个体如官员、富商，等等）。但是，这也带来了很多负面效果。人们迫切需要自我约束、自我设限。作用越大的主体，越需要这类的约束和制约。因而，把握客体对主体的反作用，具有警示、告诫、矫正的意义。

论中国特色社会主义中的一般与个别 *

中国特色社会主义是指中国改革开放以来的基本实践（道路）、基本理论和基本制度。毛泽东在《矛盾论》中曾经指出，共性和个性、一般和个别的道理，是关于矛盾问题的精髓。[①]人们也经常运用一般和个别的辩证法来解读中国特色社会主义。问题是，这里的一般究竟是什么？中国特色又表现在哪里？不少论者往往只知其一，不知其二，更不知其三，其中一些理解还有待商榷。有鉴于此，本文试对这一问题作些具体分析。

一、从社会制度角度看中国特色社会主义的一般与个别

所谓中国特色社会主义，包含两个基本义项：其一，它是社会主义，不同于资本主义，这是一个大的原则界限。其二，它具有中国特色即适合中国现实国情，不同于苏联模式的社会主义，这是又一个大的原则界限。当然，中国特色社会主义不同于资本主义，不等于拒绝资本主义社会的文明成果；中国特色社会主义不同于苏联模式社会主义，也不等于完全否定苏联模式社会主义中的合理因素。相反，中国特色社会主义应当吸收和借鉴人类一切优秀文明成果。

进一步说，自从 1956 年我国进入社会主义时期以来，无论是在改革开

---

* 此文发表于《科学社会主义》2014 年第 1 期，被人民论坛网、爱思想网、中道网、共识网等转载，收入《邓小平理论研究 · 2014》（中共中央党校出版社 2014 年版）和《中国特色社会主义的哲学思考》（安徽人民出版社 2014 年版）。

① 参见《毛泽东选集》第 1 卷，人民出版社 1991 年版，第 320 页。

放之前，还是在改革开放之后，中国所实行的社会主义制度的基本特征都是邓小平所强调的“四项基本原则”，而坚持四项基本原则的核心，是坚持共产党的领导（共产党的领导是我国社会的核心动力机制、调节机制），这是改革开放前后中国社会主义一以贯之的东西，是中国特色社会主义的一般。就其主要内容（不含人民民主专政及毛泽东思想）来说，它们也是中国与其他社会主义国家共同包含的一般。苏联、东欧社会主义国家都具备这些基本特征（中国社会主义制度的形成虽有自身历史发展的因素，但更大程度上是仿制苏联模式社会主义的结果），现在人们经常谈到的现存“一大四小”五个社会主义国家（即中国、越南、老挝、古巴、朝鲜），也是以这些主要内容为基本标准的。这个一般是实际存在的社会主义制度的共性，是“社会主义”四字的一般含义。这主要是同资本主义制度相对而言的。

需要注意的是，如果从更广阔的世界范围来看，这些社会主义的共性，仅为少数国家所具有，大多数国家并不实行社会主义制度，因而这个一般又转化为个别。同样，倘若从更长远的历史发展过程看，现阶段不成熟、不完善的社会主义制度与马克思设想的作为共产主义第一阶段的社会主义相比，存在着重大的差别，从而使前者的诸多一般也转化成个别。本文后面将论及这些内容。

中国特色社会主义的个别或曰中国特色，一方面是同改革开放之前的中国社会主义制度相比，另一方面是同以苏联为代表的其他国家的社会主义制度相比，而这两个方面是基本一致的，因为这两种社会主义形态大同小异。这些个别的主要表现是，中国特色社会主义将原来的单一公有制和计划经济，变为现在的公有制为主体、多种所有制经济共同发展特别是实行了市场经济和全面对外开放，在继续坚持人民民主专政的同时加强了民主法治建设，在坚持共产党领导的基础上改进了党的领导方式包括强调依法治国、注意发挥政府和人大的作用，在坚持马列主义、毛泽东思想的前提下又创立了中国特色社会主义理论。

二、从科学社会主义理论角度看中国特色社会主义的一般与个别

马克思的科学社会主义理论的最终指向是建立共产主义社会。马克思设想的社会主义社会，作为共产主义社会的第一阶段，建立在资本主义已经取得的文明成果的基础上，是现代化的高度发达的社会，是比资本主义"更高级的、以每个人的全面而自由的发展为基本原则的社会形式"[①]。它实行一切生产资料归全社会共同占有，人们之间在所有制上没有任何差别，已经是无阶级社会，因而也无政党、无国家、无军队、无商品、无货币，是"自由人的联合体"。

而中国现阶段的社会主义，则是脱胎于半殖民地半封建社会，没有经过资本主义充分发展的阶段，生产力落后，缺少民主法治传统，文化不发达，是与资本主义并存的、在经济文化方面还落后于资本主义发达国家的社会主义，距离人的全面而自由发展尚很远。它是有阶级社会，有政党、有国家、有军队、有商品、有货币的，是前现代化国家、发展中国家。我国是1956年基本完成所有制的社会主义改造、开始进入社会主义时期的，而"据统计，1957年，我国人均国民收入仅142元。农民生活水平虽比解放初期有很大提高，但温饱问题还远没有得到解决"[②]。直至改革开放初期，我国人均国内生产总值还不到300美元，属于世界上最贫穷的国家之一。过去，我们忽视了建立社会主义的前提条件，以为马克思的社会主义和我国的社会主义是完全一样的，于是便把马克思以及列宁关于未来社会的某些原则设想当作施工图纸拿到中国来硬套，结果使我们犯了许多超越阶段的"左"的错误，走了很大弯路。现在，我们纠正了这个不符合实际的认识。中共十三大报告已经指出，我国社会主义初级阶段是"特指"的即特殊的社会主义，邓小平把它叫作"不够格"[③]的社会主义。其实质是比新民

---

① 《马克思恩格斯选集》第2卷，人民出版社1995年版，第239页。
② 薄一波:《若干重大决策与事件的回顾》下卷，中共中央党校出版社1993年版，第747页。
③ 《邓小平文选》第3卷，人民出版社1993年版，第225页。

主主义阶段略高但又处于共产主义第一阶段之前的社会主义。如果说，马克思的社会主义处于“天堂”的话，那么，中国特色社会主义则是在“地上”，二者差别巨大，不能混同。

作为中国社会主义制度基本特征的共产党领导、无产阶级专政等内容不是马克思设想的社会主义所具有的。马克思认为，它们只存在于从资本主义到共产主义的短暂过渡时期。它们不是二者的共性和一般。作为无阶级社会的“自由人联合体”，马克思设想的社会主义不存在什么政党和阶级专政。现在，不少论著把它们当作马克思的科学社会主义的基本原则，是把问题搞混了。这是一个重要理论问题，应当予以纠正。

中国特色社会主义对于马克思科学社会主义的继承或二者的共性表现在：强调从现实条件出发，强调生产力的决定作用，强调人民群众的决定作用，强调“以人为本”即以人的自由全面发展为方向。这些内容都属于马克思主义的世界观范畴、哲学范畴，是科学社会主义的深层理论基础，同时也是人类社会发展的一般规律或趋势，是当代世界的普适价值观念。

至于马克思关于未来社会的那些原则设想，譬如，实行全社会单一公有制、计划经济、按劳分配等，属于科学社会主义的浅层理论或具体结论，它们立足的基础是生产力的高度发展，并且以人的自由全面发展为目的。我们曾经照搬过这些原则设想（如 1958 年），但遭到了严重的失败。我国现在的公有制、按劳分配都不是其本来含义，而是转义，是其变通形态。现在看，马克思的这些设想也有过于急切、过于理想化和简单化的因素，还有待于未来实践的检验。恩格斯曾经从认识规律的高度指出过，每一个人的“认识所包含的需要改善的东西，无一例外地总是要比不需要改善的或正确的东西多得多”①。马克思的科学社会主义理论自然也不例外。

中国特色社会主义对于马克思科学社会主义的变革，主要表现在具体

① 《马克思恩格斯选集》第 3 卷，人民出版社 1995 年版，第 427 页。

道路、制度及其理论形态方面，包括强调共产党领导以及人民民主专政，发展社会主义市场经济，建设富强、民主、文明、和谐的现代化国家，与资本主义和平共存、互相借鉴等。相对于马克思的社会主义，这些内容可以视作中国特色社会主义的个别。

三、从现代化角度看中国特色社会主义的一般与个别

实现现代化是当代中国的主要任务和发展方向。中国特色社会主义中的一般应当是现代化的规律。现代化是近代以来各个国家和民族共同的发展趋势，而且已经有不少国家实现了现代化。中国特色社会主义的共同理想是建设富强、民主、文明、和谐的社会主义现代化国家，它已经指明了现代化的主要目标是富强、民主、文明、和谐。这里的富强、民主、文明、和谐都是就国家、社会这个宏观层次而言，比较注重的是社会整体层面。但是，注重社会整体，不等于排斥个体。实际上，国家富强包含个人富裕，政治民主包含个人权利，精神文明包含个体修养，社会和谐包含个体活力。我们不应把社会和个人对立起来，而应力求统一起来。

富强、民主、文明、和谐是当代世界各国人民的共同追求，具有普遍性。而实现富强、民主、文明、和谐的现代化目标的一般规律是：经济上要实行混合经济和市场化，政治上要实行民主化、法治化，文化上要实行文明化（倡导科学、民主、自由、人权、伦理等），社会和生态上要实行和谐化（公平、正义、可持续），对外关系上要实行互利共赢的开放化。这些，就是中国特色社会主义所包含的一般，它们是当代人类社会发展的共性，也是当代世界的普适价值。

至于中国特色社会主义的个别，可以说就是在一个经济文化落后的东方大国（所谓超大型国家、“百国之和”），在和平与发展的时代条件下，坚持中国共产党领导、实行公有制为主导、以马克思主义特别是中国特色社会主义理论为指导的方式，来实现中国的现代化。简洁地说，就是中国共

产党领导搞现代化。这是最大的“中国特色”。它既是中国与资本主义国家的主要区别，也是中国与其他社会主义国家的主要区别。

四、以上三个角度的辩证综合

在上述三个角度中，社会制度角度主要强调的是社会主义与资本主义的区别，而现代化角度主要强调的则是各个国家（包括社会主义国家和资本主义国家）之间的共性。我们不应当简单地肯定一个、否定另一个。它们实际是一体两面、同时共存的，并且是相互制约、相互促进的：共产党的领导、人民民主专政等要顺应现代化的世界潮流，以现代化的一般规律为指导，不断推进自身的现代化（包括科学化、民主化、法治化、文明化等），实现向现代化的转型，唯有如此，才能够解决中国面临的诸多问题，推动中国社会进步；同时，现代化也不是无主体的空洞过程，它是以人和社会（关键是执政党和政府）为现实主体的，并且由这些现实主体来实行，受到这些现实主体的制约，因而也要与这些主体相适应，循序渐进地进行。它们统一于中国发展的过程中。

更进一步说，按照马克思主义的基本理论，社会制度角度注重经济社会形态，后者作为生产关系和上层建筑的统一，归根到底是由生产力和人民群众决定的。而现代化角度则注重技术社会形态，其首要方面正是生产力的大发展和人的素质的大提高，进而是社会生活的全面进步。在这个意义上，社会制度是手段，实现现代化是目的，前者是为后者服务的，统一于后者。换言之，各个国家包括中国都要走向现代化，这是当代人类发展的主潮流、实质内容和共同目标，而不同的社会制度（包括社会主义制度和资本主义制度）说到底不过是实现这种发展的不同道路和不同形式，道路要以目标为范导，形式要服从和服务于内容，前者要统一于后者。

科学社会主义理论角度则体现着理想与现实的关系。共产主义是我们的美好理想，但我国现在处于并将长期处于社会主义初级阶段，二者相距甚远，“实现共产主义是一个非常漫长的历史过程”①，需要我们几代人、十几代人甚至几十代人的长期奋斗。我们不应照搬马克思关于未来社会的那些具体结论，因为并不具备生产力高度发达等条件，而应遵循马克思的深层思想，遵循社会发展的一般规律。我们必须从现实出发，尽管现实并不尽如人意，但它也是我们无法逃离的立足点和出发点。实际上，列宁在总结俄国社会主义经验教训时已经看到，马克思设想的社会主义与俄国当时的实践存在很大差异，正确的态度只能是尊重实践。他说：“现在一切都在于实践，现在已经到了这样一个历史关头：理论在变为实践，理论由实践赋予活力，由实践来修正，由实践来检验”②。他还说过：“对俄国来说，根据书本争论社会主义纲领的时代也已经过去了，我深信已经一去不复返了。今天只能根据经验来谈论社会主义。”③总之，马克思关于未来社会的那些具体结论不能照搬，因为时代和国情有很大的不同，但要以马克思的哲学思想、共产主义理想为指引。这些哲学思想，实质反映的是人类社会发展的一般规律和进步的价值取向，强调以生产力标准和人民利益标准作为评价一切事物好坏优劣的根本标准。而共产主义理想的实质是建设一个人的自由全面发展的美好社会，实现全体人民包括其中每一个人的富裕幸福，它是照耀我们前进的灯塔。现代化就是中国现阶段能够建设的美好社会，它是走向共产主义理想的必经阶段，二者总体上是一致的。我们应当胸怀共产主义理想，而为共产主义奋斗，在当代中国就是要为实现中国的现代化而奋斗。

---

①《江泽民文选》第3卷，人民出版社2006年版，第293页；胡锦涛：《在“三个代表”重要思想理论研讨会上的讲话》，人民出版社2003年版，第7页。

②《列宁全集》第33卷，人民出版社1985年版，第208页。

③《列宁专题文集——论社会主义》，人民出版社2009年版，第399页。

论人民主体理念及其落实问题*

经过持续30多年的改革开放和快速发展，中国近年来已经进入了全面建设小康社会的新阶段。广大人民群众的利益要求，已经由过去的主要追求生存和温饱，上升到主要追求发展——富裕幸福直至自由全面发展。当此之际，在中国自身发展和逐渐了解国外状况的双重作用之下，人民群众的权利意识、平等意识、独立意识、民主意识、法治意识显著增长，人民主体地位的问题日益凸显。

我们党对此作出了回应。中共十八大报告第二部分指出，在新的历史条件下夺取中国特色社会主义新胜利，必须牢牢把握八项基本要求，并使之成为全党全国各族人民的共同信念，其第一项就是“必须坚持人民主体地位”。后来，我们党在十八届三中全会、四中全会、五中全会等一些重要会议文件中又对这一原则多次作了重申。这一原则内涵丰富，具有重大的理论、政治和实践意义。如果人们问，我们建设中国特色社会主义有哪些方法论原则的话，我以为，坚持人民主体地位就是最根本、最核心、最具重大现实意义和长远历史意义的方法论原则。

然而，现在报刊上不少文章对这一原则的阐释存在着笼统化、抽象化、虚幻化从而将其架空的倾向。鉴此，本文试对人民主体理念作些具体分析，力图使这一原则明晰化、具体化、操作化进而可以付诸实践。

---

* 此文发表于中共辽宁省委党校《党政干部学刊》2016年第11期，人民论坛网、爱思想网、中国社会科学网等转载，微信群也有转发，获2017年度中央党校退（离）休人员科研成果奖。

一、关于人民概念

人民一词是近代以来世界各国宪法和重要文献都普遍使用的一个基本概念。尤其是在当代中国，人民概念的使用更加频繁，从中华人民共和国的国名、《中华人民共和国宪法》及其出现人民字样的诸多条文，到《中国共产党章程》以及党的其他文件关于“中国人民和中华民族的先锋队”、“代表中国最广大人民的根本利益”和“全心全意为人民服务”等重要论述，从人民代表大会、人民政府、人民政协、人民法院、人民检察院、人民公安等国家机关，到人民银行、人民铁路、人民邮电、人民日报等金融机构和企事业单位，从人民解放军包括人民空军、人民海军等军事单位直到人民大会堂、人民英雄纪念碑、人民公园、人民医院等建筑设施，人民一词都居于显赫地位。然而，所谓人民究竟是什么含义，许多人对此熟视无睹，未加思索，即便是关注此事的人们，理解也不尽相同，有些观点还大相径庭，以至于人民一词时常受到一些人的嘲讽，已经成为一个理论难题。

诚如李德顺、王金霞所言，人民概念是历史的发展的，其具体含义，从古代至现代、从中国到外国，都有一个演变的过程，这里从略。[①]经过研究，笔者认为，在当代中国人民概念大体包含以下三层依次递进的含义：

人民的第一层含义是指全体社会成员中除了“非人民”之外的绝大多数人。在我国20世纪90年代以前，人民主要是与敌人相对的政治概念。一般地说，人民是指推动社会进步的力量[②]，而敌人则是阻碍社会进步的反动势力。前者占人口的绝大多数，后者只占人口的极少数。在阶级斗争尖锐激烈的时期，在革命和战争年代，这一含义比较突出。从马克思到毛泽东，都特别强调过这一点。不过，也恰恰由于阶级斗争尖锐激烈，民主受限，法治不彰，人们划分人民和敌人的标准往往具有较大的主观随意性，

① 详见李德顺、王金霞:《论当代中国“人民主体”理念》,《哲学研究》2016年第6期。

② 所谓推动社会进步，不是指对社会作出了多大成就，那只是对少数杰出人才的高层次的要求。对常人、普通人来说，只要能够自食其力、维持自己以及家庭生存，就是对社会的贡献。

通常以领导集团尤其是其领袖的意志为转移，划分敌人时常呈现扩大化的态势，我国1957年的“反右”和后来的“文化大革命”为此提供了证明。

我国自1997年党的十五大提出依法治国、建设社会主义法治国家的基本方略以来，人们已经很少使用抽象的敌人概念，但阻碍社会进步的反动势力依然存在，譬如某些极端势力、黑社会势力、严重危害社会的犯罪分子等，他们与占人口绝大多数的人民仍然具有根本对立的性质。那些由于严重危害社会因而被判处重刑并被剥夺政治权利的人，显然不属于人民（而未被剥夺政治权利的大多数犯罪分子依然属于人民）。可以说，在有阶级存在的社会包括中国现阶段，人民从来不是指全体社会成员、所有人，而是指社会的绝大多数成员。

人民的第二层含义是强调广大普通劳动者。人民作为数量庞大的集合体，其内部客观存在着众多的组成部分。对这些组成部分，可以从多种角度进行分析，而其中提纲挈领的划分方法是阶级和阶层分析。参照马克思和列宁关于根据占有生产资料多少划分阶级的思想方法，我们可以把这里的生产资料看作是社会资源的特殊形态，进一步将其通约化、普遍化为根据占有社会资源多少来划分阶级和阶层[①]。照此方法，在我国现阶段，人民之中可以粗略划分为如下阶级和阶层：占有较多政治资源（权力）的官员阶层、占有较多经济资源的富豪阶层、占有较多文化资源的专家阶层（高级知识分子）、广大普通劳动者（包括工人、农民、个体劳动者、中下级知识分子等多个阶级和阶层）。前三个阶层分别拥有较多行政（组织指挥）才能、经济（经商理财）才能、专业知识（科学、人文和历史知识），通常被称为社会精英阶层，只占人民中的少数，而普通劳动者在各方面的素质均较为一般、普通、平凡，但就人数而言，却是人民中的主要部分。所有这些阶级和阶层都属于人民，但人民概念的重心和重点显然是指广大普通劳

① 参见陆学艺主编:《当代中国社会阶层研究报告》，社会科学文献出版社2002年版。

动者，俗称“老百姓”，他们由于占有社会资源少而处于相对的弱势地位。任何时候，普通劳动者都是人民中的主要部分。这一含义也是马克思主义哲学历来所强调的。附带说明，有学者根据我国人民代表大会中绝大多数代表都是官员以及富商的现实情况，挖苦地说，应当把人民代表大会改称为“官商代表大会”。这个说法，隐含着官员和富商不是人民的意思，这是不够确切的，因为除了少数例外，他们通常也都属于人民。不过，这一说法毕竟提出了一个重大问题：作为人民中主要部分的普通劳动者能否有足够数量的代表进入人民代表大会，或者这些官员和富商能否真正代表广大普通劳动者的利益和要求，这确是需要我们严肃思考的真实问题。在上述三个社会精英阶层中，在我国目前时期，“政治是经济的集中表现”十分明显，掌握较多政治资源的官员阶层同时也控制着较多经济资源和文化资源，其优势地位分外突出，远非后两个精英阶层所可比拟。随着社会的不断进步，社会精英阶层与普通劳动者的差别趋向于逐渐缩小，人民主要是指普通劳动者的含义会愈加鲜明。

粗略地说，人民概念一是指人，二是指民，即普通人、芸芸众生。这也正是群众概念的基本含义。正因为如此，马克思主义经常把人民和群众联系起来，把二者视为大体同义的概念。很多时候，马克思主义也经常直称其为人民群众。总体说来，人民、群众、大众、民众、人民群众这些概念都是基本含义相同、略有细微差别的词语。

人民的第三层含义是指其中所包含的每一个人，在我国现阶段，主要是指每一个公民。如果只注意人民概念的集合性、抽象性，那么，就很难落实到具体的人身上。这是人民概念饱受诘难和诟病的一个重要原因。实际上，马克思主义者都承认，“人们的社会历史始终只是他们的个体发展的历史”[①]。既然社会这个宏观概念可以归结为人类个体，那么，按照同样的逻

① 《马克思恩格斯选集》第4卷，人民出版社1995年版，第532页。

辑，人民这个集合概念最终也要体现在其中每一个个体身上，归结到一个个活生生的人。这正如共产党这一集合体也要体现到每个共产党员身上、某一民族要体现到该民族的每一分子身上一样。这些个人，在我国现阶段，主要是指公民（依法被剥夺政治权利的犯罪分子除外）。不能以人民是政治概念而公民是法律概念来否定二者的一致性，人民同样也是宪法词汇，亦即法律概念。之所以用公民来指代人民中的个人，是因为我国宪法和法律对公民的权利和义务都有较详细的明文规定，比所谓个人更为具体明确；之所以用“主要”一词，原因在于，根据我国宪法，我国公民是指拥有中华人民共和国国籍的人，而不拥有我国国籍的外国人中的绝大多数，显然也属于人民，只是在中国境内的外国人毕竟还很少，相对“次要”。明确人民要体现在其中每一个个人和公民身上，能够使人民概念具体化，进而能够促进人民主体地位、公民权利义务等重大原则落到实处，是人民概念不可缺少而过去常被我们忽略的一个重要义项，具有重要理论和实践意义。否则，人民概念就很容易被虚化，成为抽象的、绝对的（即同个人完全对立的）集体主义，乃至形成原东德那种“美化抽象的民众，却对一个个有血有肉的人无动于衷、肆意羞辱的体制”[①]。或者像某个社会主义国家的所谓“主体思想”所标榜的那样，人民是社会历史的主体、革命和建设的主人，而领袖是赐予人民生命的恩人和慈父，最后归结为人民应当无条件地忠诚团结在领袖周围，一切服从领袖。“主体思想”离开了一个个活生生的普通个人，实质宣扬的是只有领袖才是君临天下的唯一主宰，这就完全走向了人民主体思想的反面。

综上所述，人民概念是指与“非人民”相对的绝大多数社会成员，他们是推动社会发展的进步力量，其中主要部分是广大普通劳动者，并且体现在人民中每一个个体（主要是每个公民）身上。人民一词不仅是政治概

① ［美］克里斯·马修斯著:《硬球——政治是这样玩的》，林猛、吴群芳译，新华出版社 2015 年版，第 41 页。

念，而且是法律概念、社会学概念、哲学概念，他不仅具有抽象性、集合性，而且具有具体性、个体性，只讲其一、不及其余是不够全面的。

二、关于人民主体理念

谈到主体，人们很容易想到哲学认识论意义上与客体相对的主体概念，即从事实践活动和认识活动的人。实际上，主体概念不限于此，按照《现代汉语词典》的解释，它还有另外两种含义：一是指主要部分，例如，我国现阶段实行的以公有制为主体、多种所有制共同发展的所有制结构，这里的主体就是主要部分的意思，而不是指从事实践活动和认识活动的人。二是指依法享有权利和承担义务的自然人、法人或国家。①

那么，人民主体理念中的主体一词是指以上三种含义中的哪一种呢？

从哲学认识论的角度看，人民当然是从事实践活动和认识活动的人即实践和认识主体，并与客体相对，但所有的人不都是这样的主体吗？这种主体概念连人民与被剥夺政治权利的罪犯都不加区分，显然没有反映出人民主体之特殊性。

再从法学角度看，说人民是指依法享有权利和承担义务者，固然不错，但同样依法享有权利和承担义务者还有国家，把主体视为人民与国家之间的共性，又显得过于空泛，也没有反映人民主体之特质。

如果把人民主体理解成人民是主要部分的含义，那次要部分又是指谁呢？指敌人？好像不是；指社会精英抑或个人？但后二者基本也属于人民。当然，可以说人民主体是强调作为整体的人民，比作为少数的社会精英以及个人更重要，因而成为主要部分。这大体说得通，但也不够令人满意，它把人民只作为集合概念并且同部分和个体对立起来了。

我们再来仔细研读一下党的十八大报告提出这一理念的原文。该报告

---

① 参见《现代汉语词典》，1996 年修订第 3 版，第 1643 页。

指出："必须坚持人民主体地位。中国特色社会主义是亿万人民自己的事业。要发挥人民主人翁精神，坚持依法治国这个党领导人民治理国家的基本方略，最广泛地动员和组织人民依法管理国家事务和社会事务、管理经济和文化事业、积极投身社会主义现代化建设，更好保障人民权益，更好保证人民当家作主。"[①] 这段解释人民主体地位的论述，有三个关键词：（人民）自己的事业、主人翁精神、当家作主。后两个关键词可以看作是对第一个关键词的说明和展开，最后的落脚点是人民当家作主，即人民成为社会主人。至于中间的那些论述可以视为是对人民当家作主的具体描述，它们体现了人民当家作主与党的领导和依法治国的统一，并且包含着人民的各个组成部分一律平等的意味。人民当家作主不仅要体现在政治上（管理国家事务和社会事务），而且要体现在经济上和文化上（管理经济和文化事业）。主人翁精神是人民应有的精神状态，属于社会意识，而当家作主是人民应然的社会地位，属于社会存在，主人地位是普遍产生主人翁精神的前提和基础，而普遍的主人翁精神则是主人地位的反映和保障。没有主人地位就不会有普遍的主人翁精神。

按照这种理解，可以说人民主体的基本含义就是人民当家作主、人民成为社会主人。人民主体概念是哲学认识论意义的主体之升华，专指社会主人这一类特殊主体（笔者在20多年前曾专门论述过社会主人概念及其一般特点、基本类型、成长途径[②]）。人民主体概念也是法学意义上比较宽泛的主体概念之限定，排除国家等机构以及刑事主体、民事主体等特殊规定，专指社会绝大多数人即人民及其存在形态。

人民主体一词是一个现代的概念。在漫长的原始社会，人类尚处于混沌初开阶段，人类内部也没有分化，还没有人民概念和主体意识，在自然

① 《中国共产党第十八次全国代表大会文件汇编》，人民出版社2012年版，第13页。

② 董德刚：《论社会主人》，见《主体与客体》，中共中央党校出版社1990年版。

和神灵面前，人类基本处于被主宰的地位。进入阶级社会以后，尽管普通劳动者实际承担着社会物质财富和精神财富的生产创造工作，支撑着整个社会生活的大厦，但社会资源的主要占有者和支配者却是少数人，即经济和政治上居于统治地位的阶级，他们才是社会的真正主体、主人。这时，开始产生了人民概念和人民主体意识，如古希腊时期，但那时的人民是指占人口少数的贵族和自由人集合，广大奴隶并不包含在内。这种阶级和阶层分化的极致状态就是君主专制社会，社会主要权力集中在君主一个人手中，按照恩格斯的说法："在暴君面前人人平等，就是说大家都等于零。"[①]但物极必反，恰是在这种极端的不平等之中，萌生了人人平等的思想，经过资产阶级启蒙思想家的不懈努力，人民主体意识逐渐发展起来，并且得到了日益广泛的传播。资产阶级在反对封建专制主义的斗争中，率先实现了人的政治解放，即消除了各种政治的、等级的特权，国家一切权力属于人民即人民主体地位载入了资本主义国家的宪法[②]。不过，这种人民主体理念，在19世纪的现实中却是一幅令人失望的画面：一方面，人民之中形成了少数富有的资产阶级与一无所有的广大无产阶级的严重分化和对立；另一方面，即使在美国这样的反封建相当彻底的资本主义国家宪法中，"它最先承认了人权，同时确认了存在于美国的有色人种奴隶制；阶级特权不受法律保护，种族特权被神圣化"[③]。马克思和恩格斯正是在批判资本主义平等、人权和人民主体理念的不完全性、虚伪性的过程中逐渐形成自己的人民主体地位思想的。随后，在人民不断的斗争和马克思主义的批判中，现代资本主义国家开始逐步消除人们在经济社会地位方面的不平等，也就是走向人的社会解放亦即马克思所说的"人类解放"。而在封建专制传统影响

① 《马克思恩格斯选集》第3卷，人民出版社1995年版，第482页。

② 有人说，资本主义国家关于国家一切权力属于人民的宪法规定只是"人民主权"理念，与人民主体理念具有重要差别。这有待商榷。所谓国家一切权力显然不仅包括政治权力，而且包括经济权力、文化权力。人民拥有这"一切权力"，当然是社会主体、主人。问题只是宪法条文在实践中能否真正落实。

③ 《马克思恩格斯选集》第3卷，人民出版社1995年版，第447页。

较深的前现代化国家即发展中国家，由于政治的、经济的、文化的不平等更为严重，这种觉醒也就愈加凸显。我们党所强调的人民主体理念回应了人民这一重大需求，反映了时代的强烈呼声。

从长期的历史过程看，人民是社会历史发展的决定力量：他们创造了社会物质财富，创造了社会精神财富，决定着社会制度变革及其根本走向。因此，马克思主义强调，人民群众是历史的创造者。但在人类有文字记载的大部分历史即有阶级社会的历史中，实际掌控国家政治、经济和文化资源并真正当家作主的是君主、少数官僚和富豪以及附属于他们的知识精英，人民中的大多数人长期处于经济贫穷、政治无权、文化贫乏的状态，人民的主体地位被异化了，主人实际上变成了奴仆。反对君主、官主、金主，实现人民当家作主是马克思主义的崇高理想，也是未来共产主义社会的根本结构。

人民主体理念是我们党的“为人民服务”理念和群众路线的重要发展。因为“为人民服务”理念和群众路线的主体，都是中国共产党，而人民主体理念则强调人民是主体、主人，二者具有明显区别，人民主体理念无疑更为深刻、更为根本、更符合马克思主义的深层思想。只有真正实行人民当家作主，才能切实保证实现全体人民的利益，仅仅寄希望于少数人“为民做主”，是靠不住的，会重蹈空想社会主义的覆辙，实质还是英雄史观。真正树立人民主体理念，就要自觉地把人民视为社会主人，而把先进政党看作是人民实现自己利益的工具[①]。当然，人民与先进政党是双向相互作用的：人民不可缺少先进政党的组织和领导，但先进政党必须服从、顺应人民的利益和需要，后一方面显然更为根本。遗憾的是，数十年来，我们对前一方面强调过多，对后一方面却严重忽略，现在亟需加以弥补。

总之，从马克思主义世界观包括价值观的角度看，必须树立人民主体理念、人民至上观念，坚持人民立场。社会者，人民的社会；国家者，人

---

① 参见《邓小平文选》第1卷，人民出版社1994年版，第218页。

民的国家。人民是国家和社会的主体、主人。国家不能是“少数人所得而私也”。在现代社会，人民的主体、主人地位已经得到了全世界绝大多数人的认可。特别是从应然、理想、发展趋势的角度看，必须坚持人民主体地位、主人地位。这是社会主义价值观的核心。

三、人民主体理念的落实问题

人民主体理念需要进一步具体化、明晰化，以便发挥其实践导向功能，将其落到实处。由于社会生活大体可分为经济、政治、文化三大领域，因此，人民主体需要进一步落实到和体现为人民是经济主体、政治主体、文化主体（这里的主体都是当家作主的主人的含义）。

人民是经济主体，就是人民在经济领域能够自主。劳动者、生产者以及由他们有机结合而构成的企业的自主权，是当代社会发展经济的基本条件，也是市场经济条件下经济主体的基本特征。当然，自主不等于任性而为，而是必须在法律的框架下进行。要实现人民在经济上自主，第一，必须使人民包括其中每一个人都拥有一定的财产，这是经济自立自主的基础。这一点我国目前已经初步具备，人们都或多或少地拥有了一定的公共资产和个人财产。现在需要做的是，要进一步明晰产权（包括知识产权），建立现代产权制度，提供足够强度的保护和激励机制并促进其自由流转。再进一步，社会主义经济从根本上说，应当是民有、民决、民用、民享的经济，要打破对于民众发展经济尤其是私有经济的不当限制和歧视性政策。第二，要继续解决政府占有和支配过多经济资源问题。人民自主与政府作主虽然不能机械地对立起来，但终归有一个此消彼长的问题。人民是创造财富的主体，政府应当主要提供和维护合理的经济秩序、市场监管、总量平衡和社会保障，而不能既是“裁判员”，又是“运动员”，不应当随意作出所谓“大手笔”的投资决定，不应当以简单直接的行政命令取代市场机制。为此，要实现人民对于公共财政预算和决算的知情权、质询权、监督权直至决定权，压缩庞大的行政经费，把主要财力用于民生包括人民的公共福利和社会保障。第三，努力缩小贫富差别，实现人民共享经济发展成果。这是社会主义和共产主义的一个重要目标，也是人民平等的重要体现。我国目前贫富差别过大，某些国有企业、政府机关、事业单位以及部分私营企业主收入畸高，引起人们普遍不满。究其原因，主要是这些企业和单位的负责人，凭借占有的国有资产和权力以谋小圈子利益，以及有关部门监管不力。从历史上看，实现人民共享，大体有两条道路，一条道路是过去苏联和中国通过建立和扩大公有制经济的比重，以缩小人民内部的差别；另一条道路是北欧及西欧一些国家（或曰德日式资本主义国家）通过提高税收来增加政府财政收入，然后主要用于普遍的社会福利和社会保障并且向弱势群体倾斜，从而使广大普通劳动者也能分享国民经济增加值即利润，甚至达到了人民实际收入和生活水平趋向均等化的结果。现在看，这两条道路都有一个效率与公平的矛盾问题，相对地说，后一条道路可能更好一些，我们应当借鉴其合理之处，注意克服其弊端，同时积极探索新的解决问题之道。

人民是政治主体，就是在政治领域实行民主。现代民主有三项主要内容：第一，人民中的每一个人、每个公民，作为国家和社会的主人，宪法和法律赋予的基本权利能够得到充分保障。现在，我国的公民权利、人权状况比过去已经有了很大进步，但也仍有不足。例如，我国宪法明确规定了公民享有“集会、结社、游行、示威的自由”，但总体上并未兑现。我们要理性地认识到，这些均为人民表达和维护自身正当权利所必需，迟早必然要变为现实，要主动顺应，不能得过且过，或佯装不知。第二，人民群众能够平等地参与公共事务、集体事务，拥有了解情况、发表意见、表达诉求、参与决定的权利。一权独大必然造成严重失衡，人民主体也需要一定的制约，除了外部制约，人民内部的不同部分的平等参与，就是一种内部制衡。他们之间相互补充、相互促进、相互矫正、相互牵制，是保障人民主体不至于走偏方向的重要机制。相生相克才是自然的、合理的机制。我们既要防止人民主体滑向民粹主义，即简单化的大多数人说了算，普通劳动者还是需要社会精英的引导和提升的；更要防止少数人垄断主要资源，包办一切，只顾少数社会精英利益而漠视广大群众利益和意见的精英主义倾向，社会精英也需要普通劳动者的支持和制约。第三，人民能够切实监督和制约执政党和政府。对于复杂的社会事务、公共事务，人民群众不可能都去直接管理，必须委托一定的代表（领导干部、官员、议员等）来代管。但应当明确，人民才是国家一切权力的主体、主人，而这些代表都是人民的雇员、公仆，人民拥有国家主权，是股东和“董事长”，而这些代表则是行使治权，是“总经理”和管理层。这个基本关系不能颠倒。民主有选举、协商等多种形式，不能只讲其一、不讲其他。而且，人民作为政治主体、主人，最终必须体现为他对于各级人民代表和政府官员拥有选举权以及罢免权、撤换权。无数事实已经证明，没有被替换的现实可能性的权力必然导致傲慢、任性、怠惰和腐败。这一切都应当法治化。现在，我国人民的基本权利保障尚有较大欠缺，权力过于集中且缺乏有力的监督制约，远远没有被关进制度的笼子里，官员腐败极其严重（县处级以上官员甚至成为犯罪率最高的社会群体），宪法及法律还缺少应有的权威，我国与法治国家还有很大距离。这些都是要使人民成为政治主体必须解决的问题。

人民是文化主体，就是人民在精神文化领域真正享有自由。建立“自由人的联合体”是马克思主义的崇高理想。而自由人的起码表现是思想文化自由。假如连思想都不能自由，那么，其他自由就根本无从谈起，所谓主体和主人都只能流于空谈。马克思也曾激愤地说过：“没有出版自由，其他一切自由都是泡影。”[①] 毛泽东在《论联合政府》中亦强调：“人民的言论、出版、集会、结社、思想、信仰和身体这几项自由，是最重要的自由。”[②]

① 《马克思恩格斯全集》第1卷，人民出版社1956年版，第94页。

② 《毛泽东选集》第3卷，人民出版社1991年版，第1070页。

我国宪法早已明确规定，中华人民共和国公民有言论、出版等自由。当然，自由不等于任意而为，不受任何制约。当代世界公认，言论、出版自由要以不违背法律（良法）和社会公德为前提。要使人民成为文化主体，第一，要真正尊重和落实宪法的有关规定，抓紧制定和实施《新闻出版法》等法律，实行依法治“文”。新中国自颁布宪法60多年以来，从未处理过违背宪法关于言论、出版自由的案例，这显然是极不正常的现象。既然宪法规定被束之高阁，又没有相关法律，于是，在意识形态领域中，“长官意志”、人治行为便随处可见，没有法律根据的禁书、封网、屏蔽敏感词等就经常发生。第二，人民要拥有文化生产和传播的基本条件，如报纸、杂志、广播、电视、网络、出版机构、科学文化经费等。这些文化生产和传播手段不能统统掌握在官方手中，成为“清一色”的官媒和官费。离开了这些基本条件，人民不可能成为文化主体。在遵守法律规定的前提下，人民应当有权办报、办刊、办出版社。在当代世界，法治国家普遍通行的是“法管媒体”，而不是某个政治组织管理媒体，公民办一家出版社并不比办一个饭店难，倘若违法，由司法机关处置。第三，对于学术问题、艺术问题、思想理论问题，应当坚持“百花齐放、百家争鸣”的方针，充分尊重学术界、文艺界、理论界的自由。要相信人民，相信知识分子，相信通过讨论和争辩，各种意见可以相互砥砺、相互矫正，达到一种大致的平衡，真理和正义最终会占上风。专业问题应当主要由专业工作者来讨论和决定，不能由少数官员充当精神文化“大法官”，随意评定重要思想理论是非，乱贴各种政治的、意识形态的标签。因为官员几乎都是工作繁忙以至于日理万机，他们很难有时间和精力去真正搞清楚那些复杂的思想理论问题，而且，这种越俎代庖也侵害了人民作为文化主体的地位和权利。

综上所述，在我国现实中，人民主体理念已经部分地得到了实现，但仍然任重而道远，需要一切关心国家前途和命运的人们不懈努力奋斗！

再论人民主体理念及其落实问题 *

两年前，笔者发表了《论人民主体理念及其落实问题》一文（《党政干部学刊》2016 年第 11 期），但党言犹未尽，因而再著此文。

一、人民主体理念的重大意义

（一）发展中国特色社会主义的首要原则

经过持续 40 年的改革开放和快速发展，中国近年来已经进入了全面建设小康社会的新阶段。广大人民群众的利益要求，已经由过去的主要追求生存和温饱，上升到主要追求发展——富裕幸福直至自由全面发展。当此之际，在中国自身发展和逐渐了解国外状况的双重作用之下，人民群众的权利意识、平等意识、独立意识、民主意识、法治意识显著增长，人民主体地位的问题日益凸显。

我们党对此作出了回应。党的十九大报告在论述我国社会主要矛盾已经转化为人民日益增长的美好生活需要和不平衡不充分的发展之间的矛盾时指出："人民美好生活需要日益广泛，不仅对物质文化生活提出了更高要求，而且在民主、法治、公平、正义、安全、环境等方面的要求日益增长。"① 特别值得重视的是，党的十八大报告强调："在新的历史条件下夺

* 此文系提交 2018 年 7 月中国马哲史学会应用哲学研究会"生活哲学与中国问题"理论研讨会的论文并在大会宣读。

① 《中国共产党第十九次全国代表大会文件汇编》，人民出版社 2017 年版，第 9 页。

取中国特色社会主义新胜利，必须牢牢把握以下基本要求，并使之成为全党全国各族人民的共同信念。”其第一条就是“必须坚持人民主体地位”，其后分别是“必须坚持解放和发展社会生产力”“必须坚持推进改革开放”“必须坚持维护社会公平正义”“必须坚持走共同富裕道路”“必须坚持促进社会和谐”“必须坚持和平发展”“必须坚持党的领导”。[①]这八项基本要求囊括了党的基本路线“一个中心、两个基本点”的全部内容并且有所调整，譬如，它们没有笼统地讲社会主义、马列主义、毛泽东思想和中国特色社会主义理论，而是把它们具体化了，突出了其中的主要内容。对于无产阶级专政或人民民主专政，则有所淡化。综合起来说，这八项基本要求，概括了中国特色社会主义的主要之点，是我们今后建设和改革的根本遵循。而坚持人民主体地位，则是其中的首要原则、第一原则。

后来，我们党在十八届三中全会、四中全会、五中全会直至十九大等一些重要文件中又对这一原则多次作了重申。由此可见，坚持人民主体地位，是我们党对国内外的郑重宣示，是我们党对国内外的庄严承诺，是中国特色社会主义的根本遵循（根本任务、根本目标和根本途径）之一。

（二）马克思主义根本追求的关键内容

马克思主义在人类思想史上的最大贡献，是发现了人类历史的发展规律，创立了唯物史观，提出了人民主体思想。一方面，唯物史观认为，人民群众创造了社会物质财富，创造了社会精神财富，决定着社会制度变革及其根本走向。因此，人民群众就成为历史的主体和创造者。另一方面，唯物史观承认社会发展史归根到底是人类个体的发展史，承认个人特别是杰出人物在历史上的作用，并且认为这种作用有时是很重要的。但是它强调，个人有进步与反动之分，即使是杰出人物，乃至先进阶级及其政党，也只是人民群众中的一部分，只有进步力量的整体即人民群众，才是推动

① 《中国共产党第十八次全国代表大会文件汇编》，人民出版社 2012 年版，第 13—14 页。

社会发展的决定力量即历史的主体和创造者。

如果我们进一步追问，人民群众作为这样的主体，他们一切活动的目标指向是什么呢？马克思恩格斯指出，就是要实现人的自由全面发展，实现人类解放！正是在根本追求或根本宗旨的意义上，我们可以把马克思主义看作是关于无产阶级和人类解放的学说。马克思和恩格斯把人的自由全面发展看作是未来社会的根本原则，而人的自由全面发展的前提，是全体人民成为独立自主的社会主体。马克思和恩格斯一生追求人类解放，而人类解放包括从自然压迫中解放出来、从社会关系的压迫中解放出来以及从人自身的狭隘观念中解放出来。其中从社会关系的压迫中解放出来，就是人民主体地位的确立，它制约着人与自然的关系，也决定着人与自身观念的关系，是人类解放的关键内容。

（三）科学社会主义社会应然的根本结构

从理论上说，社会主义最根本的优越性是为全体人民谋利益，促进一切人包括每个人的自由全面发展。这是社会主义主要的功能或作用，也是社会主义之所以值得向往和追求的根本原因和价值所在。而按照现代系统论的观点，系统的功能是由系统的结构决定的。把这个观点运用于社会主义问题，可以说为广大人民群众谋利益作为一种功能，它必须由相应的结构来予以保证。

笔者认为，这个结构只能是人民成为社会主人、真正当家作主，不能是少数人“为民作主”，更不能是少数人专权谋私。人民当家作主是实现社会主义功能的基础和根本。唯有如此，才能切实保证为人民谋利益，并且充分发挥人民群众的积极性、主动性和创造性，达到我们所希望的功能或效果。人民当家作主是科学社会主义社会应有的根本结构。换言之，马克思主义的崇高理想是实现共产主义社会，而这个理想社会的根本特征是，在生产力以及精神文化高度发展的基础上，彻底消灭了阶级剥削和阶级压迫，在社会关系领域真正实现了人与人之间的平等，每个人都成为社会主人，即人民当家作主。

实际上，人民当家作主即民主已经成为当代国际社会的主流观念和大多数人的共识。这是人类历史进步的重要表现。

需要说明的是，人们大多把民主或人民当家作主局限于政治领域，我认为，这只是狭义的民主。实际上，不仅在政治领域，而且在经济和文化领域，都存在是否民主的问题。这种涉及各个领域的民主，就是广义的民主。这个意义的民主，已经不是相对于经济基础而言的政治上层建筑，而是体现社会关系根本性质的深层结构，它决定国家各种社会政策和行为的基本趋向和实际结果。本文所说的人民当家作主系指广义的民主。

综合起来说，坚持人民主体地位是中国共产党的政治主张、马克思主义的根本追求、科学社会主义理想社会应然结构的结合部、聚焦点，具有极其重大的政治意义、理论意义、实践意义和长远意义。我们作为以马克思主义为指导、坚持社会主义方向的中国共产党人，必须坚持人民立场，树立人民至上观念、人民主体理念。社会者，人民的社会；国家者，人民的国家。人民是国家和社会的主体和主人。国家不能是“少数人所得而私也”。尽管过去数千年，受到历史条件的局限，人民的主体地位被异化了，主人实际上变成了仆人甚至奴隶，但在现代社会，人民的主体、主人地位已经得到了全世界绝大多数人的认可。特别是从应然、理想、发展趋势的角度看，必须坚持人民主体地位、主人地位。这是社会主义价值观的核心内容。

二、人民主体理念的含义辨析

（一）人民主体理念的含义

拙文《论人民主体理念及其落实问题》已经对人民概念和人民主体理念作过具体分析。这里引述一下结论：

在当代中国，人民概念大体包含以下三层依次递进的含义：一是指全体社会成员中除了“非人民”（敌人）之外的绝大多数人。二是强调人民中的大多数——广大普通劳动者，也就是与领导相对的群众。这是狭义的群众，它与民众、大众、老百姓等概念是同义的，也是本文所强调的人民概念的主要含义。至于广义的群众，则与人民概念的前一层含义相同。三是指其中所包含的每一个人特别是普通劳动者中的每一个人，在我国现阶段，主要是指每一个公民。

党的十八大报告在阐述人民主体理念时指出：“必须坚持人民主体地位。中国特色社会主义是亿万人民自己的事业。要发挥人民主人翁精神，坚持依法治国这个党领导人民治理国家的基本方略，最广泛地动员和组织人民依法管理国家事务和社会事务、管理经济和文化事业、积极投身社会主义现代化建设，更好保障人民权益，更好保证人民当家作主。”[①]这段解释人民主体地位的论述，有三个关键词：（人民）自己的事业、主人翁精神、当家作主。后两个关键词可以看作是对第一个关键词的说明和展开，最后的落脚点是人民当家作主，即人民成为社会主人。至于中间的那些论述可以视为是对人民当家作主的具体描述，它们体现了人民当家作主与党的领导和依法治国的统一，并且包含着人民的各个组成部分一律平等的意味。人民当家作主不仅要体现在政治上（管理国家事务和社会事务），而且要体现在经济上和文化上（管理经济和文化事业）。主人翁精神是人民应有的精神状态，属于社会意识，而当家作主是人民应然的社会地位，属于社会存在，主人地位是普遍产生主人翁精神的前提和基础，而普遍的主人翁精神则是主人地位的反映和保障。没有主人地位就不会有普遍的主人翁精神。

按照这种理解，可以说人民主体的基本含义就是人民当家作主、成为社会主人，亦即人民从社会关系的压迫中解放出来，实现社会关系的平等。

---

① 《中国共产党第十八次全国代表大会文件汇编》，人民出版社 2012 年版，第 13 页。

（二）几个相关理念辨析

为人民服务理念与坚持人民主体地位的关系。毛泽东提出了为人民服务的价值理念并且多次作过阐发，它也被写进了《中国共产党章程》。这个价值取向是正确的、高尚的，我们应当继续坚持。不过，这一价值理念也遮蔽着某种不足：它把以领袖为代表的共产党当作主体，而把人民看作客体，容易忽略和漠视人民当家作主的主人地位，当权力集中到自己手中时，便常常越俎代庖，把自己看作是人民的“大救星”、救世主，实行为民做主。这违背了毛泽东早年关于人民是创造历史的动力的思想，同唯物史观是不一致的。现在，我们党仍然坚持为人民服务的价值取向，但要吸取历史的教训，把为人民服务建立在坚持人民主体地位的基础之上，把为人民谋利益与坚持人民主体地位统一起来，真正顺应人民的利益和意志，同时引导人民前进。要反对为民做主、包办代替、官主。

党的群众路线与人民主体理念的关系。党的群众路线是一切为了群众，一切依靠群众，从群众中来、到群众中去。群众路线的主体是被省略的中国共产党。而人民主体理念则强调人民是主体、主人，二者显然具有明显区别，人民主体理念无疑更为深刻、更为根本，更符合马克思主义的深层思想，更符合人民利益。

“以人为本”与坚持人民主体理念的关系。“以人为本”是党的十六届三中全会提出的一个重要理念，也是科学发展观的核心。“以人为本”的人也是指人民群众，包括其中每一个人，这里的“本”系指根本、目的。就这些含义来讲，“以人为本”理念与人民主体理念是一致的、相通的。不过，人民主体理念突出强调的是人民成为社会主人、真正当家作主，这个含义比“以人为本”更为明确、更进一步，也是人民根本利益所在。在这个意义上，“以人为本”不能取代人民主体理念。

“以人民为中心”与人民主体理念的关系。“以人民为中心”是十八大以来我们党的一个重要理念，报刊上也有很多宣传文章。不过，同群众路线、为人民服务理念一样，“以人民为中心”也是把党和政府看作主体，这与人民主体理念也是有重要差别的。可以说，人民主体理念是“以人民为中心”的理论基础和前提，而“以人民为中心”则是人民主体理念对党和政府行为的导向。

关键是中国共产党的领导与人民主体的关系。党是人民的工具、仆人，还是人民的主宰、主人？马克思和恩格斯关于社会公仆与社会主人的思想已然众所周知①，邓小平更明确地讲过，党是人民实现自己利益的工具②，反对“以党治国”③。党不是政府，也不是行政机关，要警惕党的行政化、官僚化、权势化。改革开放以来，我们党也多次郑重强调过，党的领导就是组织和支持人民当家作主。真正树立人民主体理念，就要自觉地把人民视为社会主人，而把先进政党看作是人民实现自己利益的工具。当然，人民与先进政党是双向相互作用的：人民不可缺少先进政党的组织和领导，但先进政党必须服从、顺应人民的利益和需要，后一方面显然更为根本。多年来，我们对前一方面强调过多，对后一方面有所忽略，现在应当加以弥补。

三、人民主体理念的落实问题

人民主体理念需要进一步具体化、明晰化，以便发挥其实践导向功能，将其落到实处。由于社会生活大体可分为经济、政治、文化三大领域，因此，人民主体需要进一步落实到人民是经济主体、政治主体、文化主体。

（一）人民是经济主体——人民在经济领域能够自主

第一，必须使人民包括其中每一个人都拥有一定的财产，这是经济自立自主的基础。没有个人可以支配的财产，连基本生活都要受制于人，是很可怕的事情。马克思和恩格斯从未反对个人占有财产，《共产党宣言》指

① 《马克思恩格斯选集》第3卷，人民出版社1995年版，第12页。
② 《邓小平文选》第1卷，人民出版社1994年版，第218页。
③ 《邓小平文选》第1卷，人民出版社1994年版，第10—12页。

出："共产主义并不剥夺任何人占有社会产品的权力，它只剥夺利用这种占有去奴役他人劳动的权力。"①。在我国现阶段，绝大多数人都或多或少地拥有了一定的公共资产和个人财产。现在需要做的是，要进一步明晰产权（包括知识产权），建立现代产权制度，提供足够强度的保护和激励机制，以促进其不断增长和自由流转。

这里有一个问题值得研究：公共财产（如国有资产）与公民个人是什么关系？是完全没有关系，还是必须建立一定的联系？怎么理解马克思在《资本论》中所设想的未来社会人们在共同占有一切生产资料基础上重新建立"个人所有制"？我们恐怕不能再像过去那样，公共财产完全脱离公民个人，与个人基本没有联系。那么，到底应当怎样联系？是像股份制企业那样，法人财产共同所有、共同使用，不能分给个人，但个人都是股东，都有自己的一份；还是公共财产不量化到个人，但是，公共财产的收益用于何处、用了多少、与公民有何关系，都要向社会大众公开，接受人民监督？这是需要继续研究的一个问题。

再进一步，社会主义经济从根本上说，应当是民有、民决、民用、民享的经济，要打破对于民众发展经济尤其是私有经济的不当限制和歧视性政策。

第二，劳动者、生产者以及由他们有机结合而构成的企业的自主权，是当代社会发展经济的基本条件，也是市场经济条件下经济主体的基本特征。甚至可以说，市场经济与人民经济上的自主权在很大程度上是一体两面，实质说的是一回事。我国改革开放初期，农村经济之所以在很短的时间内取得巨大发展，根本原因就是赋予农民一定的生产经营自主权。后来的城市改革能够取得较大成效，同样是由于企业拥有了一定的自主权。人民只有能够自主，才能真正发挥自己的聪明才智，有所发现，有所发明，

---

①《马克思恩格斯选集》第1卷，人民出版社1995年版，第288页。

有所创造，有所前进，才能适应市场需要，使经济资源得到优化配置。当然，自主不等于任性而为，而是必须在法律的框架下进行。

第三，要继续解决政府占有和支配过多经济资源问题，实行公共财政民主。人民自主与政府作主虽然不能机械地对立起来，但终归有一个此消彼长的问题。人民是创造财富的主体，政府应当主要提供和维护合理的经济秩序、市场监管、总量平衡和社会保障，而不能既是“裁判员”，又是“运动员”，直接设立和经营大量企业，不应当随意作出所谓“大手笔”的投资决定，不应当以简单直接的行政命令取代市场机制。为此，要实现人民对于公共财政预算和决算的知情权、质询权、监督权直至参与决定权，压缩庞大的行政经费，把主要财力用于民生包括人民的公共福利和社会保障。

第四，努力缩小贫富差别，实现人民共享经济发展成果。这是社会主义和共产主义的一个重要目标，也是人民平等的重要体现。我国目前贫富差别过大，某些国有企业、政府机关、事业单位负责人以及部分私营企业主收入畸高，引起人们普遍不满。究其原因，主要是这些企业和单位的负责人，凭借占有的国有资产和权力以谋小圈子利益，以及有关部门监管不力。从历史上看，实现人民共享，大体有两条道路，一条道路是过去苏联和中国通过建立和扩大公有制经济的比重，以缩小人民内部的差别；另一条道路是北欧及西欧一些国家（或曰德日式资本主义国家）通过提高税收来增加政府财政收入，然后主要用于普遍的社会福利和社会保障并且向弱势群体倾斜，从而使广大普通劳动者也能分享国民经济增加值即利润，甚至达到了人民实际收入和生活水平趋向均等化的结果。现在看，这两条道路都有一个效率与公平的矛盾问题，相对地说，后一条道路可能更好一些，我们应当借鉴其合理之处，注意克服其弊端，同时积极探索新的解决问题之道。

（二）人民是政治主体——在政治领域实行民主

第一，人民中的每一个人、每个公民，作为国家和社会的主人，宪法和法律赋予的基本权利能够得到充分保障。现在，我国的公民权利、人权状况比过去已经有了很大进步，但也仍有不足。例如，我国宪法明确规定了公民享有“集会、结社、游行、示威的自由”，但总体上并未兑现。我们要理性地认识到，这些均为人民表达和维护自身正当权利所必需，迟早必然要变为现实，要主动顺应，不能得过且过。

这里有一个问题值得讨论：要求兑现宪法规定的这些公民权利与坚持党的领导是不是一致的？有些人可能以为它们之间是矛盾的，似乎要求兑现这些公民权利就是同党的领导唱对台戏，就是与党的领导对立。而要坚持党的领导就不能实行这些要求。这种思想现在大有市场，但这种认识是站不住脚的。理由有三条：其一，宪法是党和人民意志的集中体现，实行宪法就是坚持党的领导，二者是一致的而不是对立的。其二，《中华人民共和国宪法》和《中国共产党章程》都明确规定，一切政党包括共产党都必须遵守宪法和法律，只能在它们规定的范围内活动。任何政党都不能无视宪法规定。其三，全面依法治国已经被确立为我们党的重大战略之一，这是我们党的郑重宣言，党的十八届四中全会通过的《中共中央关于全面推进依法治国若干重大问题的决定》指出：“坚持依法治国首先要坚持依宪治国，坚持依法执政首先要依宪执政。”[①] 习近平同志强调：“维护宪法法律权威就是维护党和人民共同意志的权威，捍卫宪法法律尊严就是捍卫党和人民共同意志的尊严，保证宪法法律实施就是保证党和人民共同意志的实现。”[②] 认为不能实行宪法这些明文规定的思想，是同我们党的公开主张根本对立的。

---

① 《中共中央关于全面推进依法治国若干重大问题的决定》，人民出版社 2014 年版，第 9 页。

② 《习近平谈治国理政》第二卷，人民出版社 2017 年版，第 116 页。

第二，人民群众能够平等地参与公共事务、集体事务。凡是与人民群众利益相关的公共事务，在一般情况下，都应当事先公开征求意见，事中和事后接受人民群众监督，公民拥有了解情况、发表意见、表达诉求、参与决定的权利，亦即《中共中央关于构建社会主义和谐社会若干重大问题的决定》、十七大报告、十八大报告和十九大报告所反复强调的公民的知情权、参与权、表达权、监督权。需要注意的是，公民的表达权，显然不是仅仅指表达赞同意见的权利，更是指表达不同意见甚至反对意见的权利。唯有如此，才能保证公共事务的决策符合广大人民群众的利益。一权独大必然造成严重失衡，人民主体也需要一定的制约，除了外部制约，人民内部的不同部分的平等参与，就是一种内部制衡。他们之间相互补充、相互促进、相互矫正、相互牵制，是保障人民主体不至于走偏方向的重要机制。相生相克才是自然的、合理的机制。我们既要防止人民主体滑向民粹主义，即简单化的大多数人说了算，普通劳动者还是需要社会精英的引导和提升的；更要防止少数人垄断主要资源，包办一切，只顾少数社会精英利益而漠视广大群众利益和意见的精英主义倾向，社会精英也需要普通劳动者的支持和制约。

第三，人民能够切实监督和制约执政党和政府，切实制约公共权力。这是民主更重要、更根本的方面。对于复杂的社会事务、公共事务，人民群众不可能都去直接管理，必须委托一定的代表（领导干部、官员、议员等）来代管。但应当明确，人民才是国家一切权力的主体、主人，而这些代表都是人民的雇员、公仆，人民拥有国家主权，而这些代表则是行使治权，这个基本关系不能颠倒。在缺乏有效监督制约的条件下，有权力的人必然倾向于滥用和腐败，而无制约的权力对社会的危害超过了其他一切灾难，这是历史反复证明了的一条客观规律。因此，必须下大气力把权力关进制度的笼子里。这是我们面临的一个重大而迫切的问题。在这方面，我们可以由易到难，逐步推进。如实行重大决策听证制度，实行官员家庭财产申报和公开制度，建立健全决策权、执行权、监督权既相互制约又相互协调的权力结构和运行机制，对于主要官员实行民主选举制度，等等。

（三）人民是文化主体——人民在精神文化领域真正享有自由

建立“自由人的联合体”是马克思主义的崇高理想。而自由人的起码表现是思想文化自由。假如连思想都不能自由，那么，其他自由就根本无从谈起，所谓主体和主人都只能流于空谈。马克思也曾激愤地说过：“没有出版自由，其他一切自由都是泡影。”① 毛泽东在《论联合政府》中亦强调：“人民的言论、出版、集会、结社、思想、信仰和身体这几项自由，是最重要的自由。”② 我国宪法早已明确规定，中华人民共和国公民有言论、出版、科学研究、文艺创作和其他文化活动等自由。当然，自由不等于任意而为，不受任何制约。当代世界公认，言论、出版自由要以不违背法律（良法）和社会公德为前提。要使人民成为文化主体，需要做到以下几点：

第一，要真正尊重和落实宪法的有关规定，抓紧制定和实施《新闻出版法》等法律，实行依法治“文”。

第二，言论自由是人民当家作主的起点。没有言论出版自由，人民当家作主就只是理想，不可能成为现实。哪里有不能讲话的主人呢！我们一再提倡解放思想、实事求是，而解放思想只有通过言论出版自由才能成为现实。没有言论出版自由，只准一家之言，不容不同意见，思想必然受到禁锢，至多是按照一种观点解放思想，实质是叶公好龙式的“解放思想”。实事求是也只有通过言论出版自由才能得到实现。只有在言论出版自由的条件下，人们能够讲真话、诉实情，科学发展才能成为常态。离开它，科学发展只能是一时的、特殊的、偶然的情况，不可能成为长期的、普遍的、必然的现实。

---

① 《马克思恩格斯全集》第1卷，人民出版社1956年版，第94页。

② 《毛泽东选集》第3卷，人民出版社1991年版，第1070页。

第三，人民要拥有文化生产和传播的基本条件，如报纸、杂志、广播、电视、网络、出版机构、科学文化经费等。离开了这些基本条件，人民不可能成为文化主体。在遵守法律规定的前提下，人民应当有权办报、办刊、办出版社。在当代世界，法治国家普遍通行的是“法管媒体”，公民办一家出版社并不比办一个饭店难，倘若违法，由司法机关处置。

第四，对于学术问题、艺术问题、思想理论问题，应当坚持“百花齐放、百家争鸣”的方针，充分尊重学术界、文艺界、理论界的自由。2001年11月2日，联合国教科文组织第31届大会通过的《文化多样性宣言》指出：“文化在不同的时代和不同的地方具有不同的表现形式。文化多样性对人类来讲就像生物多样性对维持生物平衡那样不可缺少，文化多样性是人类的共同遗产，是促进经济增长的因素，是个人和群体享有更加令人满意的智力、情感和道德精神生活的手段。”[①]要相信人民，相信知识分子，相信通过讨论和争辩，各种意见可以相互砥砺、相互矫正，达到一种大致的平衡，真理和正义最终会占上风。专业问题应当主要由专业工作者来讨论和决定，不能由少数官员充当精神文化“大法官”，随意评定重要思想理论是非，乱贴各种政治的、意识形态的标签。因为官员几乎都是工作繁忙以至于日理万机，他们很难有时间和精力去真正搞清楚那些复杂的思想理论问题，而且，这种越俎代庖也侵害了人民作为文化主体的地位和权利。

将以上内容综合起来，关键词就是主人权利。上述三个方面都是主人权利的表现。当然，讲权利、利益，也要讲责任、义务，二者缺一不可。人民也要承担主人的责任，履行主人的义务。这些责任和义务，除了做好社会分工所分配给自己的工作（这是主要的）之外，就是履行社会责任和义务，而上述三个方面特别是第二和第三方面同时也是公民的社会责任和义务。

---

① 转引自孟宪平：《嬗变与重组——转型期社会主义文化建设机制研究》，人民出版社2014年版，第57页。

最后应当说明，人民真正当家作主、成为社会主人既是一个应然的理想状态和崇高目标，又是一个现实的、长期的实践过程，或者说，人民主体也有一个成长过程，既需要人民自身不懈努力、积极争取，包括不断提高自身素质和能力，又需要国家创造适宜的经济、政治和文化条件。现在，我国毕竟还处于社会主义初级阶段，经济文化水平不高，封建专制主义残余较多，我们既要积极努力，又不可期望过高。然而，方向必须明确，理想不能动摇，尽管道路曲折，有时甚至可能倒退，但前途是光明的，人民主体理念的实现是不可阻挡的历史趋势！

关于人类共同价值的几点思考 *

2015 年 9 月 28 日，习近平主席在联合国大会发表的《携手构建合作共赢新伙伴，同心打造人类命运共同体》的重要讲话中指出："和平、发展、公平、正义、民主、自由，是全人类的共同价值，也是联合国的崇高目标。"① 有人可能感到"全人类的共同价值"（本文统称"人类共同价值"）的提法比较突兀，实际上，它是有相当思想基础的。

抛开内部讨论的意见不谈，仅举公开见诸报刊的重要文献为例：2005 年 9 月，时任中共中央总书记、国家主席胡锦涛同志《在纪念中国人民抗日战争暨世界反法西斯战争胜利 60 周年大会上的讲话》中指出："这一胜利，挽救了人类文明，避免了历史倒退，广泛传播了自由、民主、平等、公正、和平的基本价值……"② 我理解，这就是说，"自由、民主、平等、公正"等"基本价值"虽然产生于资本主义国家，但它们并不是资本主义的专利，也不是马克思主义的独创，不是社会主义特有的东西，而是全人类共同的追求。这是新中国成立以来，在我们党和国家的文献中，第一次谈到人类共同的基本价值。2007 年 2 月，时任国务院总理温家宝同志在《关于社会主义初级阶段的历史任务和我国对外政策的几个问题》一文

---

* 此文发表于中央党校《理论视野》2017 年第 8 期，爱思想网、中国智库网、中国知网等转载，微信群也有转发，获 2018 年度中央党校退（离）休人员科研成果奖。

① 习近平：《携手构建合作共赢新伙伴，同心打造人类命运共同体》，《人民日报》2015 年 9 月 29 日。

② 胡锦涛：《在纪念中国人民抗日战争暨世界反法西斯战争胜利 60 周年大会上的讲话》，《人民日报》2005 年 9 月 4 日。

中也指出："科学、民主、法制、自由、人权，并非资本主义所独有，而是人类在漫长的历史进程中共同追求的价值观和共同创造的文明成果。只是在不同的历史阶段、不同的国家，它的实现形式和途径各不相同，没有统一的模式，这种世界文明的多样性是不以人们主观意志为转移的客观存在。"[①]2008年5月，胡锦涛主席与时任日本首相福田康夫亲自签署的《中日关于全面推进战略互惠关系的联合声明》中也谈到："为进一步理解和追求国际社会公认的基本和普遍价值进行紧密合作，不断加深对在长期交流中共同培育、共同拥有的文化的理解。"[②]

在上述文献中所提到的共同价值、基本价值、普遍价值，实际含义是大同小异的，可以视作是略有差别的同一类概念。本文仅以人类共同价值为论题作些具体分析。

一、人类共同价值的三种形态

对于客观存在的人类共同价值，可以从三个维度进行分析，从而概括出三种形态：

（一）共同点之同

任何个别中都包含一般，即此一个别与其他个别的共同点——共同因素、共同成分、"公约数"。这些共同点犹如多个圆形相互交叉所呈现的重合之处。

人类共同价值的存在，是以各个国家内部社会成员之间存在共同价值为基础的。倘若一个国家内部都不存在共同价值，所谓人类共同价值也就成了无源之水、无本之木。因此，我们按照从国内再到国际的思路来论证人类共同价值。

① 温家宝：《关于社会主义初级阶段的历史任务和我国对外政策的几个问题》，《人民日报》2007年2月27日。

② 《中日关于全面推进战略互惠关系的联合声明》，《人民日报》2008年5月8日。

就中国来说，尽管十三亿多人民之间存在着无数差别，乃至有《十三亿种活法》（借用一本书名），但是，他们终归总有某些共同人性，这不仅是指衣食住行安全等生存需要以及享乐需要，而且包括发展等高级需要。这是形成共同价值的一个重要基础。再如，在我国现阶段，作为公民，每个人都享有同样的权利和义务（极少数严重危害社会、被依法剥夺公民权利的犯罪分子除外），这是人们之间具有共同价值的重要体现。

同样，**各个国家之间尽管存在着历史、地理、经济、政治、文化以及民族性格等种种不同，然而，如果我们着眼于各个国家占人口绝大多数的人民群众——历史发展的决定力量，那么，就很容易看到，各国人民之间是存在着许多共同利益、共同关切、共同追求直至共同价值标准的，如生存、发展、和平、自由、民主、法治、公正，等等。很多事情都是“人同此心，心同此理”，这是十分自然和正常的事情。绝不是我们认为好的，其他国家人民就认为是坏的，反之亦然。即便在差异较大的政治领域，我国的公民权利与国际社会公认的公民权利（它集中体现在联合国的有关公约以及大多数国家的宪法中）也有相当部分是重合的，例如，关于公民享有信仰、言论、出版、结社、游行、示威、科学研究、文艺创作、人身自由等规定。**

（二）整体利益之同

如果说，共同点之同是作为要素的各个个别所普遍含有的成分，那么，整体利益之同则属于作为系统的集合功能、集成效应，它以各个个别之间的有机联系即构成系统为前提因而居于各个个别之上。

现在，各个国家内部尽管都存在着阶级和阶层等差别，但国家利益、民族利益代表着各个阶级和阶层的整体利益、全局利益，一般地说，全局利益是包含并且高于局部利益的。同理，各个国家之间固然存在着资源禀赋、特长优势、实际利益等诸多差别和矛盾，但他们之间的友好交往、分工合作、优势互补，无疑会增进整体利益，从而惠及有关各方。而当他们互相隔绝、孤立发展时，这个整体利益则不复存在。尤其是在当今的经济全球化和互联网时代，各个国家之间的联系日益紧密，这种分工合作所带来的整体利益更加显著，这是现时代人类发展的一大“红利”。

阶级和阶层的存在是同社会分工密切联系的。相对固定的所谓“旧式”社会分工在相当长的时期包括现阶段是不可避免的，它是提高效率的必由之路，而存在分工本身，就表明各个阶级和阶层在一定历史阶段都不可缺少，他们之间具有一定的协作和互补性，维护这种互补和协作符合他们各自的利益，是他们的共同利益、整体利益所在。在当代世界上，劳资双方，虽然彼此矛盾，但又缺一不可，一味斗争，只能两败俱伤，有害无益，只有劳资兼顾（重点是维护处于弱势地位的劳动者权益，通过工会、政府、法律及社会舆论等形式），才能共享发展利益。如果某个阶级或阶层破坏这种互补利益，例如居于统治地位的特权阶层过分巧取豪夺，必将自取灭亡。此即阶级矛盾激化的时期，但它不是社会历史的常态。换言之，各个阶级既有自己的特殊利益、局部利益，也有超越其上并统摄其至少一部分的共同利益、全局利益。我们现在经常强调“最广大人民群众”，它作为一切进步阶级和阶层的总和，已经超越了阶级和阶层。

由各个阶级和阶层所构成的社会作为一个系统，存在着与环境的关系问题。这里的“环境”既包括自然环境、生态环境，也包括由其他社会所构成的国际环境。维持良好的、友善的环境，保证系统与环境之间合理有序的物质、能量、信息、人员等交流，也是一个社会系统内部各个阶级的共同利益，是全体人类的共同利益。

（三）发展趋势之同

共同点之同和整体利益之同都是共时性的存在，还应以历时性的分析来加以补充。

从发展的角度看，社会总趋势是走向进步，人们的素质也会逐步提升，一些高层次的需要（如参与国家公共事务管理的政治民主要求、精神文化自由的要求）即便暂时仅为少数人所拥有和自觉把握（先知先觉者总是少数），但由于它们符合大多数人的发展需要，迟早会得到普及，成为社会的共同价值和普遍共识，由个别转化为一般。而在未转化之前，可将其视为潜在的或隐性的共同价值。当然，并不是所有的个别都可以转化为一般即共同价值，这是应加以说明的。

二、人类共同价值的丰富内容

本文开篇所引的习近平主席的讲话提到了和平、发展、公平、正义、民主、自由六种人类共同价值。

（一）对六种人类共同价值的理解

在上述六种人类共同价值中，和平是人类生存和发展的前提条件，没有和平，其他一切都无从谈起。联合国之所以成立，正是基于两次世界大战的沉痛教训，维护世界和平理所当然地成为其首要目标。这也是当代世界尚未完全解决的问题，个别地区战乱不断，给这些地区人民造成极大损害，也威胁到其他国家的人民。因此，将和平列为首位是可以理解的。

发展是现时代人类实践活动的主要内容和基本轨迹，也是解决社会各种矛盾、直接满足人民日益增长的各种需要的基础和途径，已然成为现时代的主题，绝大多数国家都在千方百计地谋求发展，尤其是对于发展中国家来说，发展更居于首要任务、根本任务的地位，理当排在前列。

公平和正义可以简称为公正，现在人们大多也是如此使用的。如果说发展侧重于生产力发展、经济发展的话，它们主要归属于人与自然关系领域，那么，公正则属于人际关系包括群际关系、国际关系领域。公正注重于制度和规则的改进，反对贫富悬殊、特权强权和国际霸权，这正是当代各个国家内部以及国际关系中遇到的一个突出问题。公正包含平等的因素，但由于人们之间完全做到无差别的平等几乎是不可能的，所以，公正承认并允许一定的差别，强调在保障人们基本权利基础上各得其所的合理，可称之为有差别的平等，它是理想化、抽象化的平等概念之现实化、具体化。

民主即人民当家作主、成为社会主人，它是人类在20世纪取得的最伟大的成就（参见1998年诺贝尔经济学奖得主阿玛蒂亚·森的有关论述）。民主是当代世界各国人民的共同利益、共同主张、共同追求，是人类共同体生活的基本规则，是保证各个国家顺应人民利益发展、坚持正确前进方向的根本制度，是引导各个国家不断进步的光辉旗帜。民主现已成为当代国际社会的主流观念和大多数人的共识，这是人类历史进步的重要表现。而旧中国皇权专制历史悠久，遗毒深广，积重难返。为了求得民族独立和人民解放，我们党从诞生伊始就高举民主的旗帜，反对专制独裁，这是吸引众多青年和其他群众奔赴延安、走向革命的重要原因之一。新中国成立后，我们走过了曲折的历程，其中的主要教训，正如1986年《中共中央关于社会主义精神文明建设指导方针的决议》所指出的："我国社会主义发展中的主要历史教训，一是没有集中力量发展经济，二是没有切实建设民主政治。"[①] 在汲取历史经验教训的基础上，自改革开放以来，我们党和国家顺应人民期待和当代世界的民主潮流，反复强调民主的极端重要性。例如，《中华人民共和国宪法》和《中国共产党章程》都把"民主"作为我国发展的重要目标之一，中共十二大以来直至十八大等多次全国代表大会报告都十分强调民主。之所以如此，在很大程度上，恰恰因为民主不足是中国发展和实现现代化的突出短板。我国近年来的官员腐败触目惊心，创新活力严重不足，一些决策粗疏草率，媚上之风滋生蔓延，信息闭锁言路堵塞，其社会根源都是权力高度集中而又缺乏切实有效的监督制约。我们应当继续高扬民主的旗帜，并且言出行随，在实践中努力落实民主的基本要求，使人民群众能够在经济、政治、文化、社会等各个领域真正当家作主、享有主人的权利和履行主人的义务。

---

① 《中共中央关于社会主义精神文明建设指导方针的决议》，人民出版社1986年版，第15页。

自由则是人之所以为人的最根本利益所在、最根本的价值追求。现在大多数人所理解的自由，既包括所谓消极自由即正当权利不受侵犯，也包括所谓积极自由即人们拥有实现自由的相应条件和能力，既包括群体的自由，也包括个体的自由，并且应当体现在经济、政治、文化和社会各个领域。当然，每个人的自由都是以不损害他人正当权利包括同等自由为前提条件的，通常以法律限定之。特别是对于马克思主义者、社会主义者来说，实现一切人包括每个人的自由发展始终是我们的最高理想。在马克思主义看来，所谓自由不仅体现在人们从自然压迫中解放出来，而且包括从社会关系压迫中解放出来，还包括从精神束缚中解放出来。马克思还认为："为了进行生产，人们相互之间便发生一定的联系和关系；只有在这些社会联系和社会关系的范围内，才会有他们对自然界的影响，才会有生产。"[①] 这就是说，摆脱自然压迫是基础，摆脱社会压迫是关键，摆脱精神束缚是灵魂。我们现在应当努力在实践中推进自由，起点是解放思想即思想自由、言论自由，这是我们党所倡导和我国宪法明文规定的。

（二）对六种人类共同价值的补充

以上六种只是就人类共同价值的主要内容而言，属于择要而论或逻辑学上所谓的"枚举"，而不是"穷举"，不应当认为它们已经全部穷尽和囊括了人类所有的共同价值。人类共同价值还有更为丰富的内容，例如科学、法治、人权、和谐。

法治与人权属于人类共同价值，也是联合国所强调的价值理念，这毋庸多言。我国在这两方面已有重要进步，但与世界先进文明和人民期待相比，仍有较大差距。在一定意义上说，正是为了缩小这些差距，2014 年中共中央才郑重作出了《中共中央关于全面推进依法治国若干重大问题的决定》。我们党所提出的和谐理念（具体化为和谐社会、和谐世界）是指社会

① 《马克思恩格斯选集》第 1 卷，人民出版社 1995 年版，第 344 页。

各个领域、各个层面的协调稳定状态。它继承了中国传统文化的有益营养，吸收了西方国家历史上的有关思想，表达了马克思主义的理想追求，丰富了现代社会的文明观念，符合中国人民的利益和愿望，也符合各国人民的利益和愿望，属于人类共同价值，因而得到了世界的普遍赞同。

这里着重谈谈科学问题。有人可能对于科学是否属于价值范畴心存疑问，或许认为科学只属于工具理性，因而与价值无涉。我不赞同这种认识。科学以科学工作者的实践为直接基础，以搞清事实真相、追求真理为根本目标，以系统的理论形态的知识体系为表现形式，对人类生存和发展具有重大价值和意义，是人类愈来愈不可缺少、几乎须臾不可离开的东西，也是各个国家现代化的一个根本支柱，显然是人类共同价值中的重要内容之一。现时代的科学，已经大大超越了近代经典科学，也不限于自然科学，而是包括社会科学、人文科学等内容更为丰富的现代科学。特别是对于中国这样的发展中国家来说，缺乏理性、不讲科学、违背常识乃至愚昧无知的现象还时常可见，它们不仅表现在普通干部群众的日常生活中，而且表现在某些官员的决策和言论中，业已成为中国实现现代化的一大障碍。需要强调的是，科学不仅是指科学知识即经过实践检验已经达成一定共识的认识成果，更是指科学精神，这是其精髓。科学精神至少包括四个要素：一是依据事实，注重实证；二是追求真理，探索事物的本质和规律；三是保持质疑，不迷信任何权威和已有结论；四是致力创新，力求提出新的观点、假说、理论等。在这方面，知识分子作为知识精英，本应率先垂范走在社会前列，然而，现在不少学者却经常反其道而行之，他们忽略实证偏好玄思，不求真理但求名利，粗制滥造了无新意，完全背离了科学精神。由此可见，我们国家亟需大力弘扬这种科学精神！

其实，党的十八大报告所概括的社会主义核心价值观——富强、民主、文明、和谐、自由、平等、公正、法治、爱国、敬业、诚信、友善，它们所指向的内容，绝大部分都属于人类共同价值。试想，哪个国家的人民反对它们呢？这表明，社会主义同人类利益和发展趋势是高度一致的。而且，在上述价值观中，虽然也有对中国优秀传统文化的继承，但大量吸收的是所谓西方国家的价值观念（实质是现代文明理念），后者甚至构成其主要成分。这也表明，中国人民与西方国家人民之间是存在共同价值和共同价值观的。

三、人类共同价值的相对性

（一）主体的相对多数

共同价值总是以一定群体中相对多数人为主体，这是一个基本规定，离开它，也就无所谓共同价值了；但是，究竟是90%以上人的共同价值，还是50%以上人的共同价值，这却是有一定弹性的，其范围甚至可能时而扩大，时而缩小，处于变动不居之中。就人类共同价值而言，它应当是全人类中大多数国家、大多数人的共同利益和共同追求。但这同时也等于承认，可能会有少数国家、少数人同这些共同价值相对立，不赞成并且反对这些共同价值。这不足为奇。我们当然希望所有的国家和所有的人都能够认同和共享人类共同价值，并且以此为追求，从而达致天下大同，但这只是崇高的理想，在相当长的历史时期内，我们总要面对少数国家、少数人的特立独行，包括那些严重危害社会、威胁人类的犯罪活动。

这种情况，有助于我们深入把握一般与个别的辩证法。客观存在着两类个别：一类是包含着同类一般的个别，如认同人类共同价值的国家和社会成员，另一类则是不包含此类一般的其他个别，如少数反对人类共同价值的国家和社会成员。所以，我们在从个别中寻找一般时，不要期望在所有个别中都能够发现它。假设一定要寻求其中的一般，就只能到这些另类个别中去寻找，而且只能找到别样的一般了。

（二）历史阶段性

价值和价值观念都是历史的、变化的、发展的，随着具体历史条件与主体素质的不同，它们也呈现出历史性、变动性、阶段性。譬如，对于处在饥寒阶段、温饱阶段、小康阶段、富裕阶段等不同发展阶段的人们来说，其价值需求是相当不同的。很多中国人对此都有切身体会。再如，现代社会的一些所谓共同价值——科学、民主之类，对于许多古代人而言简直是天方夜谭。然而，对现代人而言，如果再反对科学与民主这类价值，就会站到绝大多数人的对立面，被看作反社会分子甚至怪物。又如，在19世纪，马克思所讲的受剥削和受压迫的无产阶级要求得解放，必须通过暴力革命的道路。这在当时是普遍真理。因为掌握资本和权力的统治阶级在危及到他们的优势地位和既得利益时，经常使用国家暴力机器，无产阶级只靠和平斗争不可能根本改变自己的命运。但是，随着人类的进步，在当代世界，尽管仍有少数人在继续使用暴力斗争的手段，而和平斗争已经愈来愈成为解决社会矛盾的基本手段，这已成为新时代的普遍真理。和平已然是当代全人类的共同利益和追求。

我们显然应该立足于现时代来着重把握当代的共同价值。我们应当注重“现世”即现时代，不是“前世”，也不是“来世”。不要超前，更不要滞后，要跟上时代！

（三）多重差异性

这些共同价值，由于人们所处的地位、经历和环境等种种不同，对于人们的实际意义是存在差别的，例如，民主对于手握大权的高层官员，意味着其自身权力受限、外部制约加强，而对于无权无势的底层民众来说，则代表着其言路的通畅、权利的伸张，实际价值大为不同。同样，发达国家的人民与发展中国家的人民在利益需求方面也会存在一定差异，这种差异有时是很大的。这是客观存在的共同价值的差异性。

在此基础上，人们对于共同价值的认识和理解也有深浅高低等差异，可谓“横看成岭侧成峰，远近高低各不同”，有时甚至差别巨大。同时，他们所赋予多种共同价值的权重或曰价值偏好也有所不同，例如，物质需要与精神需要、个人利益与集体利益均为人们所必需，但在二者的排序上，不同人们所强调的重点是有差别的。这是对共同价值认知的差异性。

更不消说，人们还会存在许多特殊价值和个别价值，它们并非全部融入共同价值之中。譬如，绝大多数人都对生长于斯的祖国、同胞及其历史文化怀有亲近和自豪之情，秉持爱国主义，但一些人爱的是甲国，另一些人爱的则是乙国，如此等等。

（四）实现形式的多样性

人类共同价值在不同的历史阶段、不同的国家，其实现形式具有多样性，不存在统一的模式，这是世界文明多样性的一个重要表现，也是我们强调中国特色之根据所在。我们应当努力探索出适合中国国情和人民需要的实践人类共同价值的具体形式。借用黑格尔的分析方法，我们不要只讲“抽象的普遍性”，即脱离个别、没有实现形式的理论普遍性，而要认真研究体现在个别之中、有自己个性、找到有效实现形式的“具体的普遍性”，让人类共同的美好追求与中国特色交相辉映、相得益彰，生动鲜活地体现在我们的日常生活中！

四、强调人类共同价值的双重意义

提出和强调人类共同价值，具有两个方面的意义。

（一）与西方国家少数人所谓的普世价值相对，提出“中国概念”，占领道德和理论的制高点，争取国际话语权

有人分析过人类共同价值与普世价值的区别，谓之前者是各个国家共同承认、共同追求的东西，大家都是平等的主体，都是自主的；而后者则是把西方某些国家认可的价值观及其模式说成世界普遍适用之意，是他们用自己的尺子来衡量世界，不管你的情况如何都必须接受，主动权在他们手里。[①] 这种分析有一定道理。在当代世界上，由于实际利益与意识形态等多种差别，各国之间客观存在着若干矛盾，也确实存在着维护少数人和个别国家既得利益的特殊群体，他们推行政治强权和文化霸权，对于中国以及其他国家的发展持有敌视态度，企图从各个方面进行阻挠和破坏。对这种情况，我们当然不应当视而不见，而应当进行正当防卫，包括进行意识形态领域的说理斗争，以争取各国人民和国际舆论的支持。提出和强调人类共同价值，具有抵制文化霸权、争取国际话语权的重要意义。

不过，我认为，还应当补充说，持这种霸权式普世价值观念的人，即使在西方国家也是少数，只是支流，并非主流，并不代表占西方国家人口绝大多数的广大人民群众。我们应当更加注重主流，努力同西方国家的人民求同存异，相互学习，相互借鉴，和睦相处。正如我们党所郑重宣告的："世界是丰富多彩的。世界上的各种文明、不同的社会制度和发展道路应彼此尊重，在竞争比较中取长补短，在求同存异中共同发展。"[②] 而"人类共同价值"就是各国人民之"大同"、根本之同。不要一叶障目不见泰山，误将支流当作主流。

（二）纠正国内某些人在价值和价值观问题上只讲特殊、否定普遍的片面性

近年来，我国存在着一种倾向：强调个别特色，忽视普遍规律；强调特殊性，忽视普遍性；直到强调对立，忽视统一。一些学者在批判普世价值的时候，公然把价值和价值观的共同性、普遍性也统统否定了。有的学者在文章中还论证说，自然科学追求普遍，社会科学追求特殊，此即所谓

---

① 钟国兴：《"全人类共同价值"与"普世价值"之辨》，《北京日报》2016 年 1 月 25 日。

② 江泽民：《全面建设小康社会，开创中国特色社会主义事业新局面——在中国共产党第十六次全国代表大会上的报告》（2002 年 11 月 8 日），见《中国共产党第十六次全国代表大会文件汇编》，人民出版社 2002 年版。

社会科学的特殊性。人们不禁要问：社会科学难道不要探索事物的本质和规律吗？事物的本质和规律怎么可能不具有普遍性！毛泽东在《矛盾论》中早就讲过，共性与个性的关系是矛盾问题的精髓。只讲其一，不讲其二，显然是十分片面的。我们不要自贬和自甘于另类，不要自外于大多数国家，更不要同大多数国家对立起来！

对于这种否定价值和价值观的普遍性的错误观点，笔者早在2009年的《论马克思主义中国化的实质》一文中已经作过批驳，拙文的主要观点是：应当中国化的马克思主义是指马列主义中的普遍真理，马克思主义普遍真理包含普适价值，普遍真理和普适价值不限于马列学说，马克思主义中国化的实质是实行当代世界的普遍真理和普适价值与中国实际相结合。①

此外，还有一种观点认为，存在共同价值，但不存在共同价值观。这也值得商榷。诚然，价值与价值观无疑是有重要区别的。共同价值作为价值的一个类别，像其他一切价值一样，是客观存在的东西，而价值观则是主观形态的东西，二者不能等同。然而，存在决定意识，客观存在的共同价值必然造就共识性的价值观，反过来说，共识性的价值观反映着并且会促进共同价值的发展。可见，它们又是相互联系、相互转化乃至相互一致的。可见，承认存在共同价值，却断然否定存在共同价值观，这是违背唯物辩证法的基本逻辑的，也是与现实生活不符的。实际上，我们党所提出的人类共同价值，虽然指向的是客观存在的价值，但它本身是一种语言，即主观形态的价值观，而且，我们党讲共同价值的时候，总是把它和人类的共同追求、共同目标联系起来，突出其应然性，这更是一种价值观的形态了。

正因为不同个人、不同群体、不同阶级和阶层、不同国家之间具有一

① 详见董德刚：《论马克思主义中国化的实质》，原载于《马克思主义与现实》2009年第1期，并被人民网等众多网站和报刊转载（或转摘）。

定的共同利益、共同价值乃至共同价值观，我们现在才有可能在国内构建和谐社会，在国际上构建和谐世界、人类命运共同体。也正因为如此，我们才有客观根据倡导共同理想、共同道德、共有精神家园，才有可能整合全社会的力量来实现中华民族的伟大复兴，才有希望建设人类共同繁荣的和谐世界、命运共同体。

多元化的价值和价值观中有共性和一般，表明社会发展存在着普遍规律和一般趋势，有不可偏离的人间正道。正所谓世界潮流浩浩汤汤，顺之者昌，逆之者亡。人们要有敬畏、有规范、有制约，不可任意而为。中国特色社会主义中的社会主义一词应当着重从人类发展的必由之路、普遍趋势、共同价值的角度来理解，我们无论怎样强调中国特色，都不应偏离它。

马克思主义哲学的当代阐释*

近40年来，随着我国改革开放、市场经济、民主法治的巨大发展，我国的马克思主义哲学研究也取得了重要进展。现在，我们对马克思主义哲学的认识和理解，与过去相比，已经有很大的不同。本文依据我国哲学界的已有成果主要是作者的研究心得对此作一阐释。

一、马克思主义哲学的重新理解——以实践为基石

过去，我们对于马克思主义哲学的理解，受到历史条件的局限，存在较大缺陷。现在，我们对马克思主义哲学在深入把握实践观点的基础上有了很多新的认识。

（一）马克思主义哲学的独创性观点

以前，不少领导干部学习过马克思主义哲学之后，概括其主要内容是“世界是物质的，物质是运动的，运动是有规律的……”。这些观点固然正确，不过，它们是一般唯物主义的共同观点，在马克思之前很早就有了，它们是马克思主义哲学的前提和基础，但还不是马克思主义哲学本身。仅仅了解这些，还没有进入马克思主义哲学。我们把握马克思主义哲学，应

* 2014—2016年，作者三次给中央党校中青二班讲授《马克思主义哲学前沿问题研究》专题课，该讲稿发表于《马克思主义与现实》2015年第6期，题目被改为《马克思主义哲学研究四题》，《新华文摘》2016年第8期“论点摘编”以“马克思主义哲学前沿问题的三个方面”为题转摘。此文是在讲稿基础上的扩展，曾多次给中央党校哲学博士生讲授，收入董振华主编《马克思主义哲学前沿问题》一书，中共中央党校出版社2018年版。

当着眼于特点，注重把握马克思主义哲学的独创性观点，突出它在前人基础上的新贡献。这是把握马克思主义哲学应有的高度。从这个角度看，在人类思想史上，马克思主义哲学真正具有独创性的重大观点，主要是实践观点、生产观点、群众观点。

实践观点是马克思主义哲学的历史起点和逻辑起点。我国哲学界公认，实践观点是马克思主义哲学的历史起点。马克思在1845年所写的《关于费尔巴哈的提纲》首次提出了这个观点，恩格斯称之为“包含着新世界观的天才萌芽的第一个文件”[①]。实践就是人们能动地改造世界的物质活动。实践观点强调“社会生活在本质上是实践的”，强调实践是一切认识包括理论的基础，强调重在“改变世界”[②]的思想。实践观点又是马克思主义哲学的逻辑起点。实践既是社会生活一切矛盾包括人和环境、主体和客体、主观和客观、物质和精神、生产力和生产关系、经济基础和上层建筑等矛盾产生的基础，又是解决这些矛盾、实现它们有机统一的中介和途径。实践的主体、客体和很多手段都是物质性的存在，受到客观要素的制约，具有一定的客观规律性；同时，实践又是以人为主体的，人在实践过程中，具有能动性、选择性、创造性。实践观点把这个主客体相互作用的客观过程作为基础，它既肯定了旧唯物主义的物质优先性和事物发展具有客观规律性的基本思想，又批判了它的消极被动性；实践观点吸收了唯心主义强调主观能动性和选择论的合理因素，同时又批判了它的主观虚幻性，从而实现了对旧唯物主义和唯心主义的辩证综合和根本超越，体现了辩证决定论的崭新视野。它立足于人们的现实生活，又力图加以改变，不仅体现了追求理想的进取精神，而且指明了实现理想的根本途径。因此，实践观点不单是辩证唯物主义认识论的首要的和基本的观点，而且是整个马克思主义哲学

① 《马克思恩格斯选集》第4卷，人民出版社1995年版，第213页。
② 《马克思恩格斯选集》第1卷，人民出版社1995年版，第54—57页。

的首要的和基本的观点，是全部马克思主义理论大厦的基石。马克思主义哲学其他所有观点都是实践观点在不同侧面的展开以及补充。

正是为了强调实践观点的基础地位和决定意义，我国哲学界很多学者都把马克思主义哲学称为实践唯物主义。当然，也可以称其为辩证唯物主义、历史唯物主义。这三个名称，分别突出了马克思主义哲学的不同侧面，总体上是统一的、互补的。亦因为如此，不少学者常常把马克思主义哲学称为实践的、辩证的、历史的唯物主义。

生产观点是对实践主要内容的把握，因而是实践观点的具体化和深化。人类首先和基本的实践是物质生产活动，它是全部人类历史的实际起点，是决定人类其他一切社会活动的基础。整个人类社会生活都随着生产的改变而改变。生产观点的展开，就是社会基本矛盾学说。因为物质生产包括生产力（人对自然界的关系）和生产关系（人与人的经济关系）两个基本方面，而物质生产以外的其他社会现象主要是上层建筑。在社会有机体这三个基本层次之间，存在着复杂的相互作用，其中包括生产关系对生产力的能动作用、上层建筑对经济基础的能动作用。但是，说到底，生产力是社会发展的最终决定力量，而生产关系（经济基础）和上层建筑都是在一定的生产力基础上产生、受生产力制约、随着生产力的发展而变化并且最终是为生产力的发展服务的。这是社会历史发展的一条普遍的根本规律。这一观点，把过去被哲学家们一向视为卑微活动、下贱活动因而通常忽略不计的物质生产如实地看作社会生活的基础，具有根本突破的意义。现在，这一观点得到了全世界越来越多人的赞同和拥护，已经没有几个政治家、理论家否认物质生产、经济活动的基础地位和决定意义了，其真理性日益被人们普遍认可。

群众观点是对实践主体和生产主体的研究。实践是作为主体的人的行动，生产也是作为主体的人的生产。因此，对人的研究是实践观点和生产观点的进一步深化。不过，人既作为个体而存在，同时又作为群体而存在，二者是部分与整体的关系。马克思主义哲学承认社会发展史归根到底是人类个体的发展史，承认个人特别是杰出人物在历史上的作用，并且认为这种作用有时是很重要的。但是它强调，个人有进步与反动之分，即使是杰出人物，乃至先进阶级及其政党，也只是人民群众中的一部分，只有进步力量的整体即人民群众，才是推动社会发展的决定力量即历史的创造者。这是社会历史发展的又一条普遍的根本规律。这一观点，把几千年来盛行的英雄史观颠倒过来，恢复了历史的本来面目，同样具有根本突破的意义。

群众观点与生产观点是一致的。生产观点强调，生产力是一切社会发展的最终决定力量。但是，生产力并不是单纯的物，而是人的力量，当然不是哪一个人或少数人的力量，而是广大人民群众的力量。人民群众的基本部分就是劳动者。就此而言，人民群众是生产力的主体、担当者和体现者，而生产力则是人民群众素质、发展水平、本质力量的最重要表现。所以，生产力和人民群众在很大程度上是一个问题的两个方面：生产力的主体化、人格化，就是人民群众；而人民群众的客体化、对象化，则集中表现为生产力。在一定意义上可以说，强调生产力的决定作用体现着看待社会历史的客体角度、对象化角度，而强调人民群众的决定作用则体现着看待社会历史的主体角度、人的角度。在马克思主义理论中，生产力的决定作用同人民群众的决定作用是统一在一起的。

在以上三大观点的基础上，马克思主义哲学又提出了自己的阶级观点、价值观点、辩证观点、历史观点，等等[①]。

（二）分析社会形态的多维视角

人类实践的发展历史，在宏观层次上呈现为社会形态的演变。马克思主义看待社会形态，有三个基本角度：一是社会制度角度、经济社会形态（即一定经济基础和相应上层建筑的统一）角度。马克思把人类自古以来的

① 详见董德刚：《从新的角度理解和认识马克思主义哲学》，《新华文摘》2007 年第 6 期。

社会制度，区分为原始社会、奴隶社会、封建社会、资本主义社会和共产主义社会（社会主义社会是其第一阶段）。此即“五种社会形态”理论。二是生产力角度、技术社会形态角度。马克思讲过工业较发达国家与工业较不发达国家、石器时代、铁器时代、手推磨时代、蒸汽磨时代，等等。现在人们常讲的渔猎社会、农业社会、工业社会、信息社会，是这个角度的深化。三是人的发展角度。马克思把社会历史区分为“人的依赖关系”、“以物的依赖性为基础的人的独立性”、“建立在个人全面发展和他们共同的社会生产能力成为他们的社会财富这一基础上的自由个性”三个阶段①，此即“三种社会形态”理论。追求一切人包括每个人的自由发展是马克思主义的最高理想。

以上三个角度，都是需要我们注意的。可是，长期以来，我们通常比较重视社会制度角度，却严重忽略后两个角度。其主要表现，就是在我国改革开放和现代化建设过程中，人们动辄就问“姓社姓资”。似乎“主义”问题或社会制度，就是社会形态的全部，统摄全部社会生活。这是片面的、以偏概全的观点。实际上，生产力角度和人的发展角度比社会制度角度更为根本，因为社会制度归根到底是由生产力和人的发展程度决定的。

现在，我国虽然建立了社会主义的基本制度，并且在社会主义建设过程中取得了巨大成就，但还处于社会主义初级阶段，生产力不发达，人的素质不够高，封建专制主义残余较多，还是前现代化的发展中国家，是“事实上不够格”②的社会主义。我们要“既不妄自菲薄，也不妄自尊大”③，继续大胆吸收人类文明的一切优秀成果，扎扎实实把中国特色社会主义推向前进。

---

① 《马克思恩格斯全集》第46卷上册，人民出版社1972年版，第104页。
② 《邓小平文选》第3卷，人民出版社1993年版，第225页。
③ 《中国共产党第十八次全国代表大会文件汇编》，人民出版社2012年版，第15页。

（三）马克思主义哲学的基本精神

马克思主义哲学的主要观点反映了客观规律特别是社会历史发展的普遍规律，其中最重要的是社会存在（实践）决定社会意识（认识）而社会意识又有相对独立性和反作用的规律、生产力是社会发展最终决定力量的规律、人民群众是历史创造者的规律，具有高度的科学性，是不可违背的普遍真理。同时，它们又在前者基础上，表达了以无产阶级为代表的绝大多数人的利益要求，具有崇高的人民性，体现了马克思主义的价值取向。

所以，马克思主义哲学进而全部马克思主义的基本精神，就是以实践（首先是物质生产）为基础的科学性和人民性的统一、真理和价值的统一，亦即尊重客观规律，发挥主体能动作用，坚持人民主体地位，为全体人民（包括其中每一个人）谋利益。

搞清马克思主义的基本精神有助于我们从更深层次理解马克思的观点和学说。譬如，马克思和恩格斯提出了关于未来社会的一些原则设想，包括实行单一的全社会公有制、计划经济、按劳分配和按需分配等，这些，显然在我国现阶段不具备实行的条件，很大程度上失去了意义。但是，马克思和恩格斯之所以提出这些设想，其深层思想或目的是：为了实现社会资源的合理配置，从而提高效率即发展生产力；在此基础上，为全体人民谋利益，实现最大的社会公平。这个深层思想对于我们今天仍然具有根本的指导意义。再如，马克思的《资本论》对商品经济或市场经济是持基本否定态度的，他认为，由于商品经济存在着商品的二重性、劳动的二重性特别是私人劳动与社会劳动等矛盾，因而存在着严重的剥削现象，必然导致无产阶级与资产阶级的根本对立。对于《资本论》否定商品经济或市场经济的这个基本观点，我们无疑不能继续固守，也不可能用它来指导我国社会主义市场经济的实践。然而，对于《资本论》中所揭示的生产力发展的一般规律、商品经济发展过程中的一般规律，特别是对于其中所蕴含的对以无产阶级为代表的绝大多数人利益的深切关怀，我们则必须予以坚持。

对于马克思和恩格斯的许多论断，都应当作类似的分析，既要把握其表层含义包括具体论断，更要注重其深层思想或根本指向。

搞清马克思主义的基本精神，更重要的是，有助于我们正确把握坚持马克思主义的基本标准问题。几十年来，我们党和国家一直在强调要坚持马克思主义，即使在“文化大革命”那样混乱的时期也不例外。可悲的是，在严重偏离正确方向和道路的时候，我们不少同志包括很多领导人还自以为是在坚持马克思主义。这本身就已经说明究竟坚持马克思主义的标准是什么，还是一个尚未引起重视更未得到解决的课题。这显然是一个具有重大理论和实践意义的课题。不少同志实际上是把是否坚持马克思、恩格斯以及列宁的所有观点和学说当作是否坚持马克思主义的标准。这种笼统认识是不正确的。多年的经验教训告诉我们，不能把是否固守马克思主义经典作家的某些词句、具体结论直至个别基本原理（如阶级斗争原理），当作是否坚持马克思主义的判断标准。他们关于所有制、分配方式、具体体制以及革命形式等许多论述，都是“历史的科学”[①]，都依赖于并且只适用于一定历史阶段的一定条件，而这些条件是经常变化的，因此，直接反映它们的理论也必须随之改变；而且，这些论述都属于途径、手段、方法之列，尚属于马克思主义的表层，并不是马克思主义的“硬核”即根本。坚持还是背离马克思主义的基本标准，归根到底要看是遵循还是违背马克思主义的基本精神，即是否在尊重客观规律特别是社会规律的基础上，为全体人民（包括其中每一个人）谋利益。只要坚持了这个基本精神，就是真正坚持了马克思主义。所谓“忠于马克思主义”的实质，不是忠于马克思个人及其语录，而应当是忠于科学、忠于人民。由此也可看出，一切反映客观规律、符合绝大多数人利益要求的理论，都是同马克思主义一致的。马克思主义必须保持海纳百川的宽广胸怀。如果问马克思主义同其他科学理论有什么区别的

① 参见《马克思恩格斯选集》第3卷，人民出版社1995年版，第489页。

话，可以说，在对待客观规律和人民利益问题上，马克思主义者在认识上，应当更自觉、更全面、更深刻；在行动上，应当更坚决、更完全、更彻底。

二、马克思主义哲学的主要创新——以价值论为例

改革开放以来，我国马克思主义哲学研究取得了一系列重要进展。例如，用系统思想丰富了唯物辩证法，用建构论等发展了辩证唯物主义认识论，用人学研究拓展了历史唯物主义，开展了经济哲学、政治哲学、管理哲学、发展哲学、文化哲学等诸多应用哲学、部门哲学的研究，等等。其中，我认为，最重大的创新是开拓了价值论研究。

（一）一个新的哲学领域的发现

马克思的哲学是包含价值论思想的，它主要体现在始终站在以无产阶级为代表的广大人民群众的立场上，把追求人类解放与每个人自由和全面发展作为根本理想，也体现在提出了生产力标准和人民利益标准的思想等。不过，这方面的论述不够系统，远未构成体系。这本来是一个不足。这不能苛求于马克思，因为当时价值论刚刚开始萌芽。而在后来苏联和中国改革开放前的马克思主义哲学教科书中，更加强化了真理、规律、科学性等问题，价值论的问题受到了严重的忽略。我国从20世纪80年代肇始，价值论的研究逐渐成为哲学研究的一个热点，在价值的本质、价值的类型、评价与价值的关系、评价标准等许多问题上，都取得了重要进展。现在，越来越多的人认识到，在人们对世界的整体把握中，真理和价值是两个基本的维度，真理的问题是基础问题，因为人们无论做任何事情，首先都需要搞清楚事实、情况、真相，而价值问题则是核心问题，它是对人们活动的意义、目的、追求的探索，具有为人们的行为定向和提供动力的根本意义。这方面的研究进展，主要得益于我国学者的自主创新，同时也受到了西方哲学的重要影响。与马克思几乎同时的新康德主义的代表文德尔班及其弟子李凯尔特等创立了价值哲学，它在后来西方哲学的人本主义流派中

得到了很大发展。我国价值论的研究，借鉴了西方哲学中的有益成果。

正如李德顺、马俊峰等学者所言，价值论的研究，突破了传统哲学教科书仅仅从真理一个角度理解马克思主义哲学的根本缺陷，开拓了理解马克思主义哲学的一个新角度，是一个新的哲学领域的发现，[①] 是马克思主义哲学基本理论的创新，具有重大的理论和实践意义。现在愈来愈多的人认识到，价值观问题是社会意识、精神文化的核心和灵魂，也是各种法律、制度和规则背后的精神支柱。近年来，我们党大力倡导社会主义核心价值观，受到了我国哲学界价值论研究的推动，体现着这方面的理论自觉。

（二）价值、评价和价值观

对于人来说，许多事物都有好坏优劣、利害得失、善恶美丑、有无意义之分。这就是所谓价值问题。学者们大多把价值定义为客体对主体的满足关系。我赞同其基本思想，但觉得把价值归结为关系比较抽象，缺少确定性，不易把握。我个人更倾向于把价值界定为能够满足一定主体需要的客体的性质和功能。这个定义包含三个要素：一是价值主体——一定的人（个人、集体、阶级等）及其需要。价值是以主体为中心、以主体需要为尺度的。需要是一定的人对其生存和发展的客观条件的依赖和欲求。需要首先是客观的社会存在：需要主体、需要客体特别是主体对客体的依赖关系都是不以人的意志为转移的客观事实。同时，需要又具有主观的形式，它经常通过人们的愿望、要求即“想要”表现出来。主观“想要”可能同客观需要相一致，但也可能出现较大误差。二是价值客体——与主体相对的某种事物或人的性质和功能。它是价值的主要载体和体现者。就此而言，我认为哲学视野中的价值同经济学中商品的使用价值属于同一系列的概念，它们之间是一般与个别、共性与个性的关系。商品的使用价值比较具体和典型地体现了这种物对于人的有用性即价值是以商品这个物为主要载体和

① 参见马俊峰：《价值论的视野》，武汉大学出版社 2010 年版，第 54、67 页。

体现者的。哲学中的价值与经济学中商品的价值则不属于同一系列，它们只是名称相同，实质迥异，二者不可通约。三是价值客体对价值主体的满足关系（它对于主体来说即构成利益）。某物有无价值，总是相对于一定主体而言，只能存在于这种主客体关系之中。离开了价值主体，任何事物都无所谓价值。所以，人们经常把价值与价值关系当作同义语。

价值的类型是十分多样的，它源于人们需要的多样性以及客体的多样性。例如，人的需要可分为物质需要、精神需要和社会关系需要，个人需要、集体需要、社会（国家）需要和人类需要，局部需要和全局需要，当前需要和长远需要，等等。它们之下还可细分，如个人需要即可分为生存需要、享乐需要和发展需要，[①] 或生理需要、安全需要、友爱（归属）需要、尊重需要、自我实现需要。[②] 以上需要的分类，实际也是价值的分类。

评价是人们用好坏、利害、善恶等具有明显褒贬意味的词语对一定客体有无价值作出评定，包括理性层次的价值判断和感性层次的价值情感（爱憎好恶等）。它以作为客体的价值的客观存在为前提，是对价值的反映和认识。它属于主观精神领域、广义的认识范畴。不过，评价作为价值认识与事实认识（真假、数量几何等）有重要区别，后者是不带价值判断、感情色彩的。

评价的类型也是多样的，因为评价的主体（不同的个人、集团等）、角度（局部与全局、历史与道德等）以及被评价的客体都是多样的。

评价是人类实践活动的一个重要环节。客观存在的价值关系，只有通过评价才能变为人们的主观自觉（二者会有一定误差乃至背离）。人们进而才能够权衡利弊得失，作出必要的取舍和选择，采取行动去争取理想的结果。由价值到评价，构成人们行为的根本动力，指引着人们行动的方向。

---

① 参见《马克思恩格斯选集》第 1 卷，人民出版社 1995 年版，第 330 页；《马克思恩格斯选集》第 4 卷，人民出版社 1995 年版，第 372 页。

② ［美］马斯洛：《自我实现的人》，许金声等译，生活·读书·新知三联书店 1987 年版，第 160 页。

倘若没有价值和评价，一切都无所谓好坏，人们也就没有必要去创造、奋斗和追求，就不必去做任何事情了。

价值观是指人们关于价值的根本观点和总体看法。价值观念是价值观的具体展现。价值观是世界观的核心部分。世界观不仅要回答世界是什么、会怎样的问题，这是事实认识；还要回答世界好坏优劣、应当怎样的问题，这是价值认识。二者的统一为人们的生活、实践提供着精神上的指导。

附带说明，价值和价值观包含伦理，但比伦理更为普遍，因为伦理只存在于人与人的关系之中，而前者既体现在人与人的关系方面，也体现在人与物的关系方面。

（三）价值和价值观的多样性与统一性

价值主体是实践中的人。而人是自然存在、社会存在和精神存在的统一，存在个人利益、集体利益和社会利益的差异，兼有“兽性、人性和神性”，既有向善倾向，也有堕落可能。特别是在有阶级的社会中，人有贫富、贵贱、知识多少、能力大小、品德高下等众多差别，人们的需要更是形形色色的。主体及其需要的多样性、多元性，决定了价值必然是多元的。至于人们的价值观念，在客观的多元价值基础上又加入了主观因素，就更加复杂多样了。如为民、利他价值观和共生价值观，唯我价值观和唯上价值观，拜金价值观和拜权价值观，等等。这些不同的价值观根源于客观存在的价值的多元性，社会意识的分裂归根到底是由社会存在的对立造成的，在此基础上，人们迥然不同的主观自觉和思想方法对价值观也有重要影响。有一本书叫作《十三亿种活法》，它形象地表明了社会生活的多样性、人们价值观念的多元性。同样，各个国家和民族也是各有自己的历史、道路、制度和理论的。这是矛盾的个性、特殊性。它们不能完全通约、归一。这是世界之所以丰富多彩的内在根据，也是我们强调中国特色社会主义之中国特色的理由所在。在遵守社会公德和法律底线的前提下，我们应当尊重差异，包容多样。

那么，在价值和价值观的多样性中有没有统一性呢？回答是肯定的。我们党和国家的重要文献多次讲到这一点。例如：2005年9月，胡锦涛同志《在纪念中国人民抗日战争暨世界反法西斯战争胜利60周年大会上的讲话》中指出："这一胜利，挽救了人类文明，避免了历史倒退，广泛传播了自由、民主、平等、公正、和平的基本价值……"[①]我理解，这就是说，"自由、民主、平等、公正"等"基本价值"虽然产生于资本主义国家，但它们并不是资本主义的专利，也不是马克思主义的独创，不是社会主义特有的东西，而是全人类共同的追求。这是新中国成立以来，在我们党和国家的文献中，第一次谈到人类共同的基本价值。2007年2月，温家宝同志在《关于社会主义初级阶段的历史任务和我国对外政策的几个问题》一文中也指出："科学、民主、法制、自由、人权，并非资本主义所独有，而是人类在漫长的历史进程中共同追求的价值观和共同创造的文明成果。只是在不同的历史阶段、不同的国家，它的实现形式和途径各不相同，没有统一的模式，这种世界文明的多样性是不以人们主观意志为转移的客观存在。"[②]2008年5月，胡锦涛主席与时任日本首相福田康夫亲自签署的《中日关于全面推进战略互惠关系的联合声明》中也谈到："为进一步理解和追求国际社会公认的基本和普遍价值进行紧密合作，不断加深对在长期交流中共同培育、共同拥有的文化的理解。"[③]2015年9月28日，习近平主席在联合国大会发表了《携手构建合作共赢新伙伴，同心打造人类命运共同体》的重要讲话，他指出："和平、发展、公平、正义、民主、自由，是全人类的共同价值，也是联合国的崇高目标。"[④]可见，近十多年来，我们党和

---

① 胡锦涛：《在纪念中国人民抗日战争暨世界反法西斯战争胜利60周年大会上的讲话》，《人民日报》2005年9月4日。

② 温家宝：《关于社会主义初级阶段的历史任务和我国对外政策的几个问题》，《人民日报》2007年2月27日。

③ 《中日关于全面推进战略互惠关系的联合声明》，《人民日报》2008年5月8日。

④ 习近平：《携手构建合作共赢新伙伴，同心打造人类命运共同体》，《人民日报》2015年9月29日。

国家的主要领导人都是肯定人类多样性的价值和价值观中具有统一性和共同性的。

再以我国现阶段为例。第一，作为公民，每个人都享有同样的权利和义务（极少数严重危害社会、被剥夺公民权利的犯罪分子除外）。第二，尽管存在着阶级和阶层等差别，但国家利益、民族利益代表着各个阶级和阶层的整体利益、全局利益，一般地说，全局利益是包含并且高于局部利益的。尤其是在面对外部环境（自然环境、国际关系环境）时，这一点表现得更为突出。第三，存在着人类共同利益。如果我们着眼于各个国家人口的绝大多数即人民，就很容易看到，各国人民之间是存在着许多共同利益、共同关切、共同追求直至共同价值标准的，如生存、发展、和平、自由、民主、法治、公正等。第四，从发展的角度看，社会总趋势是走向进步，人们的素质也会逐步提升，一些高层次的需要即便暂时仅为少数人所拥有，但它们会逐渐普及，由个别转化为一般。正因为价值和价值观具有统一性，我们才有客观根据倡导共同理想、共同道德、共有精神家园，才有可能整合全社会的力量来实现中华民族的伟大复兴，才有希望建设人类共同繁荣的和谐世界、命运共同体。

多元化的价值和价值观中有共性和一般，表明社会发展存在着普遍规律和一般趋势，有不可偏离的人间正道。人们要有敬畏、有规范、有制约，不可任意而为。中国特色社会主义中的社会主义一词应当着重从人类发展的必由之路、共同趋势、普遍价值的角度来理解，我们无论怎样强调中国特色，都不能偏离它。

需要注意的是，借用黑格尔的概念，我们不要只讲“抽象的普遍性”，即脱离个别、没有实现形式的理论普遍性，而要认真研究体现在个别之中、有自己个性、找到有效实现形式的“具体的普遍性”，让人类共同的美好追求与中国特色交相辉映、相得益彰，生动鲜活地体现在我们的日常生活中！

三、马克思主义哲学的应用之一——经济哲学研究

从马克思主义哲学角度研究经济哲学，大体可将其界定为：它是运用马克思主义哲学研究经济领域基本问题的交叉学科，主要包括经济学方法论与经济伦理学两个方面。

（一）注重从生产力角度看经济

过去我们研究经济问题，主要研究生产关系，注重平等，因为马克思主义政治经济学的研究对象是生产关系，斯大林在《苏联社会主义经济问题》一书中明确讲：生产力问题属于“生产工艺学”问题，只是“领导机关经济政策的对象”[①]。改革开放以来，我们党强调经济建设为中心，强调生产力标准和“三个有利于”标准。我国哲学界也开始侧重从生产力角度研究经济问题，注重效率。这是研究经济问题基本视角的变化，意义十分重大。还应提到，多年来诺贝尔经济学奖的得主几乎都是研究资源如何有效配置即生产力发展问题的。当然，注重研究生产力问题，不等于忽视生产关系问题。这不仅更符合马克思主义关于生产力是社会发展最终决定力量的根本观点，而且更适应我国现阶段经济不发达、急需大力发展生产力的国情。

这方面成果很多，如我在《创造更高的劳动生产率——社会主义经济哲学引论》一书[②]中提出了“劳动与资产有机结合论”。其主要观点是：

第一，从物质财富的创造来看，劳动和资产二者缺一不可。这里的资产是指生产的物质条件，即生产资料和其他物质条件等。英国古典经济学家威廉·配第讲过：“劳动是财富之父，土地是财富之母。”马克思和恩格斯批判了德国工人党纲领即哥达纲领关于劳动是一切财富源泉的观点，他们强调，劳动和自然界两个要素共同构成了物质财富的来源[③]。

---

① 《斯大林文选》，人民出版社 1962 年版，第 629 页。

② 董德刚:《创造更高的劳动生产率——社会主义经济哲学引论》，经济科学出版社 1998 年版。

③ 参见《马克思恩格斯选集》第 3 卷，人民出版社 1995 年版，第 298 页。

第二，商品价值的源泉主要是劳动，但资产也有重要作用。商品价值主要是由劳动构成的，但是我们过去忽略了资产的作用，这是有片面性的。马克思也多次讲过，工人离开了生产条件、生产资料，就什么也不能创造。要创造价值就必须有资产，它不可缺少就说明它有重要作用，它也是价值的一个来源。进一步说，人们所拥有的生产条件是不同的，比如农民的土地肥沃程度不同，它对生产的效率有很大的影响。好地意味着投入同样的劳动，可以创造更多的粮食，而更多的粮食意味着创造了更多的价值。可见，商品价值的形成不仅仅是劳动起作用，资产、资源、土地、生产资料也起作用。土地的肥沃或者贫瘠，虽然只是一个例子，但它具有普遍代表性：所有的工厂都有生产工具和机器设备的先进或落后问题，它们与农业生产中土地的作用十分相似。先进的生产工具和机器设备，可以用较少的劳动创造更多的产品，也就是带来更多的价值。由此可见，资产在价值形成当中是有重要作用的。再进一步说，现在人的很多劳动，都可以被机器所代替。不仅是人的体力劳动，甚至部分脑力劳动也被机器替代了，如自动控制的工厂。代替人劳动的机器，发挥着同劳动相似的作用，这些资产同劳动一样创造价值。所以不能否定资产在商品价值形成和增殖当中的重要作用，劳动是主导的，但是资产也有重要作用。它们是形成价值的两个源泉。

第三，既要尊重劳动者，也要保护所有者。劳动的主体和担当者是劳动者，我们要充分发挥劳动的作用，就要尊重劳动、尊重劳动者，这是我们一向强调的。而资产的主体和人格化就是所有者。我们要充分发挥资产、资源的作用，就需要重视资产，保护所有者的合法权益。这是一个一般道理。如果我们像过去那样，片面地光讲尊重劳动、尊重劳动者，而不讲资产和资源的话，认为土地都是没有价值的，自然资源都是不值钱的东西，那么，我们资源的浪费、闲置、损失就不可避免，那是瘸腿的经济学，是不全面的。在当代中国，明确界定所有权和产权（包括知识产权），健全保护所有者权益的法律和法规，是一项迫切的任务。

第四，在当代中国，劳动者和所有者已经不是过去那种截然对立的关系，而是交叉关系。所有的劳动者都拥有一定的资产，比如我们全民所有制的财产，劳动人民都有一份，而且绝大多数人都有或多或少的个人财产：一定的金融资产、一定的房产、一定的土地，所有的劳动者都变成所有者了。这是社会进步的表现。反过来说，绝大多数所有者也是劳动者。拥有资产、资本的人，他们大部分从事某一种工作，从事生产经营、管理，从事某种科技开发直至直接操作性劳动，都是劳动者。劳动者和所有者一身二任的现象越来越多了。现在，我们讲既要尊重劳动者，又要保护所有者，应该说是对公民的全面利益的维护，既维护他作为劳动者的利益，也维护他作为所有者的利益。当然，劳动者和所有者之间还是有差别的，劳动者通常处于弱势地位。我们要依法协调他们之间的矛盾，兼顾二者的利益，注意限制资本霸权，注重维护劳动者的利益。

该书的基本结论是，要在坚持劳动的主导作用和劳动者中心地位的前提下，实行劳动与资产的有机结合，让社会财富的一切源泉充分涌流。在这个基本思想之下，该书还比较深入地阐发了劳动社会化理论，资产重要作用论，劳动与劳动者利益关联度理论，所有者权利理论，所有权社会化理论，劳动者、所有者和消费者“三者兼顾的经济学”以及重新界定了“剥削”概念等。

（二）深入认识所有制问题

所有制问题，是困扰我们多年的重大理论难题，也是急需解决的艰巨实践课题。这个问题难度很大，还没有得到完全的解决。在这方面，我在吸收和综合理论界有关研究成果的基础上，提出了以下观点：

第一，所有制和所有权概念需要深化和拓展。过去我们所讲的所有制和所有权，仅仅注重生产资料最终归谁所有，这是受斯大林《苏联社会主义经济问题》一书关于所有制的狭隘定义的影响。现在我们逐渐认识到，对于所有制和所有权，不能仅仅看生产资料等财产最终归谁所有，而要一方面，把它具体化、细化到所有、占有、使用、处置、受益等具体的财产权利。因为只有这种细化，才能够明晰权利边界，适应市场交换，便于切实保护，促进顺畅流转。这同西方产权概念的基本思想是一致的。另一方面，过去我们讲所有制和所有权的时候，讲的都是生产资料、有形资产，而且主要注重经营性资产，也就是在企业中实际发挥作用的生产资料，包括设备、厂房、工具等。实际上，有形资产并不限于经营性资产。它至少有三块：一是经营性资产；二是事业性资产，比如我们的国有事业单位，它们的房产、土地、设备，都属于国有资产，而且占整个国有资产的四分之一以上，不可忽视；三是资源性资产，如土地、矿产、河流、空间资源（如无线电频谱、航线、气象资源）等，还有大量的海洋资源，海洋是人类未来发展的广阔空间。这种资源性资产，有很多是不可再生的，它们的价值会随着社会的发展而不断升值，比经营性资产贵重得多。以上都属于有形资产，还有愈来愈重要的无形资产。无形资产指的是技术专利、商标、企业品牌、企业信誉等，主要是知识产权。我们的世界已经进入知识经济时代。在现时代，无形资产（其人格化是高素质的人才或优质的人力资本）的地位和作用越来越重要了。比如拿我们国家的大企业同国际上的跨国公司来比，我们的主要差距在无形资产方面。不讲无形资产的所有制和所有权概念，已经不适应当代世界经济的发展了。

第二，“三个有利于”是评价所有制的根本标准。过去我们十分重视所有制问题，但是，往往重视的是公有和私有。所有制问题的实质是资产为谁所用、为谁谋利的问题。我们不能只重形式，忽视实质，要从过分关注“姓公姓私”，转变到首先关注是好是坏，即看它是不是有利于生产力的发展和人民利益的实现，“三个有利于”才是评价所有制的根本标准（综合国力的增强是生产力发展在国家层面的必然结果）。凡是有利于生产力发展和人民利益实现的，有利于国家富强的，都是我们所需要的所有制，都是好的所有制。而不符合“三个有利于”的所有制，无论人们把它叫作什么，都是不合理的、落后的、必须加以反对的。

第三，从过去简单化的“公私对立论”到“平等竞争、相互促进论”。这也是进入新世纪以来我们党多次强调的一个重要思想。我们要实事求是地分析过去的公有制和私有制，它们实际是各有利弊的。私有制几千年来为什么能够长期存在，恐怕里边有一个重要的机制，就是私有制的资产关切度高，其所有者更关心资产的节约、更新和有效利用。当然私有制有它的缺陷，一般地说，它的经济规模狭小，不利于生产的社会化，不利于分工和协作；它也会造成人与人之间的对立；作为所有者的个人能力有限，眼界比较狭窄。过去我们实行的公有制，有它的某些长处，比如很多人在一起劳动，有分工、有协作，社会化程度比较高；大家的利益没有那么尖锐对立，等等。但是公有制往往资产关切度低，公有的资产损失浪费很少有人心疼，所以它的效率往往是低下的。如何把公有制和私有制的优点综合起来以扬长避短？就是从原来的“公私对立论”，到平等竞争、相互促进。让他们在竞争当中互相借鉴、互相吸收来发展自己，优胜劣汰。按照一般规律，经济效率高的所有制及其具体的实现形式，必然会战胜那种经济效率低的所有制和实现形式。社会主义要战胜资本主义，必须创造出更高的劳动生产率，这是马克思主义的一个基本观点。

第四，从过去狭隘的“公私二分法”，扩展到多维视角。例如：

一是国家所有制与社会所有制的角度。过去，我们把国家所有制看作是社会主义公有制的高级形式，这是存在很大缺陷的。一方面，按照马克思和列宁的设想，在社会主义时期，国家将逐步消亡。因此，国家所有制只是社会主义公有制的过渡形式或暂时形式，决不是它的高级形式。另一方面，国家是社会的上层建筑、政治机构。所谓国家所有制，在很大程度上是上层建筑包办经济事务、政治家代行企业家职能，这是同现代社会分工规律背道而驰的，因而通常是低效率和低效益的。这种所有制尽管在现代社会中不可完全消灭，但其比重却决不应过大。社会主义公有制更基本的形态应当是社会所有制，马克思和恩格斯多次使用过这一概念。而社会所有制，在一定意义上，也就是非国家所有制。我们现在对国有经济实行战略性调整，适当收缩国有经济规模，是符合社会发展趋势的合理选择。

二是官有制与民有制的角度。我们过去的国有经济名为全民所有制经济，但生产资料主要为少数政府部门及其官员支配，普通劳动者基本没有所有者权利（选择管理者、重大决策、资产受益等权利），实质是政府所有制或官有制。而创造社会财富和价值的基本主体，是广大人民群众。这是社会发展的动力之源。社会主义经济，从根本上说，应当是民有、民决、民用、民享的经济，即广大群众共同决定、共同受益。这里所说的民，可以分为个体、较小群体、较大群体直至社会整体等多个层次。从历史的角度看，民有制也有一个逐步发展的过程。一般地说，前一层次是后一层次的基础，没有前一层次的充分发展，后一层次就不可能稳固地建立起来。我们无疑要以全社会所有制为发展方向，但必须审时度势，注意条件和阶段，分步骤进行，使其水到渠成，逐步得以实现。

三是微观所有制与宏观所有制的角度[①]。所谓微观所有制，是指企业等经济组织层面的所有制，而宏观所有制则是指国家或社会层面的所有制。它们之间并非总是一致的。例如，现在北欧一些国家，就企业层面看，它们的资产 90% 左右归私人所有，是私有制占主体。然而，它们新创造的价值（国民收入）的 50% 以上被收归国有，转化为政府的财政收入，并且主要用于为全体国民提供社会福利而且向低收入者倾斜，从而在一定程度上造成了社会各阶层收入平均化的实际结果。从宏观层面看，这些国家实质上是公有制为主体。

---

① 参见林水源：《论新型社会主义所有制的构建》，中国社会科学出版社 1991 年版，第 353—354 页。

四是直接所有制与间接所有制的角度①。所谓直接所有制，是指以直接占有生产资料为主要内容的所有制，而间接所有制则是指不占有生产资料却享受其效用的状况。换言之，前者强调“所有”，后者强调“所用”。这二者也不总是一致的。在现实生活中，“私有公用”是普遍的现象（如私营经济为社会服务），“公有私用”也很常见（如公车办私事、公产为少数人谋私利）。所以，不能只问“公有私有”，还要问“公用私用”，这才比较全面，才算抓住了重点。

五是公有、私有的关键在剩余价值归谁所有的角度②。持这一观点的学者认为，如果剩余价值大部分归社会占有并用于向全体居民提供社会保障，那就是社会主义公有制；而剩余价值大部分归私人占有，则是私有制（后一点有待商榷：如果私人占有的剩余价值主要用于社会再生产，就不能简单地说它只“姓私”了）。该学者据此进一步提出，社会主义就是社会保障主义。

这些新的认识启示我们，不能只重所有制之“名”，更要重所有制之“实”。所有制问题的实质，是资产为谁所用、为谁谋利，这才是问题的根本。我们既要注意终极所有权，更要注意实际收益权，因为后者是所有权的最终实现。而且，公有制与私有制决不是非此即彼的简单的两极对立关系，它们具有相对性：“一人为私，多人为公”，而“一国之公，相对于他国也是私”；它们常常是亦此亦彼、你中有我、我中有你的，远非泾渭分明。尤其在产权细分并不断流转的现代市场经济中，多种所有制成分互相交叉、置换、重组、融合，情况更为错综复杂。正因为如此，我们不必过分关注公有制与非公有制经济的比重问题，而应更多注意在有利于生产力

① 这是华侨大学刘新宜教授提出的。参见《应当坚持什么样的社会主义——首届“社会主义论坛”综述》,《中国改革》2006 年第 11 期。

② 这是国家发改委宏观经济研究院刘福垣教授提出的。参见《应当坚持什么样的社会主义——首届“社会主义论坛”综述》,《中国改革》2006 年第 11 期。

发展的前提下，使经济发展成果能够为全体人民所共享。

第五，当代所有制发展的趋势和方向。在当代世界，传统的典型的私有制——小农和小业主式的私有制、传统的典型的公有制——“归大堆”式的国家所有制和集体所有制，都日渐式微，已经不占主要地位。现在，大多数企业的所有者已不再是少数个人，而是公民大众，企业主要资本由私人资本转变为各种“基金”“社会化的资本”。

当代所有制发展的主要趋势，是以股份制为实现形式的混合所有制。它兼容公有、私有、国有、民有等各种所有制成分，具有很大的“杂交”优势：一方面，它保留了私有制中所有者对其资产关切度高的优点，又克服了私有制的经济规模小、私人能力有限、彼此利益容易抵触等缺陷。另一方面，它解决了传统的“归大堆”式公有制经济的资产无人关心和负责、损失浪费严重等痼疾，但又保持了公有制集体协作、收益共享、规模经济等长处。它为实现社会主义的社会所有制提供了可行的基本形式。

所有制发展的基本方向，是适应生产不断社会化的要求，逐步走向所有权的社会化：一是所有权规模的扩大（含所有者的增多），二是所有权的分解和制衡，三是生产经营效果同所有者、经营者的个人利益有直接的密切联系，四是所有权的自由流动组合即自由交易。①

此外，我国哲学界还研究了企业社会责任、货币哲学、资本哲学、金融哲学、消费哲学、信用哲学等许多问题。

四、马克思主义哲学的应用之二——政治哲学研究

作为马克思主义哲学的应用，政治哲学大体可以界定为：它是运用马

① 详见董德刚：《创造更高的劳动生产率——社会主义经济哲学引论》，经济科学出版社 1998 年版，第 187—206 页。

克思主义哲学研究政治领域基本问题（政治本质及其发展规律）的交叉学科。

（一）对阶级斗争和无产阶级专政理论的反思

阶级和阶层是大体一致的，均指由较多社会成员所构成、具有利益一致性的社会集团。阶级通常由若干阶层构成。不过，阶级概念具有突出各个社会集团之间差别和矛盾的意味，而阶层概念则比较中性。所以，在当代中国以及世界上，人们大多使用阶层概念。可以从多种视角分析阶级和阶层：马克思和列宁主要强调经济地位（也讲到城乡、工农、体脑“三大差别”，它们体现着地域、职业、劳动方式分析法），西方社会学多用收入、权力和声望三分法，各国统计部门则采用职业分工、劳动方式划分法，它们各有其合理性和适用范围。现在，一些学者把马克思和列宁的方法拓展为根据占有社会资源状况来划分阶层，并且把社会资源分为经济资源、政治资源（权力）、文化资源三类（这触到了社会关系的深层基础），由此得出我国有“十大阶层”说、“三大阶层”说，等等。

阶级矛盾分为对抗性与非对抗性两类。阶级斗争系指对抗性阶级矛盾即根本利益相互对立的阶级之间的冲突。马克思的阶级斗争理论是针对当时资本主义社会阶级斗争尖锐激烈的实际情况提出的，有其历史根据。现在的时代和国情不同了，我们不能再把阶级斗争当作中国和世界的社会主要矛盾。马克思当时把资产阶级看作无产阶级的敌人，号召人们消灭它，同样有其历史理由，但我们不要把一定时期（原始野蛮的自由资本主义时期，实际是其“青春期”）阶级矛盾的激化当作阶级矛盾的常态。阶级矛盾的根源是生产关系和上层建筑同生产力之间的矛盾，而生产关系和上层建筑一定要适应生产力状况是一般规律，即它们在多数情况下是基本适应的。它表明阶级矛盾在多数时期处于非对抗性状态，只在少数时期表现为对抗性。总体看，阶级矛盾是起伏跌宕的，表现为对抗性与非对抗性相互转化的曲折过程。只要统治阶级或优势阶级不过分压迫被统治阶级、劣势阶级，后者也不采取过激行动，二者完全可以和平共处、相安无事。还应看到，阶级是随着生产发展而来的分工的产物，而分工与协作是同一问题的两面，二者互相依存，缺一不可，它表明各个阶级之间也存在着协作和互补的关系，不同阶级在相当长的历史阶段都是不可缺少的。只讲对立、不讲统一是片面的。现在我们应当实行的方针，是劳资两利、合作共赢，依法协调他们之间的矛盾。我们历来肯定，阶级斗争是阶级社会发展的重要动力；现在应当承认，阶级合作也是阶级社会发展的重要动力。

关于无产阶级专政，马克思认为它只存在于资本主义社会之后、社会主义社会（即共产主义社会第一阶段）之前的短暂过渡时期，其基本特征是取消常备军和官吏、实行普选制和廉价政府，其实质是占人口绝大多数的工人阶级直接掌握全部公共权力，是实行直接民主的“自由人联合体”。我国现阶段的国家政权与之差别很大，不要简单套用。现在，我们在文字表述上，主要使用人民民主专政而不是无产阶级专政的提法，既讲民主，也讲专政，而且把民主置于专政之前，邓小平说，这“比较容易为人所接受”[①]；在内涵解释上，从强调阶级专政转变到强调人民民主，从忽视法治转变到注重法治。[②]

（二）对国家与社会关系的研究

按照马克思主义的基本观点，国家本来是从社会经济结构中产生的政治上层建筑，是为协调和控制社会矛盾服务的，但它在很长时间里又凌驾于社会之上，甚至统摄整个社会，经常以公共利益之名，行为少数统治者谋利之实。这虽然具有一定的历史必然性，但又是一种完全的本末倒置。随着人类的日益进步，国家将逐步还权于社会，自己走向消亡，即变为单

① 冷溶、汪作玲主编：《邓小平年谱（1975—1997）》下卷，中央文献出版社 2004 年版，第 1363 页。

② 参见董德刚：《用中国化马克思主义破解现实问题》，九州出版社 2012 年版，第 171—177 页。

纯的社会公共事务管理机构而不再具有政治统治性质。这也是社会和国家由统合到分离、再到新的统合的否定之否定的过程。当然，这将是一个很长的过程。

我国封建社会绵延数千年，人民备受皇权至上的极权专制压迫之苦。新中国成立以后，我们又经过了高度集权的计划经济时期，尽管社会生活及其部分性质发生了很大变化，但是，强国家、弱社会的基本政治格局并无根本改变。改革开放以来，民主法治人权愈益鲜明醒目地镌刻在中国特色社会主义旗帜上，实践中也有不少推进，但也毋庸讳言，我国的政治体制改革同经济体制改革和社会发展并不适应。当代中国的许多社会问题，包括官员腐败滥权问题、贫富差距过大问题、经济效益不高问题、社会创新活力不足问题等，其社会根源都是我国目前权力过于集中和任性而又得不到有效约束，这是当代中国各种社会问题的总病根。因此，当代中国的要务之一，就是加强对公共权力的有效监督和制约，“把权力关进制度的笼子里”。现在，这个笼子刚刚开始铸造，还有很大缺口。

习近平同志指出：“权力观是关于国家和社会权力的根本观点。马克思主义权力观，概括起来是两句话：权为民所赋，权为民所用。前一句话指明了权力的根本来源和基础，后一句话指明了权力的根本性质和归宿。”[①]这为我们正确处理国家与社会关系指明了方向。现在，我们需要进一步探索落实“权为民所赋”的有效实现形式，保证“权为民所用”的得力措施，惩治权力腐败和滥用行为的体制机制。

党的十八届四中全会提出，要依法治国、依法执政、依法行政全面推进，法治国家、法治政府、法治社会一体建设。这为我们正确处理国家与社会关系指出了可行路径。一方面，要将国家、政府权力纳入法治轨道，以代表人民意志的法律明确权力边界和责任，规范国家机构、经费、人员

① 习近平：《领导干部要树立正确的世界观权力观事业观》，《中国党政干部论坛》2010年第10期。

及其待遇，权力内部要合理分工和制衡，并接受社会和人民监督，法无授权不可为。另一方面，要切实保障人民（其个体即公民）的合法权利，激发社会活力，法无禁止即可为，坚决纠正侵害公民权利的违法行为，同时要求人们履行公民义务，把权利和义务、自由和秩序统一起来。

全面把握共产党人的价值观 *

——坚持人民主体地位与为人民服务的统一

文化的核心是建立在一定认知基础上的价值观。在当代中国，共产党是国家的领导力量。因此，共产党人持有何种价值观就成为我国文化建设的一个关键问题。可是如果问，共产党人的价值观应当是什么，很多人可能会回答“为人民服务”。这是否正确和完全？我认为，他们只答对了一半，还有另一半甚至是更重要的一半被遗漏了，这就是：坚持人民主体地位。为什么这样说呢？我们先从为人民服务理念谈起。

一、为人民服务是进步的价值取向

为什么人的问题是价值观的一个重大问题，对此，毛泽东提出了为人民服务的价值理念并且多次作过阐释。他在1944年发表的《为人民服务》一文中说：“我们的共产党和共产党所领导的八路军、新四军，是革命的队伍。我们这个队伍完全是为着解放人民的，是彻底地为人民的利益工作的。”① 他在1945年所作的《论联合政府》报告中进一步指出：“我们共产党人区别于其他任何政党的又一个显著的标志，就是和最广大的人民群众

---

* 此文系提交2019年8月中国马哲史学会应用哲学研究会年会的论文，收入会议文集并作大会发言，发表于《党政干部学刊》2019年第9期，爱思想网等转载，获2020年度中央党校退（离）休人员科研成果奖。

① 《毛泽东选集》第3卷，人民出版社1991年版，第1004页。

取得最密切的联系。全心全意地为人民服务，一刻也不脱离群众；一切从人民的利益出发，而不是从个人或小集团的利益出发；向人民负责和向党的领导机关负责的一致性；这些就是我们的出发点。共产党人必须随时准备坚持真理，因为任何真理都是符合于人民利益的；共产党人必须随时准备修正错误，因为任何错误都是不符合于人民利益的。……共产党人的一切言论行动，必须以合乎最广大人民群众的最大利益，为最广大人民群众所拥护为最高标准。”[①] 从语境看，这里的人民主要是指与共产党人特别是其中的领导干部相对而言的广大群众。毛泽东总结概括的“全心全意为人民服务”这个重要理念已经载入党的七大以来直至党的十九大通过的《中国共产党章程》总纲之中，被视为共产党的根本宗旨，业已深入党心、民心。

从毛泽东的以上论述看，为人民服务理念具有多重针对性：

其一，相对于为反动势力服务。毛泽东说：“为人民利益而死，就比泰山还重；替法西斯卖力，替剥削人民和压迫人民的人去死，就比鸿毛还轻。”[②] 这里的“法西斯”，是指当年德国、日本、意大利及西班牙等国的反动统治集团。同时，毛泽东也把蒋介石国民党称为“法西斯”。例如，他在1943年为《解放日报》撰写的社论中公开说过：随着德日意三个法西斯国家的即将垮台，“世界成了自有人类历史以来未曾有过的伟大解放时代，国民党的买办封建法西斯独裁政治，成了世界自由民主汪洋大海中一个渺小的孤岛，他们惧怕自己‘一个党，一个主义，一个领袖’的法西斯主义有灭顶之灾”[③]。全国人民要求“诚意实行真正民主自由的宪政，废除‘一个党，一个主义，一个领袖’的法西斯独裁政治，并在抗战期内召集真正民意选举的国民大会。我们共产党人是自始至终主张这个方针的”[④]。

---

① 《毛泽东选集》第3卷，人民出版社1991年版，第1094—1096页。
② 《毛泽东选集》第3卷，人民出版社1991年版，第1004页。
③ 《毛泽东选集》第3卷，人民出版社1991年版，第915页。
④ 《毛泽东选集》第3卷，人民出版社1991年版，第921页。

其二，相对于只为个人及其小家庭、小集团谋私利。人民作为一个集合概念，是包含众多的群体和个人的。因此，为人民服务包含为各个群体和个人服务，这也是该价值理念的具体化、操作化。换言之，为人民服务并不否定正当的个人利益。相反，共产党不仅承认而且保护党员正当的个人利益，“以至在反动派统治的环境下，在必要时还要放弃党的一些工作来保存同志等”[①]。然而，如果只为个人及其小家庭、小集团谋私利，结党营私，以权谋私，贪污腐败，损害其他个人、群体和社会的利益，那就成了极端自私自利的个人主义者、贪官污吏、社会蛀虫，是同为人民服务背道而驰的。

其三，相对于仅仅为领导、上级服务。诚然，领导、上级也要为人民服务，所以，为领导、上级服务最终也是要为人民服务。前者是手段，后者是目的，二者是手段和目的的统一。如果明知领导和上级的言行有较大失误，却明哲保身，佯装不见，无视党的事业和人民利益的损失，甚至不问是非对错，凡是领导和上级的言论，都要论证其正确，凡是领导和上级的决定，都无条件捍卫，逢迎媚上以营私，那么，就完全偏离了为人民服务的宗旨。毛泽东特别指出：“因为我们是为人民服务的，所以，我们如果有缺点，就不怕别人批评指出。不管是什么人，谁向我们指出都行。只要你说得对，我们就改正。你说的办法对人民有好处，我们就照你的办。”[②]实际上，任何领导者和上级都难免存在这样那样的缺点和错误，正确的态度显然应当是允许和鼓励人们批评指正，认真开展批评和自我批评，建立纠错机制，而不讳疾忌医，不更多顾虑什么领导“面子”、上级“威信”。这也是要“完全”“彻底”“全心全意”为人民服务的题中应有之义。不能“半心半意”“三心二意”，更不能“虚情假意”。

---

① 《刘少奇选集》上卷，人民出版社 1981 年版，第 136 页。

② 《毛泽东选集》第 3 卷，人民出版社 1991 年版，第 1004 页。

“为人民服务”这一价值理念显然是正确的、进步的、高尚的价值取向。它不仅具有重要历史价值，而且具有重大现实意义。

二、人民主体理念是为人民服务的前提和基础

价值观是人们对价值问题总的看法和根本观点，而价值是能够满足一定主体需要的客体的性质和功能，它是以一定主体为中心、以该主体的需要为尺度的。因此，**价值观的根本问题是以谁为价值的主体，即站在什么人的立场上。共产党人的价值观无疑应当以人民为主体，自觉站在人民立场上来看待价值问题。人民主体理念是共产党人价值观的根本之点。**

人民主体理念体现了马克思主义根本追求的关键内容。在根本追求或根本宗旨的意义上，我们可以把马克思主义看作是关于无产阶级和人类解放的学说。马克思和恩格斯一生追求人类解放，而人类解放包括从自然压迫中解放出来、从社会关系的压迫中解放出来以及从人自身的狭隘观念中解放出来。其中，从社会关系的压迫中解放出来，就是人民主体地位的确立，它制约着人与自然的关系，也决定着人与自身观念的关系，是人类解放的关键内容。马克思和恩格斯把人的自由全面发展看作是未来社会的根本原则，而人的自由全面发展的前提，是全体人民成为独立自主的社会主体。

人民主体理念亦是理想社会即共产主义社会（其第一阶段是社会主义社会）在社会关系方面的根本结构、本质内涵——人民真正当家作主。**从理论上说，社会主义最根本的优越性是为全体人民谋利益，促进一切人包括每个人的自由全面发展。这是社会主义主要的功能或作用，也是社会主义之所以值得向往和追求的根本原因和价值所在。而按照现代系统论的观点，系统的功能是由系统的结构决定的。把这个观点运用于社会主义问题，可以说为广大人民群众谋利益作为一种功能，它必须由相应的结构来予以保证。这个结构只能是人民成为社会主人、真正当家作主，它是实现社会主义功能的基础和根本。唯有如此，才能切实保证为人民谋利益，并且充**

分发挥人民群众的积极性、主动性和创造性，达到我们所希望的功能或效果。换言之，马克思主义的崇高理想是实现共产主义社会，而这个理想社会的根本特征是，在生产力以及精神文化高度发展的基础上，彻底消灭了阶级剥削和阶级压迫，在社会关系领域真正实现了人与人之间的平等，每个人都成为社会主人，即人民当家作主。

人民主体理念又是发展中国特色社会主义的首要原则。这是党的十八大报告所明确强调的。报告说："在新的历史条件下夺取中国特色社会主义新胜利，必须牢牢把握以下基本要求，并使之成为全党全国各族人民的共同信念。"其第一条就是"必须坚持人民主体地位"，其后分别是"必须坚持解放和发展社会生产力""必须坚持推进改革开放""必须坚持维护社会公平正义""必须坚持走共同富裕道路""必须坚持促进社会和谐""必须坚持和平发展""必须坚持党的领导"。① 这八项基本要求囊括了党在现阶段的基本路线"一个中心、两个基本点"的全部内容并且有所调整和发展，概括了中国特色社会主义的主要之点，实质具有党在现阶段的总纲领、总路线的意义，是我们今后建设和改革的根本遵循。而坚持人民主体地位则是其中的首要原则、第一原则。后来，我们党在十八届三中全会、四中全会、五中全会直至十九大等一些重要文件中都对这一原则多次作了重申。笔者曾经对此作过阐发。② 由此可见，坚持人民主体地位，是我们党对国内外的郑重宣示和庄严承诺，是中国特色社会主义的根本遵循之一。

当然，人民的解放离不开先进政党——在当代中国就是共产党——的领导，但是，只有人民才是社会主体和主人，共产党则是社会公仆和人民实现自己利益的工具。恩格斯在为马克思的《法兰西内战》一书所写的导

---

① 《中国共产党第十八次全国代表大会文件汇编》，人民出版社 2012 年版，第 13—14 页。

② 详见董德刚：《论人民主体理念及其落实问题》，发表于《党政干部学刊》2016 年第 11 期，人民论坛网、中国社会科学网等转载，收入本书第一编。

言中阐明，一切公职人员都应当是社会公仆，人民才是社会主人[①]。邓小平在党的八大《关于修改党的章程的报告》中明确指出："工人阶级的政党不是把人民群众当作自己的工具，而是自觉地认定自己是人民群众在特定的历史时期为完成特定的历史任务的一种工具。"[②]《中国共产党章程》总纲中也强调："党除了工人阶级和最广大人民群众的利益，没有自己特殊的利益。"

在当代中国，共产党掌握着国家主要权力、承担着领导和执政的责任，而这个权力和责任是人民赋予的。我国宪法明确规定，中华人民共和国的一切权力属于人民。习近平总书记也指出："马克思主义权力观，概括起来是两句话：权为民所赋，权为民所用。前一句话指明了权力的根本来源和基础，后一句话指明了权力的根本性质和归宿。"[③]

为人民服务理念与坚持人民主体地位是什么关系呢？如前所述，毛泽东总结概括的为人民服务的价值理念是正确的、进步的、高尚的，我们应当继续坚持。不过，在坚持这一理念的同时，必须反对把领导干部当作主体，而把人民看作客体，忽略和漠视人民当家作主的主人地位，当权力集中到自己手中时，便可能越俎代庖，把自己看作是人民的"大救星"、救世主，实行为民做主。这种"为民做主"违背了毛泽东关于人民是创造历史的动力的思想，同唯物史观是不一致的，也是违背当代世界民主化潮流的。而且，在党内民主不够健全、权力高度集中的情况下，各级领导干部的升降荣辱主要由上级决定，客观上会使很多党员干部把对人民负责异化为只对上级负责（实质是只对自己的利益特别是"官帽"负责），从而偏离为人民服务的价值取向，甚至使之成为一句空洞的口号。现在，我们党坚持为人民服务的价值理念，但要吸取历史的教训，要把为人民服务建立在坚持人民主体地位的基础之上，把为人民谋利益与尊重人民主人地位统一起来，

① 《马克思恩格斯文集》第3卷，人民出版社2009年版，第110页。

② 《邓小平文选》第1卷，人民出版社1994年版，第218页。

③ 习近平：《领导干部要树立正确的世界观权力观事业观》，《中国党政干部论坛》2010年第10期。

真正顺应人民的利益和意志，同时引导人民前进。要反对为民做主、包办代替、官主。

换一个角度说，为人民服务主要是一种道德要求，而且，要一个政党特别是党的领导干部真心实意、持之以恒地为人民服务而不谋私利，又是一个极高的要求。实现这一要求固然离不开政党及其成员的高度自觉，但是，这必须有实实在在的力量作为支撑和制约，即有一定的社会关系作为基础和保证。这个社会关系只能是人民主体社会即人民成为社会主人、真正当家作主。假如人民不能当家作主，所谓为人民服务就会成为一句空话，就会蜕变成领导干部的随心所欲、“长官意志”，这种为人民服务是不稳定和靠不住的！

总之，共产党人之所以要为人民服务，根本原因在于人民是历史主体、社会主人，而共产党则是人民的工具、社会公仆。人民主体地位是前提和基础，而为人民服务则是由前者派生和决定的，社会公仆为社会主人服务是天经地义、顺理成章的事情。

三、人民主体理念规范着如何为人民服务

共产党人应当如何为人民服务？其基本前提就是承认人民是社会主人，从而自觉地顺应人民需要，维护人民权利，接受人民监督，动员和组织人民为实现自己的利益而奋斗。应当说明的是，现在，我们党处于领导和执政的地位，许多党员干部掌握着大量社会资源和一定公共权力，担负着治国理政的责任，这些人如何为人民服务，是我们应当关注的重点。换言之，在共产党长期执政的条件下，党同人民的关系主要表现为“官民”关系、领导与群众的关系。

首先，共产党人为人民服务，就要认真倾听人民呼声，搞清人民的需要和利益所在。人民的需要是共产党人看待价值的根本尺度，满足这些需要是共产党人的努力方向。而人民对自己的需要最有切身感受，也是最有

发言权的，是他人不可替代的。因此，要搞清人民的需要，就必须广开言路，认真倾听人民的呼声，真切了解人民包括其中各个组成部分的意愿和要求。必须反对堵塞言路、禁锢思想、只准一个声音、一种色彩、“清一色”的做法。当然，人民是由众多部分组成的，他们的需要复杂多样，而且大多比较关注局部和眼前利益，也很难自然形成统一的整体认识，这就要求领导者和先进分子（例如优秀知识分子）站在全局和长远的高度加以合理的概括和综合。正如《共产党宣言》所说：“共产党人同其他无产阶级政党不同的地方只是：一方面，在无产者不同的民族的斗争中，共产党人强调和坚持整个无产阶级共同的不分民族的利益；另一方面，在无产阶级和资产阶级的斗争所经历的各个发展阶段上，共产党人始终代表整个运动的利益。”① 现在，党的十九大对我国新时代人民的需要作出了新的概括和综合，即大会报告在论述我国社会主要矛盾已经转化为人民日益增长的美好生活需要和不平衡不充分的发展之间的矛盾时所指出的：“人民美好生活需要日益广泛，不仅对物质文化生活提出了更高要求，而且在民主、法治、公平、正义、安全、环境等方面的要求日益增长。”② 这段论述，用“不仅……而且”这种递进式连接词，指明了由人民的基本需要——物质文化生活需要，再到人民更高层次的需求——民主法治等要求的结构转型升级，是符合我国实际的客观趋势和人心所向。经过 40 多年的改革开放和现代化建设，现在，中国人民的物质生活确有极大提高，新中国成立初期人们普遍向往的“楼上楼下，电灯电话”“点灯不用油，种地不用牛”之类的初级版的“共产主义”已经基本实现，所面临的是进一步提高物质生活质量包括更好的教育、医疗、养老等问题，在此基础上，人民在民主、法治、公平、正义、安全、环境等方面有了更高的要求，这是新时代我们党和国家

① 《马克思恩格斯文集》第 2 卷，人民出版社 2009 年版，第 44 页。

② 《中国共产党第十九次全国代表大会文件汇编》，人民出版社 2017 年版，第 9 页。

应当解决的重点问题乃至主要问题，亦是我国改革“攻坚期”的“深水区”和“主攻方向”。当然，党的十九大报告这些总体性和原则性论述，还必须具体化和操作化，使它们真正成为广大党员特别是各级领导干部的工作导向。这就需要各级党员干部深入调查研究，不断倾听人民的意见和呼声，深入具体地把握人民的需要和利益，这是我们搞好党和国家一切工作的基础。

其次，**共产党人为人民服务，就要努力维护人民的权利。这是建设社会主义民主国家、法治国家的重心所在。人民的权利是人民的基本利益。我国宪法及法律关于人民（其具体化和人格化即为公民）权利有很多明确具体的规定，包括人身权利、平等权利、社会经济权利、政治权利、文化教育权利等。维护人民权利就必须切实兑现和保障人民的法定权利。不过，即便在近年来党中央明确提出全面推进依法治国的形势下，仍然有相当多的人包括很多领导干部都不大清楚这些法律规定，这就需要扎扎实实地向群众尤其是领导干部进行普法教育，要一条一条搞清楚宪法的有关规定。当然，更重要的是如何在实践上落实，这方面的差距更大，亟须加以改变。党中央一再强调，我国宪法是党和人民意志的集中体现，依法治国首先要依宪治国，依法执政首先要依宪执政。假如宪法关于公民权利的明文规定都不能兑现，还何谈依法治国、为人民服务？！**还应注意的是，人民能够自主决定的事情，例如个人生活、家庭生活直至其他未超出法律和社会规范的生产经营、思想文化交流等行为，公共事务管理者不要干预，不要“越界”，这个“自主”也是人民的权利。当然，共产党人也有个人和家庭等正当利益，作为公民也有自己的法定权利，也应当维护，但要把它们摆到适当位置上，不能超出法律，不能置于人民和其他公民利益之上，变成特权。

再次，共产党人为人民服务，就要自觉接受人民的批评和监督，真正向人民负责。人民作为社会主人，对于公共事务，拥有知情权、参与权、表达权、监督权。这“四权”是党的十六届六中全会通过的《中共中央关于构建社会主义和谐社会若干重大问题的决定》首次明确提出，党的十七大报告、党的十八大报告和党的十九大报告所反复强调的，要严格落实。例如，人民的表达权，显然不是仅仅指表达赞同意见的权利，更是指表达不同意见甚至反对意见的权利。唯有如此，才能避免重大失误，保证公共事务的决策符合广大人民群众的利益。在缺乏有效监督制约的条件下，有权力的人必然倾向于滥用和腐败，而无制约的权力对社会的危害超过了其他一切灾难，这是历史反复证明了的一条客观规律。因此，必须下大气力“把权力关进制度的笼子里”。这是我们面临的一个重大而迫切需要解决的课题。在这方面，我们可以由易到难，逐步推进。

最后，共产党人为人民服务，就要依靠人民的力量，动员和组织人民为实现自己的利益而奋斗。人民作为社会最广大主体，是力量和智慧之源。共产党人应当经常问计于民，从人民中汲取智慧，探索解决各种复杂问题和难题的办法，进而通过多种形式包括群众的自我组织，把人民动员和组织起来，依靠人民的力量，来努力实现人民的利益，将为人民服务最终落到实处。

综合起来说，**共产党人的价值观，应当概括为两句话：坚持人民主体地位，努力为人民服务。前一句话是前提和基础，后一句话是前者的延伸，是人民对共产党的要求和期望，也是共产党人理应具有的自觉意识。**这两句话同习近平总书记把马克思主义权力观概括为“权为民所赋，权为民所用”，在基本思想上是一致的。

论国家治理现代化的一般规律 *

2013 年 11 月，党的十八届三中全会通过的《中共中央关于全面深化改革若干重大问题的决定》提出："全面深化改革的总目标是完善和发展中国特色社会主义制度，推进国家治理体系和治理能力现代化。"① 这是在党和国家重要文献中第一次把我们国家治理体系和治理能力与现代化联系起来，提出了国家治理现代化问题，并且把它作为全面深化改革总目标的一个基本方面。相对于过去人们所熟知的工业、农业、国防和科学技术"四个现代化"，国家治理体系和治理能力（以下简称为国家治理）现代化被不少学者称之为"第五个现代化"，并且已经为大多数人所接受。

2019 年 10 月，党的十九届四中全会通过的《中共中央关于坚持和完善中国特色社会主义制度 推进国家治理体系和治理能力现代化若干重大问题的决定》，进一步阐述了中国国家治理现代化十分丰富的内容和要求。

党中央提出的国家治理现代化问题，是针对中国特色社会主义的实际情况，旨在解决我国的现实问题，这个特殊性比较明显。但是，任何特殊都包含着一般，这个一般具有重要的规范和导向的意义，研究中国的国家治理现代化问题，需要注意一般规律。换言之，任何国家要实现治理现代

---

* 此文系提交中国马哲史学会 2020 年贵阳年会的论文，压缩本提交中国辩证唯物主义研究会 2020 年泰安年会，发表于中共辽宁省委党校《党政干部学刊》2020 年第 12 期。爱思想网、知网等转载，获中国马克思主义研究基金会 2021 年度中央党校（国家行政学院）退（离）休人员科研成果奖。

① 《中共中央关于全面深化改革若干重大问题的决定》，人民出版社 2013 年版，第 3 页。

化，都必须遵循一定的基本规则，这些规则十分值得研究。鉴于目前人们对这一方面研究得还不多，本文对此作一初步探讨。

一、国家治理现代化一般规律的概念界定

国家治理现代化一般规律这一短语，包含“国家治理”“现代化”及其“一般规律”等多个概念，需要作出简要界定。

（一）国家治理概念

我们先谈“治理”概念。对此现有两种不同的理解：

第一种是内含肯定性价值判断的解释，把“治理”看作是当代世界比较先进的管理方式和过程，其含义接近“善治”。这是现在大多数学者的看法。

这些学者认为，治理在当代世界是一个较新的概念，大致发源于20世纪90年代。其主要特点，是不同于统治、管制、控制、领导等单一主体的单向支配行为，而是多主体共同行使公共权力的多向互动过程。以治理与统治的关系为例，可以看出二者之间的根本区别：治理是众多社会主体共同调控社会公共生活的过程，而统治则是少数人对大多数人的支配、控制、压迫行为。

第二种是把“治理”当作中性词语，不含褒贬意味和价值评价，系指一般的管理、处治等。例如，《现代汉语词典》对“治理”的解释是：“1. 统治；管理：治理国家。2. 处理；整修：治理淮河。”[①]这里的第一个义项表明，“治理”既可以指“统治”，也可以指“管理”；而且既可以指好的管理，也可以指不好的管理，它本身并无好坏优劣之分。

那么，党中央所说的“国家治理现代化”中的“治理”是哪一种含义呢？我认为，主要是在第二种含义上使用的。我们来看党中央关于国家治

---

① 《现代汉语词典》修订本，商务印书馆1996年修订第3版，第1623页。

理的基本界定："国家治理体系和治理能力是一个国家制度和制度执行能力的集中表现。国家治理体系是在党领导下管理国家的制度体系，包括经济、政治、文化、社会、生态文明和党的建设等各领域体制机制、法律法规安排，是一整套紧密相连、相互协调的国家制度；国家治理能力则是运用国家制度管理社会各方面事务的能力，包括改革发展稳定、内政外交国防、治党治国治军等各个方面。国家治理体系和治理能力是一个有机整体，两者相辅相成……"①人们经常谈到的"城市治理""乡村治理""学校治理""军队治理"等中的"治理"概念，也基本都是在中性的"管理"的含义上使用的。

假如是在第一种含义上使用的话，那么，这种"治理"更接近善治，它在很大程度上已经现代化了，就没有必要再提现代化了。"推进国家治理体系和治理能力现代化"这一命题本身，就已经表明这里的"治理"尚未实现现代化。大多数学者所持有的关于"治理"就是"善治"这种理解，其实表达的是人们的理想目标和价值追求，其"民主治理"的取向可嘉，但毕竟是一种主观意愿。

我们再来谈"国家治理"中"国家"的所指。可以把"国家治理"视为倒置的动宾结构词组，这里的"国家"是动词"治理"的宾语，即"治理"指向的客体、作用的对象。它是包含经济、政治、文化、社会、生态在内的整个国家生活、社会生活，因此称之为"国家治理"。正如"企业管理"是指对企业的管理、"经济管理"是指对经济活动的管理一样。但需指出，国家治理的客体是整个国家和社会的公共领域、公共生活，而不是私人领域、私人生活，后者是民众自主活动的领域，尽管国家治理也要给私人领域、私人生活划定活动空间，但总体上不应干预。

① 中共中央宣传部:《习近平新时代中国特色社会主义思想学习纲要》，学习出版社、人民出版社 2019 年版，第 86—87 页。

国家治理主要涉及两个方面：一是国家制度和体制等社会生活规则，二是国家治理主体运用、调整和完善这些规则，实际规范和调整社会公共生活的过程及其结果（包括作出重大决策、调控人们的行为、选拔和使用各种人才、实行一定的奖惩，等等），它在国家治理主体方面表现为治理能力。概而言之，国家治理就是处理社会关系的实践活动，是对社会关系的规范和调整。以上两个方面也可以视为党的十八届三中全会通过的《中共中央关于全面深化改革若干重大问题的决定》把国家治理区分为“国家治理体系”和“治理能力”两个方面的客观根据。

还需说明的是，国家治理与经济、政治、文化、社会、生态五大领域的划分不是并列关系，而是矩阵式“立体交叉”关系：这五大领域大体上呈平行性分布，而治理则像一个垂直型的抓钩，伸向各个领域，既表现为国家整体治理，也表现为经济治理、政治治理、文化治理、社会治理、生态治理以及军队治理、政党治理直至国际治理。国家治理除了这种领域之别，还可以分出层次和阶段，如宏观、中观、微观等层次，初级、中级、高级等阶段。它们纵横交错，构成国家治理之网络。

国家治理的政治色彩浓厚，但与政治不能简单等同：其一，国家治理还包括经济、文化、社会、生态诸领域的制度、管理等其他内容，它们显然不同于政治。其二，国家治理虽然涵盖政治领域的大部分内容，包括政治制度、政治活动，但还有政治文化等其他方面并未全部统摄在内。同样，对国家治理与经济以及文化、社会和生态的关系也可以作类似分析。

此外，也有人把“国家治理”看作是主谓短语，认为其中的“治理”是谓语，“国家”是主语，系指治理的主体。不过，持有这种理解的人并不多。究其原因，大概主要是因为这个主体“面目不清”：他是指正式代表国家的政府和执政党呢，还是指狭义的“社会”即广大民众及其组织，抑或二者兼而有之？这里的“国家”语义多歧，还是避开为好。

顺便回答一个问题：**当代国家治理有无社会性质的根本区别？要不要**

问“姓社姓资”？关键看国家治理的权力即公共权力主要掌握在谁的手中。如果国家治理的权力仅仅掌握在少数贵族和官员手中，广大民众基本无权，那就是奴隶社会、封建社会、官僚专制社会；如果国家治理的权力主要掌握在少数资本富豪手中，广大民众无权参与，那就是原始的野蛮的资本主义社会；相反，如果公共权力为广大民众掌握，人民能够选择政府和执政党，政府和执政党只是反映和执行人民的意志，那么，就是我们所向往的理想社会、真正的社会主义社会。

对于中国来说，国家治理主体当然离不开代表国家的政府特别是中央政府，作为执政党的中国共产党尤其是党中央更是领导一切的。但是，只有人民才是社会主体和主人，治理的基本主体是人民，共产党归根到底只是社会公仆和人民实现自己利益的工具。这个基本关系需要充分说明，也是把握中国特色社会主义国家治理的基础。

恩格斯在为马克思的《法兰西内战》一书所写的导言中阐明，一切公职人员都应当是社会公仆，人民才是社会主人①。邓小平在党的八大《关于修改党的章程的报告》中明确指出：“工人阶级的政党不是把人民群众当作自己的工具，而是自觉地认定自己是人民群众在特定的历史时期为完成特定的历史任务的一种工具。”②《中国共产党章程》总纲中也强调：“党除了工人阶级和最广大人民群众的利益，没有自己特殊的利益。”

在当代中国，共产党掌握着国家主要权力、承担着领导和执政的责任，而这个权力和责任是人民赋予的。我国宪法明确规定，中华人民共和国的一切权力属于人民。习近平同志也指出：“马克思主义权力观，概括起来是两句话：权为民所赋，权为民所用。前一句话指明了权力的根本来源和基础，后一句话指明了权力的根本性质和归宿。”③

---

① 《马克思恩格斯文集》第 3 卷，人民出版社 2009 年版，第 110 页。

② 《邓小平文选》第 1 卷，人民出版社 1994 年版，第 218 页。

③ 习近平：《领导干部要树立正确的世界观权力观事业观》，《中国党政干部论坛》2010 年第 10 期。

（二）国家治理现代化的含义

一般地说，所谓现代化，系指达到当时世界各国发展的先进水平。它体现着世界历史眼光和广阔视野，具有浓厚的国际比较意味。倘若仅仅局限在一个国家范围内，尽管也有发展水平高低之分，却是无所谓现代化的。那么，国家治理现代化的标准是什么？这个问题，与国家治理现代化的一般规律密切相关。搞清了这些一般规律，也就明确了基本标准。本文后面将回答这个问题。

我们国家是否已经实现了国家治理的现代化？国家治理现代化与工业、农业、国防和科技现代化是相互作用的过程。尽管它们之间不是简单的机械对应关系，但一般地说，没有后“四化”，就不会有前一个现代化。现在，我国显然还没有实现后“四化”，所以，也不能说我们已经实现了国家治理的现代化。

党中央从2013年底开始明确提出中国国家治理的现代化问题，它意味着我国尚未实现这个现代化，而是处于这个现代化的过程中，否则，就没有必要把实现这个现代化作为我国改革开放的总目标之一。

2019年党的十九届四中全会通过的《中共中央关于坚持和完善中国特色社会主义制度 推进国家治理体系和治理能力现代化若干重大问题的决定》指出：“坚持和完善中国特色社会主义制度、推进国家治理体系和治理能力现代化的总体目标是，到我们党成立一百年时，在各方面制度更加成熟更加定型上取得明显成效；到二〇三五年，各方面制度更加完善，基本实现国家治理体系和治理能力现代化；到新中国成立一百年时，全面实现国家治理体系和治理能力现代化，使中国特色社会主义制度更加巩固、优越性充分展现。”① 这些论述表明，实现国家治理的现代化还是需要我们长期奋斗的目标，而不是现实。

① 《中国共产党第十九届中央委员会第四次全体会议文件汇编》，人民出版社2019年版，第7页。

（三）何谓国家治理现代化之一般规律

这里的规律系指社会规律。它像自然规律一样，作为偶然性中的必然性，具有客观性（不以人的意志为转移）、普遍性（可重复性、可检验性）、不可逆性（必然性，非如此不可，只是时间早晚而已）。

不过，社会规律通常不是表现为具有百分之百必然性的严格的因果关系，不是有些人所理解的类似于 1+1=2 那种绝对的必然性，而是主要表现为社会发展的大趋势、较大可能性、主要倾向等，正如经济规律大多表现为一般趋势、“平均数”等一样，对此，马克思在《资本论》中有过很多论述。

所谓一般规律，是相对于特殊规律而言的。经济、政治、文化、社会和生态等各个领域的治理各有其特殊规律，而本文所要研究的是它们之中共有的普遍规律即一般规律。这些特殊规律与一般规律是个性与共性的关系：前者比较具体、丰富，后者则比较抽象、单纯。这些一般规律对于各个领域具有普遍指导意义。

至于国家治理现代化之一般规律，是指要把国家治理提升到当代世界的先进水平，就必须要走、不可避开的“必由之路”。只有坚定不移地走上这条“必由之路”，才能够实现国家治理的现代化，前者是后者的充分必要条件。

二、国家治理现代化一般规律的主要内容

我认为，可以把国家治理现代化的一般规律简要概括为科学化、民主化、法治化。从字面上看，这“三化”不算什么新提法，它们甚至可以追溯到一百多年前的五四运动，是对五四所大声疾呼和极力倡导的“科学”和“民主”理念的继承、弘扬和发展。这个概括，既有党的重要文献有关论述为佐证，也有历史与逻辑依据。

（一）党的重要文献中的有关论述

在中国现阶段，国家治理的关键是共产党如何执政。从党中央关于我们党应当如何执政的重要论述，可以看出国家治理现代化的一般规律和基本要求，因为前者是对后者的反映。

国家治理要科学化、民主化、法治化的思想在党的十七大之前已经形成，散见于党的全国代表大会报告和有关文件中，只是没有把它们集中到一起表述。中央领导同志个人也有一些论述，例如 20 世纪 80 年代中期万里同志的重要文章——《决策民主化和科学化是政治体制改革的一个重要课题》①。

党的十七大报告比较早地提出了“提高党科学执政、民主执政、依法执政水平，保证党领导人民有效治理国家”②。这次大会还在《中国共产党章程》总纲部分增写了“党要适应改革开放和社会主义现代化建设的要求，坚持科学执政、民主执政、依法执政，加强和改善党的领导”③。党的十八大和十九大继续坚持并且反复重申了“科学执政、民主执政、依法执政”④这些重要提法。

党的十九届四中全会通过的《中共中央关于坚持和完善中国特色社会主义制度 推进国家治理体系和治理能力现代化若干重大问题的决定》在第二部分也强调：“坚持和完善党的领导制度体系，提高党科学执政、民主执政、依法执政水平”⑤。

《习近平新时代中国特色社会主义思想学习纲要》指出，“纵观社会主

① 万里：《决策民主化和科学化是政治体制改革的一个重要课题》，《人民日报》1986 年 8 月 15 日。
② 《中国共产党第十七次全国代表大会文件汇编》，人民出版社 2007 年版，第 28 页。
③ 《中国共产党第十七次全国代表大会文件汇编》，人民出版社 2007 年版，第 68 页。
④ 《中国共产党第十八次全国代表大会文件汇编》，人民出版社 2012 年版，第 72 页；《中国共产党第十九次全国代表大会文件汇编》，人民出版社 2017 年版，第 78 页。
⑤ 《中共中央关于坚持和完善中国特色社会主义制度 推进国家治理体系和治理能力现代化若干重大问题的决定》，人民出版社 2019 年版，第 6 页。

义从诞生到现在的历史过程，怎样治理社会主义社会这样的全新社会，在以往的世界社会主义实践中没有解决得很好。新中国成立后，我们党深入思考和探索怎样建设社会主义、怎样治理中国的问题，虽然也发生了严重曲折，但在国家治理体系和治理能力上积累了丰富经验、取得了重大成果"，同时强调了"提高党科学执政、民主执政、依法执政水平"。①

党的十九大报告在第六部分"健全人民当家作主制度体系，发展社会主义民主政治"中还提出，要"推进科学立法、民主立法、依法立法，以良法促进发展、保障善治"②。

在以上引文中，党中央关于国家治理问题反复强调的关键词就是三个：科学、民主、法治。

（二）历史与逻辑依据

1. 关于国家治理的科学化

科学通常是指反映客观事实及其规律的即具有真理性的、比较系统的知识，同时也是指合理的、可行的、有效的思维方式和行为方式。前者属于认知即"知"，行为方式属于实践即"行"，前者是后者的思想基础，后者是前者的延伸和应用，而思维方式则是连接"知"与"行"的中介。正如王阳明在《传习录》中所说："知是行之始，行是知之成。"科学首先强调主观认识（包括知识、思想方法、思维方式）符合客观实际的真理性，进而强调"合理性"——符合真理性，即遵循真理和规律做事，从而行得通、做得到，办得成。概括起来说，科学的基本含义和基本精神就是依据事实，探求真理，遵循客观规律做事。所谓"化"者，严格地说，是彻头彻尾、彻里彻外之谓也，不过，这是终极状态和理想境界，而一般地讲，就是某种东西不断普及、扩展、深化，并且占据了主要地位之意。所谓国

① 中共中央宣传部：《习近平新时代中国特色社会主义思想学习纲要》，学习出版社、人民出版社 2019 年版，第 87、88 页。

② 《中国共产党第十九次全国代表大会文件汇编》，人民出版社 2017 年版，第 31 页。

家治理的科学化，就是科学精神在国家治理中呈现出不断普及、扩展、深入之趋势，而且成为主要潮流。

国家治理的科学化是现代社会生产和社会生活的客观要求，具有历史的必然性。第一，现代物质生产正向更高水平的机械化、自动化和智能化发展，科学技术更是突飞猛进、日新月异，精神生产也取得了可与之媲美的巨大进步，它们为国家治理提供着日益增多的先进的物质技术手段和科学理论，使人们认识社会和改造社会的能力不断提高，从而为国家治理的科学化创造了客观条件和主观条件。第二，物质生产和精神生产愈发展，社会生活愈复杂，中国与世界的联系愈紧密，也愈要求对它们实行科学的管理，仅凭狭隘有限的“老经验”“老办法”已经捉襟见肘、无能为力了。第三，国家治理主体自身也愈来愈复杂化，组织机构交错，管理人员众多，管理成本巨大，亟须科学地予以协调，方能提高效率和效益。现在，各种组织机构的不断改革和调整，管理人员的日益知识化、专业化，多种智囊参谋机构的广泛建立，诸门管理科学的蓬勃兴起，信息网络等新技术在管理中的推广应用等，已经表明了这一趋势。

更一般地说，国家治理作为协调社会关系的一种实践活动，从根本上看，应当是为了满足社会和人民需要，它像其他一切实践活动一样，必须以符合实际的认知为前提，以达成一定的目标为目的，必须遵循客观规律，讲求效率和效益。在现时代，这种客观需要，比以往任何时候都更加迫切。

国家治理的科学化主要同经验型国家治理相对。经验型国家治理的特征是，主要凭借个人有限经验进行管理，忽视客观实际新变化及其规律，主观色彩较浓，缺少必要的知识、方法和视野，经常表现为情绪化、碎片化、随意化、紊乱化，因而时常造成重大决策失误，损失浪费严重，效率和效益极差，社会影响恶劣。这是我们应当极力克服和避免的。

2. 关于国家治理的民主化

本来，人类的先人是为了群体生活得更美好才需要社会组织管理或治理的，因此，才从中分化出一些“社会公仆”，以为此崇高目的服务。然而，历史的辩证法残酷无情，在特定的社会历史条件下，少数“社会公仆”竟然蜕变为凌架于社会之上的“社会主人”，使人类的绝大多数成员在数千年间饱受奴役之苦。现代的社会历史条件提供了结束这种状态的转机。由于物质生产、精神生产和人的相对全面发展，客观上要求将少数人垄断的生产资料及国家机器等社会控制工具转归社会所有。同时，越来越多的群众萌发了参与管理公共事务的要求，增强了民主意识，增长了管理的知识和能力。在温饱问题普遍解决基础上科学技术的发展，如通讯和交通的便利，信息的四通八达，以及劳动时间的缩短和更富于弹性，也为广大群众参加管理提供了客观条件。社会生活再也不能为极少数人所左右了。20 世纪以来，群众参与国家治理已成为世界性趋势，相当多的国家走上了民主化的道路。人民当家作主、人民主权即民主已经成为当代国际社会的主流观念和大多数人的共识。这是人类历史进步的重要表现。

1998 年诺贝尔经济学奖得主阿玛蒂亚·森认为，民主是 20 世纪最伟大的成就。他说：“过去的一百年间的确不乏重大事件。但是比较之下，在 20 世纪出现的种种伟大成就中，我还是毫无困难地选择了最了不起的一桩：民主的兴起。这并不意味着我想否认其他事情的重要性。不过，我坚持认为，在遥远的未来，当人们返观这一世纪都发生了什么事情的时候，他们定会发现，不把头把交椅交给民主制度兴起并成为最受欢迎的统治方式这件事，是不可能的。”①

改革开放以来，我们党顺应世界民主化潮流，一再强调，“没有民主就没有社会主义，就没有社会主义现代化”②，“社会主义民主的本质是人民当

① 转引自［印度］阿玛蒂亚·森著：《惯于争鸣的印度人：印度人的历史、文化与身份论集》，刘建译，上海三联书店 2007 年版，第 5—6 页。

② 《邓小平文选》第 2 卷，人民出版社 1994 年版，第 168 页；另见中共十五大报告第六部分。

家作主"[1]，"人民当家作主是社会主义民主政治的本质要求……共产党执政就是领导和支持人民当家作主"[2]，"人民当家作主是社会主义民主政治的本质和核心"[3]，"人民民主是我们党始终高扬的光辉旗帜……以保证人民当家作主为根本"[4]，"健全人民当家作主制度体系，发展社会主义民主政治"[5]。民主早已载入我国宪法并且成为我国现阶段的奋斗目标之一。

人民当家作主的要义有三：一是人民（其具体化即为公民）享有宪法和法律规定的各项权利，并且得到切实保障；二是人民能够平等参与公共事务，表达诉求，参与决定；三是人民能够真正有效地监督和制约执政党和政府。[6]

国家治理的民主化主要与少数人集权专制相对。后者表现为少数人以至于个人（如皇帝）垄断主要权力，个人独裁专断即所谓"圣躬独断"，依赖国家强制力，不容任何质疑和反对意见，甚至"指鹿为马"，颠倒黑白，把谎言当作真理，任意妄为，以权谋私，贪污腐败，以维护和扩大个人及权贵集团的私利为最高准则，决策任性随意，经常劳民伤财，官民矛盾尖锐，造成危机四伏，社会动荡不宁。

日裔美国著名学者弗朗西斯·福山在《政治秩序的起源》一书[7]中，提出了国家治理的三要素：国家能力、法治与民主问责。他把"国家能力"排在第一位，认为它比后两者更重要。福山的"三要素"说，有一定历史依据，也比较实在和具体。但是，国家能力作为一种力量，主要体现为执行力（它与科学性直接相关），只有大小强弱之分，并未表明作用方向问

① 中共十五大报告第六部分。
② 中共十六大报告第五部分。
③ 中共十七大报告第六部分。
④ 中共十八大报告第五部分。
⑤ 中共十九大报告第六部分。
⑥ 详见董德刚：《人民当家作主是社会主义的根本》，《中共贵州省委党校学报》2014 年第 3 期。
⑦ ［美］弗朗西斯·福山：《政治秩序的起源》，毛俊杰译，广西师范大学出版社 2012 年版。

题。而研究国家治理，不能只看力量大小、执行力强弱，还要看方向对错，后一点是更根本的。方向错误，执行力越强，危害越大。如何保证方向正确？基本途径只能是民主。这就是民主的不可或缺和重要意义所在。这也是 1945 年毛泽东在延安时对黄炎培所说破解“历史周期率”的“民主新路”。

可见，谁治理？为谁治理？治理目的何在？这才是首要问题，怎样治理或如何治理尚在其次。而民主化就是要回答和解决谁治理、为谁治理的根本问题、价值目标问题。当然，它本身也包含怎样治理的含义——依靠民众智慧和力量来治理。福山的“民主问责”虽然也含有民主意蕴，但仅局限于“问责”，不够全面，并且在“三要素”中位阶低下，屈居末位。概言之，福山的“三要素”说缺少方向拷问或曰价值考量。

当然，回答怎样治理问题仅仅说依靠民众还不够，民众也不能随心所欲。多国的长期实践表明，民主化中的一个重要问题是处理好领导（即精英）与群众（民众）的关系。理想状态是二者既相互补充，又相互矫正，以克服各自的局限。正如有人所说，健全的民主需要“两个笼子”：第一，把权力（power）关进制度的“笼子”，实行切实有效的监督和制约，以避免权力行使者的傲慢、狂妄、无法无天、肆意妄为以自肥，使之能够真正为人民和国家服务。第二，把权利（rights）也关进制度的“笼子”，以避免民众不适当的诉求（如无边无际的自由、高福利追求）溢出底线公正边界，使社会能够持续健康发展。

无论是领导、精英，还是普通民众，都必须依靠科学、依靠法治，这就有个科学化和法治化问题。

3. 关于国家治理的法治化

法治是一种法律具有高度权威、严格依法办事的国家治理原则和方式。在人类历史上，法律有一个逐渐演变的过程。在奴隶社会和封建社会，法律确实主要体现占人口极少数的统治阶级的意志，带有明显的阶级压迫性质，而且很不健全。但随着社会的长足发展和进步，在现代资本主义国家，法律愈来愈多地反映普通民众的意愿，在一定程度上代表着社会共同利益和意志，成为被普遍遵守的社会公共生活准则。特别是在中国现阶段，我国宪法和法律是党和人民共同意志的集中体现，因此，习近平总书记强调："维护宪法法律权威就是维护党和人民共同意志的权威，捍卫宪法法律尊严就是捍卫党和人民共同意志的尊严，保证宪法法律实施就是保证党和人民共同意志的实现。"①

在现代社会里，法律是明文规定的社会行为规则，依靠国家强制力保证其实施，一切政党、团体、组织和个人都不得逾越。这些规则具有权威性和稳定性。它使全体社会成员都有章可循，有所敬畏，有合理预期，有一定安全感，它是实现社会稳定有序的主要保障。这就是说，法治是规则之治。离开法治，民主将杂乱无序，科学似脱缰野马，都必然引起混乱，远离国家现代化，最终是人民遭殃。

法律总是通过一定的立法机构，按照一定程序制定和修改的，并且通过司法机关保证其实施。这些立法机构及司法机关一般具有相当的代表性。从这个意义上说，法治是众人之治、集体之治，从而同个人专制区别开来。

由于法治是众人之治，在一定程度上反映了社会各个阶层的利益和意志，相对比较公正，因此，法治又是公正之治。

法治主要与人治相对。所谓人治，是依靠个人意志进行治理，个人权威至高无上，不受任何法律和规则约束，实行个人专断和独裁，不是无法可依，就是有法不依，经常表现出随意性、多变性、偏狭性，既可"一言兴邦"，也能"一言丧邦"，不仅严重损害人民和国家利益，而且伤及统治集团、领导集团的整体利益。因此，从人治走向法治已经成为绝大多数社会精英和民众的共识，蔚为当代世界的主流趋势。

---

① 《习近平谈治国理政》第二卷，外文出版社 2017 年版，第 116 页。

4. 科学化、民主化和法治化三者之间的关系

国家治理的科学化、民主化和法治化三者之间的关系，实际就是科学、民主和法治之间的关系。在国家治理活动中，这三者总体上相互补充、相互支撑，这是主要方面，同时也有一定的矛盾和制衡。

从人们把握世界的方式看，可分为事实与价值两个基本维度，前者主要属于认知领域，根本问题是真理性、科学性问题；后者内容庞杂，但核心是站在什么人的立场上，以谁为价值主体，因而主要是民主问题。可以说，科学化主要强调真理性和合理性，民主化主要强调价值性和人民性，强调符合人民即社会绝大多数成员的利益和愿望，它们如车之两轮、鸟之两翼，缺一不可。不过，以上二者主要还是在思想领域讨论问题，并且都有较大的弹性和不确定性，如果延伸到实践领域，就离不开规则、程序即法治与否的问题，以增强其确定性并且划定行为边界。可见，法治化强调的是规范性和稳定性。所以，科学化、民主化和法治化三者之间的关系，就是真理性、价值性、规范性的统一。其中，科学化是基础，民主化是核心，而法治化是保障。它们是对国家治理过程比较全面地把握。

有人或许会问，还有没有可与上述“三化”相并列的第四化、第五化？恐怕已经没有了。譬如，效率或有效化系科学化之果，可以纳入科学化之中；道德化隶属于价值性，已经用民主化代表之；艺术化比较浪漫，不宜与上述“三化”相提并论；至于有人提出的“文明化”，有些过于宽泛，几乎无所不包（以上“三化”即可囊括其中），因而不宜单列，如此等等。这也正是本文把国家治理现代化的一般规律概括为科学化、民主化和法治化而不是“四化”或“五化”的主要原因。

对于科学、民主和法治三者之间的关系还可以进一步具体分析如下：

科学与民主是一致的：民主必须以摆事实、讲道理为基本方法，即以科学性为前提；而民主本身也是科学性的体现——以绝大多数人的利益为目标所体现的全局利益大于局部利益的取向是科学的，依靠绝大多数人的

智慧和力量同样是科学的，现代社会治理的科学化不能离开民主。反过来讲，科学会日益普及，人们的知识在不断增长，广大群众是通情达理的，科学的东西迟早会得到广大群众的赞成和拥护。科学与民主也有矛盾：科学真理不是按照人数多少决定的，真理在开始的时候往往掌握在少数人手中；反言之，民主强调服从大多数人的意志，但大多数人的意见并非总是正确的，“人过一百，形形色色”，他们的素质参差不齐，也有“集体浅虑”、跟风盲从，有时也会犯错误。

民主与法治也是一致的：法治所依据的法律是社会绝大多数成员利益和意志的体现，而后者正是民主的真谛，它突出表明了二者的一致性。民主不是简单地照大多数人意见办，更不是众声喧哗、杂乱无章，它需要操作性、可行性、一定的程序和行为界限等，即需要法治来保驾护航。同样，民主本身也是一种基本的、重要的行为规范，法治尤其是立法过程也不能违背它。民主与法治也有矛盾：民主强调大多数人的意见，而大多数人的意见是经常变动的，法治则强调法律法规的稳定性，不能朝令夕改，这是“变”与“不变”的不一致。从一定意义上说，民主偏向于民情民意，而法治则强调规则的不可逾越，二者有时表现为情与法的矛盾：合乎民情的不一定合法，而合法的又可能同民情抵触。譬如，假设相当多的人违法，到底要“违法必究”，还是要“法不责众”、予以赦免?

科学与法治是一致的：科学对于各个领域都有普遍的基础性意义，法治也要以科学（科学理论、科学方法等）为基石；法治是整个社会的行为规范，科学同样只能也需要在法治的框架内发展，科学研究自由和科学创新成果更是需要法治保护。科学与法治也有矛盾：科学趋向于不断突破已有的知识界限，实现创新发展乃至“破坏性”“颠覆性”创新，而法治则倾向于稳定，因而常常滞后于科学和实践的发展。科学强调真理性，法治则强调规则性，二者也不是完全一致的，有时表现为理与法的矛盾：合法的不一定合理，而合理的也不一定合法。改革过程中就时常遇到此类矛盾：

某一法律已经明显不合时宜，但在没有修改或废止之前，是否应该突破?

当然，从总体上看，科学、民主和法治缺一不可，它们既相互补充，又相互制约，共同支撑着国家治理的现代化进程。

三、衡量国家治理现代化的基本标准

国家治理现代化究竟有无客观标准？回答是肯定的。如果把全部社会生活看作是一个大系统，把国家治理体系看作是其中一个子系统，那么，衡量国家治理是否现代化就具有两个方面的标准：第一，是国家治理子系统对社会大系统起什么作用，能否促进经济发展、政治稳定、文化繁荣、社会和谐、生态良好，最终的目标指向或价值旨归要看是否有助于人民的富裕幸福、一切人的自由全面发展。这是国家治理现代化的功能性标准。第二，是国家治理子系统的本质特征，主要看它是否实现了科学化、民主化、法治化，这是国家治理现代化的结构性标准。相对地说，前一方面是目的和目标，后一方面是手段和保证。偏离了前一方面，后一方面就失去了意义和价值，而离开了后一方面，前一方面则只能流于空想，它们是统一在一起的。

按照公认的现代系统论的观点，系统的功能是由系统的结构决定的，有什么样的结构，就有什么样的功能，结构与功能是一种因果关系。人们要达到理想的功能，就必须有相应的结构来予以保证。这突出表明了结构性标准的重要性，它是上述两个标准的“牛鼻子”。

再进一步说，在以上两个标准中，功能性标准不问国家治理子系统的内部结构，仅仅把它当作“黑箱”，只看它对社会大系统的“输出”和作用。这个标准固然十分重要，但毕竟没有回答国家治理现代化到底是什么样子，没有揭示其内在属性和本质规定。而结构性标准则深入到国家治理子系统的内部，指明了其本质特征，它们构成了国家治理现代化的三维立体架构和根本标志，从而成为衡量其是否现代化的基本标准。质言之，国家治理现代化与国家治理科学化、民主化、法治化其实是一回事：前者是总体概括，后者是实质内容，二者是“名”与“实”的关系。这“三化”是我们推进国家治理现代化的着力点、关键点、基本要求。

现在，我们需要参照这些标准，特别是按照《中共中央关于坚持和完善中国特色社会主义制度 推进国家治理体系和治理能力现代化若干重大问题的决定》所提出的“补短板、强弱项”的要求，注重研究和解决如何切实监督和制约公共权力、有效预防和惩治严重腐败、真正保障人民的法定权利等问题，促进我国国家治理的现代化。

论国家治理在历史唯物主义中的定位 *

2013 年党的十八届三中全会通过的《中共中央关于全面深化改革若干重大问题的决定》提出："全面深化改革的总目标是完善和发展中国特色社会主义制度，推进国家治理体系和治理能力现代化。"以此为开端，国家治理成为我国理论界研究的一个热点课题，特别是 2019 年党的十九届四中全会通过《中共中央关于坚持和完善中国特色社会主义制度 推进国家治理体系和治理能力现代化若干重大问题的决定》以来，各种论著更如雨后春笋，笔者也撰写了《论国家治理现代化的一般规律》(《党政干部学刊》2020 年第 12 期）一文，对国家治理现代化的基本概念特别是其一般规律（科学化、民主化、法治化）进行了初步探讨。在此过程中，笔者想到一个未及展开论述的理论问题，即国家治理处于马克思主义哲学的什么位置，如何把握它的理论定位？

上述拙文将国家治理的基本含义界定为对国家生活、社会生活的管理。经过研究，笔者认为，国家治理是一类特殊的实践活动，属于社会历史领域，应当归入马克思主义哲学的社会历史观即历史唯物主义，它是与物质生产、精神生产同一等级系列的、标志历史主客体相互作用和有机统一的实践过程的范畴。

---

* 此文发表于《党政干部学刊》2021 年第 8 期，爱思想网、知网等转载。此文获中国马克思主义研究基金会颁发的 2022 年度年度中央党校退（离）休人员科研成果奖。

这里需要说明，过去，我国理论界通常按照毛泽东的权威概括，把实践划分为生产斗争、阶级斗争和科学实验三种形式[①]。后来，不少学者逐渐认识到，仅仅把科学实验列为实践的一种类型，有些过窄，还有教育活动、艺术活动、思想工作等，它们并非只在主体的大脑皮层中进行，而是作用于客观对象（客体）并使之发生一定改变的、外现为现实的感性活动，同样具有实践的各项要素和一般特征。[②]本文将这类实践活动统称之为精神生产，并视之为可与物质生产（比生产斗争的提法更为确切）相对应和相并列的范畴。至于阶级斗争即根本利益相互对立的阶级之间的对抗和冲突，在我国改革开放以前，我们大多用以概括人与人关系方面的实践活动，并在很长时间里实行以阶级斗争为纲。改革开放以后，我国理论界绝大多数人日益认识到，阶级斗争已经不是我国社会的主要矛盾，再用阶级斗争来概括这一类实践有失偏颇，因而大多改称之为社会关系实践。而在社会关系实践中，占主导地位的矛盾的主要方面，就是社会治理或国家治理，本文第四部分对此再作解释。

一、国家治理是一类特殊的社会实践活动

“全部社会生活在本质上是实践的。”[③]在人类丰富多样的实践中，包含着这样一类活动，即人们对社会本身的有意识的管理。

自有人类社会，就有管理或社会治理，它和人类的历史一样长久，纵贯人类社会的始终。在原始社会，适应集体渔猎和群居生活的需要，已有管理活动出现，氏族、部落等组织及其首领的存在就是一个有力的证据。当然，那时尚无阶级和国家，无所谓“国家治理”，因而这里使用的是“社会治理”概念。笔者曾经考虑用“社会治理”概念代替“国家治理”概念，

① 《人的正确思想是从哪里来的？》，《毛泽东著作选读》下册，人民出版社 1986 年版，第 839 页。

② 参见王振刚等：《简明应用哲学》，红旗出版社 1986 年版，第 159 页。

③ 《马克思恩格斯文集》第 1 卷，人民出版社 2009 年版，第 501 页。

作为本文的中心词，但主要是因为“国家治理”概念现已成为使用频率很高的一个热词，并被绝大多数学者所接受，决然弃之不用、另造新词显然不够妥当。何况，社会治理与国家治理在均为社会管理活动这一基本含义方面其实是同一的。同时还因为，人类自有文字记载以来就生活在存在阶级和国家的社会中，今天亦莫能外，而且在相当长的时期里它们都不会消亡，在这个意义上，也可以说，国家治理具有历史的长时段的普遍性。

任何管理活动都是具体的、历史的，呈现出千姿百态的不同风貌。但是，“共性即寓于个性之中”。各门管理科学的任务就是从个别上升到特殊，比如将它们分别归纳为经济管理、领导活动、国家管理、社会管理等类型，力求概括出它们各自的类本质，于是便产生了关于管理的种种界说。而作为哲学的历史唯物主义的使命，则是从特殊提高到普遍，揭示出丰富多彩的管理活动的最一般的本质属性，并将其高度浓缩在一个定义简明的概念中。显然，这类定义只能是十分抽象的，然而，“一切科学的（正确的、郑重的、不是荒唐的）抽象，都更深刻、更正确、更完全地反映自然。”①

我们用国家治理一词来概括人类进入文明社会以来的一切管理活动。所谓国家治理，就是由社会活动（首先是物质生产）发展的客观要求所决定的，一定的人们对社会或其组成部分所进行的，建立和维持社会系统的某种整体有序性，以提高社会活动的效率和效益的实践活动。它本质上是处理社会关系的活动，既有技术属性，又有社会属性。

上述定义包括两方面的含义：

一方面，国家治理是一种实践活动，因为它同样含有主体和客体等实践要素，并且具备实践的客观性、能动性和社会历史性等一般特征。在事实上，国家治理是人类全部实践中的一种类型或样式：在逻辑上，实践是类概念，国家治理是种概念，二者的关系是类种关系。

---

①《列宁专题文集——论辩证唯物主义和历史唯物主义》，人民出版社 2009 年版，第 135 页。

另一方面，国家治理又是一类特殊的实践，具有与物质生产、精神生产等其他实践不同的特点和规律。

第一，产生的机制不同。物质生产起源于人与自然的矛盾，精神生产发端于人的主观精神世界与客观物质世界（包括自然和社会）的矛盾，而国家治理则缘起于社会活动发展的客观要求和一定人们的特殊需要，例如，经济管理既以物质生产的发展需要为客观基础，又以管理主体的特定需要为现实前提，是二者交互作用的产物。

第二，它们的要素不同。与物质生产、精神生产相区别，国家治理的主体是“一定的人们”，即社会的管理者、领导者或统治者，实践客体是以人为中心（并有物质附属物）的社会自身，而二者的改造与被改造关系则体现在管理与被管理、领导与被领导或统治与被统治关系之中。

第三，它们的内容不同。物质生产是创造物质产品的过程，精神生产是创造精神产品的过程，它以人们的精神世界为改造客体，本质上是处理人们主观精神世界同客观物质世界的矛盾的活动，例如，科学活动（包括科学实验）主要生产科学理论，教育活动主要是系统地培养受教育者的学识、品德与能力，艺术活动主要作用于人们的审美意识，等等。国家治理并不创造这些产品，而是建立和维持社会活动的某种整体有序性，或者说是“生产”某种社会关系和社会秩序，目的是提高物质生产、精神生产等“社会活动的效率和效益”。

第四，它们的特殊本质不同。由活动要素和内容的特点可知，国家治理本质上是处理社会关系的实践活动。这一本质具有二重性，即技术属性和社会属性（在阶级社会一般集中表现为阶级属性）。前者是人与人及其物质附属物的结合在技术上是否合理的问题，测量尺度是社会活动的效率；后者是人与人结合的利益方面，即主体和作为客体的人（及其内部）的利益关系，衡量标准是国家治理为哪些人谋利益，即社会活动的效益问题。

国家治理本质的二重性是辩证统一的。首先，它们是相互联系、不可分割的，正如物体的运动在每一瞬间都既有方向又有速度问题一样，任何一方都不能孤立存在。其次，它们又是同一管理活动中互相区别的两个方面，前者是管理水平问题，后者是管理的社会性质问题，不能等量齐观。最后，它们又是相互作用、相互制约的，只有提高社会活动的效率，才能更好地实现一定主体的效益，而效益的实现又必然通过对社会活动参加者积极性的不同影响引起效率的变化。

应该说明，关于管理本质二重性的原理，是马克思首先提出来的，并为后来的许多学者所继承。马克思指出："资本家的管理不仅是一种由社会劳动过程的性质产生并属于社会劳动过程的特殊职能，它同时也是剥削一种社会劳动过程的职能，因而也是由剥削者和他所剥削的原料之间不可避免的对抗决定的。"① "资本主义的管理就其内容来说是二重的，——因为它所管理的生产过程本身具有二重性：一方面是制造产品的社会劳动过程，另一方面是资本的价值增殖过程"②。"凡是直接生产过程具有社会结合过程的形态，而不是表现为独立生产者的孤立劳动的地方，都必然会产生监督和指挥的劳动。不过它具有二重性。"③ 马克思的这些思想奠定了国家治理定义的一个重要基础。

二、国家治理在社会历史领域具有客观普遍性

如前所述，从历时性角度考察，原始社会即有初步的社会管理，进入阶级社会以来，管理活动的客观存在更是人所共知的事实。苏联学者认为："管理是任何生产方式不可缺少的方面"④。西方学者认为："管理是人类活动、人类组织以及达到目的的手段中最普遍的东西……。远古以来，人们

---

① 《马克思恩格斯文集》第 5 卷，人民出版社 2009 年版，第 384 页。
② 《马克思恩格斯文集》第 5 卷，人民出版社 2009 年版，第 385 页。
③ 《马克思恩格斯文集》第 7 卷，人民出版社 2009 年版，第 431 页。
④ 参见贾泽林等:《苏联当代哲学》，人民出版社 1986 年版，第 243 页。

就为了某些目的自我组织起来。我们的社会比以往任何时候都更加组织化，这意味着管理更加普及、更具权威性和更加渗透到整个社会中。”[①] 我国学者认为：“管理实践因其纵贯整个人类社会实践的历史而具有永久性。”[②]

对人类社会治理的发展史可以依据不同标准进行阶段划分。按照管理水平的发展程度（这主要是由生产力状况决定的），可以大致划分为三个阶段：渔猎经济的原始管理阶段、自然经济的经验管理阶段、商品经济的科学管理阶段。根据管理社会性质的区别（这主要是由生产资料所有制决定的），也可以分为三个阶段：原始社会的为公管理阶段、私有制社会的为私管理阶段、社会主义社会和共产主义社会的为公管理阶段。将管理水平、管理性质、管理主体等综合起来考察，则可参照马克思关于经济社会形态的理论，区分为原始社会的社会治理、奴隶社会的国家治理、封建社会的国家治理、资本主义社会的国家治理、社会主义社会的国家治理等阶段。

从共时性角度看，每个社会的国家治理都可以从横向上区分为不同的侧面。如原始社会即有物质生产管理和社会其他事物管理。进入文明时代以来，又从中分化出精神生产管理，构成文明时代特别是现代国家治理的三个基本侧面。所谓社会其他事物管理，在原始社会主要是氏族和部落会议的组织、军事指挥，而在阶级社会则主要是政治统治。政治统治之所以也是一种管理，因为他与物质生产管理等具有共同本质，它们都是由一定的主体实施的，而客体都是社会自身的一部分，不过前者为被统治阶级，后者为人们的物质生产活动；它们都是为建立和维持社会活动的某种整体有序性，以实现特定目标的过程；在阶级社会中，它们同样都具有阶级属性和技术属性，都具有满足社会共同需要的一般职能和满足主体需要的特殊职能。马克思主义经典作家也为此提供了佐证，如恩格斯指出：“国家是

① ［英］克・霍德金森：《为什么要对管理进行哲学探讨》，刘林平等译，《国外社会科学》1986 年第 3 期。

② 崔绪治等：《现代管理哲学概论》，安徽人民出版社 1986 年版，第 76 页。

从控制阶级对立的需要中产生的”[①]；列宁指出：“国家一直是从社会中分化出来的一种机构，是由一批专门从事管理、几乎专门从事管理或主要从事管理的人组成的一种机构。”[②]更进一步说，由于政治是经济的集中表现，阶级矛盾是阶级社会的主要矛盾，因此，政治统治实际是这类社会最重要和最典型的管理活动，它最鲜明地表现出阶级社会管理的阶级性、对抗性、强制性等社会特质。苏联学者也有与我们相近的看法，例如，费·米·布尔拉茨基等认为：“管理是为政治体制定性的基本特征”[③]。阿法纳西耶夫认为：“管理的主要类型是：生产和经济管理、社会政治管理、管理社会和其每个成员的精神生活”[④]。历史愈前进，社会管理的侧面也愈分化，例如在现代社会中，物质生产管理已分解为工业管理、农业管理、商业管理等众多方面，精神生产管理也衍化为教育管理、科技管理、文化管理，等等。显然，国家治理的侧面是辐射形的多级结构，并且在继续扩展，它是人类社会活动日趋丰富的结果。

同时，各个社会的社会治理也可以从纵向上区分为微观、中观、宏观等层次，例如，原始社会有氏族管理、胞族管理、部落及部落联盟管理，现代社会存在着基层单位管理、区域管理、国家管理直至国际治理。当然，这种区分具有相对性。社会愈发展，国家治理的层次也愈多样，如基层企业管理还可以分出车间管理、班组管理等亚层次，区域管理也可分为省区管理、城市管理，等等。国家治理层次的分化，表征着人类社会活动规模的日渐扩大。

上述社会治理或国家治理的各个阶段、侧面、层次纵横交织、动静合一，构成一个复杂而又统一的立体动态网络，每项具体管理活动都是其中

---

① 《马克思恩格斯文集》第4卷，人民出版社2009年版，第191页。

② 《列宁专题文集——论辩证唯物主义和历史唯物主义》，人民出版社2009年版，第288页。

③ ［苏］费·米·布尔拉茨基等:《当代的政治体制》，李方仲等译，广东人民出版社1984年版，第7页。

④ ［苏］阿法纳西耶夫:《社会管理中的人》，贾泽林等译，知识出版社1983年版，第59页。

的一个确定的点，同时兼有三维量标。显然，社会治理的历史起点是原始社会（阶段）氏族（层次）的物质生产管理（侧面），其他各种社会治理都是由此逐渐繁衍发展起来的。

可见，社会治理或国家治理纵贯整个人类历史，横跨社会生活的各个领域和方面，在社会历史领域具有客观普遍性，这是它应该成为历史唯物主义一个范畴的主要根据。

三、国家治理不能为历史唯物主义其他范畴所取代

历史唯物主义的现有范畴很多，至少不下于几十个，我们没有必要将它们与国家治理概念一一比较，只需要找出与国家治理概念联系比较密切的范畴，就足以说明问题。

上层建筑与国家治理联系最为密切。肖前等认为："整个社会是一个自我控制的系统，上层建筑可以说是其中起控制作用的部分。而在阶级社会里国家又是它的控制中心。而在阶级社会里国家又是它的控制中心。"[①]如果除去思想上层建筑，仅就政治上层建筑而言，这无疑是正确的。但是，第一，按照一般的理解，上层建筑是与经济基础相对的范畴，它所直接作用的对象也仅仅只是后者。至于前些年有人提出的上层建筑与生产力之间的直接相互作用，可以存而不论。而国家治理则不同，它的客体遍及社会各个领域和侧面（主要是物质生产和精神生产），而且也不是作为社会形态抽象属性之一的经济基础，而是相对独立存在的现实的人及其活动。第二，政治上层建筑可以说是国家治理的主体及其结构，但这主要是就宏观层次而言的，因为至少不能把企业等基层单位管理者及其机构简单归入上层建筑范围。相反，国家治理概念却可以将各个层次、方面的管理主体统摄于自身之内。就这一点而论，国家治理比政治上层建筑的内容更为丰富。第

① 肖前等主编:《历史唯物主义原理》，人民出版社 1983 年版，第 147 页。

三，上层建筑范畴立足于揭示社会的客观结构特别是社会生活的第一性与第二性及其相互作用，是相对静态的事物，而社会治理概念则着眼于把握人们改造世界的实践活动的内在机制和规律性，表现为动态的活动。因此，它们的内容也有很大不同。

生产关系也是与国家治理联系比较密切的范畴。它们的联系主要在于，生产资料所有制是决定社会治理的社会属性的基本因素；而人们在生产过程中的地位和相互关系，与经济管理或物质生产管理的内容大部分是基本同一的。然而，第一，制约国家治理的不仅有生产资料所有制，而且有国家政权的性质和归属，还有生产力的状况，不仅有物质生产的需要，而且有精神生产等其他实践的需要。生产资料所有制虽然是决定性因素之一，但不是唯一因素。第二，上述生产关系的第二方面尽管与经济管理内容具有相当大的重合，但毕竟不能囊括后者的全部，因为经济管理关系尚有技术属性一面，它显然应该归入生产力范畴。正如许多论者指出的：经济“管理并不单独属于生产方式的某一个侧面。一方面，它是结合生产力诸实体要素的构成要素；另一方面，它构成生产关系第二方面的实际内容”①。“管理具有生产关系和生产力双重属性。”② 更何况，国家治理并不仅仅限于经济管理，而是包括丰富得多的内容。第三，和上层建筑范畴一样，生产关系与国家治理范畴的着眼点不同，因此内容也有很大区别。

至于生产力以及人民群众和个人等范畴，与国家治理范畴的联系相对间接一些，它们之间的区别比较明显，这里就不再比较了。

结论是不言而喻的：国家治理范畴具有独立存在的价值，不能为历史唯物主义的现有范畴所取代，这是它应该成为历史唯物主义一个范畴的又一理由。

① 程方:《管理科学的哲学意义初探》,《理论月刊》1985 年第 5 期。

② 富刚等:《试论管理在生产方式中的地位和作用》,《辽宁大学学报》1986 年第 1 期。

四、国家治理是历史唯物主义理论体系的有机组成部分

纵观历史唯物主义迄今的发展，它大体包括三类范畴：一是揭示社会“自然历史过程”即社会客体状况的范畴，包括生产力、生产关系、经济基础、上层建筑以及经济社会形态等，它们分别反映人与自然的关系、人们之间的经济关系、人们之间的思想关系，所以也可称之为“客体性范畴”或“关系性范畴”。二是揭示“人的发展过程”的范畴，如个人、家庭、民族、人民群众、阶级、政党、领袖等，这些可称之为“主体性范畴”。三是揭示社会是主客体相互作用和有机统一的实践过程的范畴，如物质生产和精神生产、物质文明和精神文明，这些可称之为“活动性范畴”或“功能性范畴”。此外，历史唯物主义还有社会存在与社会意识等范畴，它们是对以上三类范畴共同本质的揭示，具有更高层次的综合性质。

国家治理是“活动性范畴”的重要组成部分，它和物质生产、精神生产一起从理论上再现了整个人类的社会历史实践。

人类生活在小小寰球之上，时刻面临着三种基本的矛盾，即人与自然的矛盾，人与人之间的矛盾，人的主观精神世界同客观物质世界的矛盾。与此相对应，人类的实践活动显然也包括三个基本方面或类型（不只是“形式”）：

一是物质生产，即人们利用劳动资料改变劳动对象，创造适合自己需要的物质资料的过程。从社会再生产的全过程看，它包括物质资料的生产、交换、分配、消费等环节。尽管物质生产必须以一定的生产关系为社会形式，但其本质却是处理人与自然之间的矛盾的实践，其物质成果就是社会的物质文明。

二是国家治理，这是本文论述的主题。如前所述，虽然国家治理也涉及对物的管理，但它的本质却是处理社会关系即人与人之间的矛盾的实践。当然，处理社会关系的实践具有多种形式，既有建立和维持社会关系某种整体有序性的方面，即国家治理，又有反抗和破坏这种有序性的方面，即

阶级斗争、革命或曰造反。但是，第一，国家治理与革命或造反在矛盾中的地位不是同等的。纵览人类历史的长河，一般地说，保持社会基本性质稳定的时期即社会量变时期是主要的，这意味着国家治理成为社会关系实践中占据主导地位的矛盾的主要方面，而社会质变时期即剧烈震荡时期则是相对短暂的，也就是说革命或造反并不是长时段的、占主流地位的社会现象。“事物的性质，主要地是由取得支配地位的矛盾的主要方面所规定的。”[①] 因此，从正确把握人们处理社会关系实践的性质的角度看，用国家治理概括社会关系实践是有道理的。第二，仅从革命或造反方面来说，它一般包括自在和自为两个阶段，自在阶段是盲目的反抗，自为阶段是自觉的斗争，究其最终目的，并不是单纯的破坏，而是改造现存的社会制度，实行新的国家治理，阶级社会各个被压迫阶级的斗争已经突出地证明了这一点。这进一步说明，国家治理是处理社会关系实践的实质所在。理论的价值并不在于它不分巨细、一无遗漏，而在于抓住事物的本质，因此，可以用国家治理来表征人们处理社会关系的实践，作为实践的一种基本类型。

国家治理的成果就是社会整体有序化的状态。由于事物都有多级本质[②]，所以，社会的有序化也有多层蕴涵，其外壳层次是社会治理方式，即人们管理和治理社会的具体形式；中间层次是社会体制，它是社会治理方式中较为稳定的内在联系，包括经济体制、政治体制、文化体制等；内核层次就是社会制度，它是社会体制中更为根本的结构，也可分为经济制度、政治制度、文化制度等。社会治理方式、社会体制和社会制度是个别、特殊和一般的关系，后者寓于前者之中。当然，不同的社会治理方式、体制和制度，不仅有性质的差异，而且有发展程度的区别。因此，国家治理的进步在现实中就是社会治理方式的改进、社会体制的完善、社会

① 《毛泽东选集》第 1 卷，人民出版社 1991 年版，第 322 页。

② 参见《列宁专题文集——论辩证唯物主义和历史唯物主义》，人民出版社 2009 年版，第 140 页。

制度的文明[①]。

三是精神生产，即各种社会意识形式如政治思想、法律思想、道德、宗教、科学、艺术、哲学等精神产品的生产。从再生产的全过程考察，它与物质生产相似，也包括精神产品的创造、传播、利用或享用等环节。作为广义的精神生产即一切思想意识的生产，包括零散的、初级的思想意识的产生，原始社会即已存在，因为那时已有一些神话、传说、习俗以及原始歌舞、绘画等社会意识产品萌生。而作为狭义的精神生产，即由专门的精神生产者所进行的社会意识形式（比较系统的、高级的社会意识）产品的生产，则是从出现体力劳动和脑力劳动的分工才开始的。但是，自那时以来，精神生产有长足进步，迄今已分为科学活动、教育活动、艺术活动、思想工作、新闻出版活动等众多门类，地位愈来愈重要，特别是在现代新技术革命的条件下，精神生产日益占据主导地位，瞻望未来，更是如此。所以，精神生产应该列为社会实践的一种基本类型。精神生产的成果就是社会的精神文明。

实践活动的上述三个方面是相互区别的。首先，它们指向的客体不同，分别为现实世界的三个方面——自然界、人类社会和人类思维（这三个方面的区分是马克思主义哲学历来的基本主张）。其次，主体亦有区别，相应地是物质生产者、社会管理者（或统治者）、精神生产者，当然，他们有时是二者合一或三位一体的，有时又是界限分明甚至尖锐对立的。最后，三类实践活动的目的、手段、过程、结果也各有特点。而这一切，都是由它们所要解决的矛盾不同决定的。

同时，实践活动的这三个方面又是相互依赖、相互渗透、相互制约的。物质生产是基础，因为人类的物质需要永远是首先的和最基本的需要，并且是其他实践活动的前提条件。而人类的活动或多或少都是在一定意识的

① 参见苗启明:《论社会主义文明的三维结构》,《河北学刊》1985 年第 6 期。

支配下进行的，这是人类行为的特点之一。正如恩格斯所说："在社会历史领域内进行活动的，是具有意识的、经过思虑或凭激情行动的、追求某种目的的人；任何事情的发生都不是没有自觉的意图，没有预期的目的的。"① 甚至连人们吃喝的开始和停止也导因于头脑对机体的感觉②。而直接影响和制约人们意识的，正是社会的精神生产。国家治理则是枢纽，因为它直接决定物质生产和精神生产要素的现实结合方式，为它们规定目标，从而制约着它们的发展方向和速度。正如马克思所指出的："为了进行生产，人们相互之间便发生一定的联系和关系；只有在这些社会联系和社会关系的范围内，才会有他们对自然界的影响，才会有生产。"③ 这里本来是对物质生产而言，但对精神生产也同样适用。试想，不通过一定的社会联系和关系，精神生产能够进行吗？而人们的社会联系和关系，并不在人类实践活动之外，它正是一定的国家治理所造成、所维护的。此外，三类实践活动又相互渗透、相互包含：物质生产和精神生产都必须有一定的组织和管理，国家治理作为一个环节包含在它们之内；同时，国家治理又以物质生产和精神生产为基本对象，两种生产又作为客体归入于前者之中。物质生产含有某种精神生产，如产品设计、工程规划，等等；同样，精神生产也包容着某种物质生产，科学活动的副产品——某些物质产品就是一个证明。概言之，物质生产、精神生产、国家治理之间的关系犹如三个相互交错、部分重合的环。

由上可见，国家治理是与物质生产、精神生产同一等级的范畴。它们的产物物质文明、精神文明、制度文明也属于同一等级。为了同现在我国思想理论界关于经济、政治、文化、社会、生态"五位一体"的分析方法相适应、相兼容，也可以把物质生产的成果分为物质文明和生态文明，把

① 《马克思恩格斯文集》第 4 卷，人民出版社 2009 年版，第 302 页。

② 参见《马克思恩格斯文集》第 4 卷，人民出版社 2009 年版，第 285 页。

③ 《马克思恩格斯文集》第 1 卷，人民出版社 2009 年版，第 724 页。

国家治理的成果分为政治文明和社会文明。它们同为构成社会实践之网的“网上纽结”。既然人们已经承认物质生产、精神生产及其成果是历史唯物主义范畴，那么，国家治理及其成果自然也不能例外，而应该成为历史唯物主义理论体系的一个有机组成部分。

五、把握国家治理的理论定位具有重要意义

第一，有助于丰富和发展历史唯物主义。

首先，历史唯物主义的发展有赖于内容的丰富。国家治理范畴恰是一个崭新的课题，它概括了一类普遍而重要的社会现象，揭示了它们的本质和规律，提出了一些与此相关的研究课题（如它与物质生产、精神生产的关系，它的作用机制，发展的一般规律，等等），从而为历史唯物主义增添了新的理论内容。

其次，历史唯物主义的发展有待于体系的完善。在这方面，引入国家治理范畴的意义在于，它使物质生产和精神生产这个子系统的范畴不再留有缺口，有助于从理论上把握社会实践的整体，进而揭示出三类基本实践的内在必然联系，即社会发展的一般规律。同时，国家治理的纳入，也使物质文明、精神文明、制度文明（或物质文明、精神文明、政治文明、社会文明、生态文明）这些范畴得到了更牢固的根基。这将使“活动性范畴”这个子系统的体系趋于完整，这对历史唯物主义整个理论体系的完善显然是有裨益的。

最后，历史唯物主义的发展还有待于研究角度的开拓。社会是个极其复杂的立体动态网络，在坚持历史唯物主义基本原理的前提下，应该对其进行多视角、多侧面、多层次、全方位的研究。国家治理范畴的列入，便“发掘”出一个新的研究角度，即人们改造世界或主客体相互作用的实践角度。我们之所以说是“发掘”，一是马克思早已提出过这一角度，他把实践看作是社会生活的本质，他强调“问题在于改变世界”，他从物质生产出发

揭示人类社会发展的奥秘也体现了这一角度。二是自20世纪80年代以来我们党强调的物质文明和精神文明等，也是从人们改造世界的角度提出来的。不过，不少研究者尚未从这一视角研究整个社会历史。国家治理范畴重辟这一视角，显然具有开阔人们视野、促进研究深入的作用。

此外，从实践视角研究社会还有一个益处，即可以更好地把马克思主义哲学的唯物论、辩证法、认识论、历史观内在有机地统一起来，以克服目前存在的某种脱节现象，例如，研究认识论的人很少涉及社会历史，而研究历史观的人又往往不大注意运用认识论的一般原理。

第二，有助于巩固历史唯物主义和具体科学的联盟。

注重研究社会管理问题是当代科学的一致呼声，国家治理范畴的提出，正是适应了这一要求，提供了历史唯物主义与一系列具体科学的结合点。

一方面，国家治理范畴的引入有利于历史唯物主义从具体科学中汲取营养。以社会学为例，多年来出版的许多专著都辟整章讨论“社会管理”或“社会控制”问题，如果去掉其中的非科学成分和具体社会学的论述，他们那些具有一般性、总结性的思想显然可以作为历史唯物主义比较直接的思想材料。再如，各种管理科学关于管理方式和手段的大量论述，关于人性的假说，关于管理过程的见解等，都可以作为历史唯物主义研究之参考。历史唯物主义从具体科学中汲取营养，既使自身得以丰富和发展，又使具体科学中的有关理论得到升华和提高，这当然会巩固二者的联盟。

另一方面，引入国家治理范畴有利于历史唯物主义对具体科学的指导。例如，在我国的一些管理学论著中，前些年存在过片面强调管理的社会属性（特别是阶级属性）的倾向；近年来，由于受西方管理思想影响等原因，又出现了单纯注重管理的技术属性的苗头。国家治理范畴关于管理本质二重性的原理对于澄清这些问题显然是有直接指导意义的。再如，各门具体科学主要研究国家治理在某一领域或方面的特殊规律和工艺学等具体方法问题，国家治理范畴则旨在揭示普适于各个领域、层次、阶段的一般规律，这对于各门具体科学开阔视野、深入研究特殊规律也是有指导意义的。可见，国家治理范畴的提出，使历史唯物主义对具体科学的指导更为具体、直接了，这显然也有助于巩固二者的联盟。

第三，有助于改进和完善社会主义的社会管理。

现在，我国处于并将长期处于社会主义初级阶段。世界社会主义运动既有高歌猛进时期，也有低潮衰落时段。社会主义在艰难成长中。一方面，年轻的社会主义制度在不长的历史时期内取得了举世瞩目的一系列巨大成就，其中国家治理方面的经验需要认真总结；另一方面，社会主义国家在前进过程中，都曾发生过某些失误甚至重大失误，严重损害了社会主义制度应有的优越性和声誉，而国家治理方面的缺陷和弊端恰恰是关键性的原因。从哲学上深刻反思这些教训，认真吸取历史上各个时期和发达资本主义国家具有普遍意义的经验，必将有助于改进和完善我国的国家治理，促进社会主义各项建设事业的发展，使社会主义国家更加繁荣发达，使人民更加富裕幸福。

如何认识和化解人们之间的价值观念分歧*

现在，越来越多的人认识到，在人们对世界的整体把握中，真理和价值是两个基本的维度。真理的问题是基础问题，因为人们无论做任何事情，首先都需要搞清楚事实、情况、真相，达成正确的认知。而价值问题则是核心问题。对于人来说，许多事物都有好坏优劣、利害得失、善恶美丑、有无意义之分，此即所谓价值问题。它是对人们活动的意义、目的、追求的探索，具有为人们的行为定向和提供动力的根本意义。

价值系指客体对主体的满足关系。它以一定主体为中心、以主体需要为尺度，而以客体的性质和功能为主要载体，以客体对主体的满足为最终体现。由于主体及其需要是客观的，客体及其性质和功能也是客观的，客体对主体的满足关系亦是客观的，所以，价值不是主观的东西，而是一种不以人的主观意志为转移的客观存在、社会存在。

价值观念与价值观是略有区别的两个概念。价值观是指人们关于价值问题的总体看法和根本观点，一个主体只能有一个价值观，正如一个人只能有一个世界观一样。价值观念则是关于价值问题的思想观念，恰如一个主体拥有一个世界观但可以对世界持有多方面观点一样，同一主体可以有多方面的价值观念，它是价值观的具体展现。简言之，价值观与价值观念是总体概括与具体展开的关系。它们都属于社会意识范畴，是对客观存在

---

* 此文发表于《马克思主义哲学》2022 年第 6 期，发表时有少量删节。《新华文摘》2023 年第 8 期“论点摘编”转摘。

的价值问题的反映和折射。所谓价值观念分歧，可以表现为价值观的不同或根本对立，但更多地表现为具体价值观念的差别和矛盾。

在当今中国，人们之间的价值观念分歧是一个普遍的社会现象。这是一个重大实际问题，也是一个重要理论问题，并且是一个理论难题。本文对此作些初步分析。

一、当今中国价值观念分歧的表现和实质

（一）价值观念分歧关涉的问题是多方面的，从个人志趣、职场生涯、社会交往到国家大事、国际关系乃至全球治理，几乎无所不包

人们在衣食住行等日常生活的很多方面都各有自己的偏好或价值取向，所谓萝卜白菜各有所爱，这是众所周知的事实。日常生活尚且如此，对待国家大事以及国际关系等十分复杂的问题就更无例外了。正如有人所说，世界上最远的距离，可能是价值观念的对立。价值观念不同的人交流起来，常常会遭遇孔子和庄子所说“夏虫不可语冰”之无奈，时逢柏拉图“洞穴之喻”般情景，有人直呼是“鸡同鸭讲”。

现在，人们对很多问题都有不同看法，有时甚至大相径庭，彼此尖锐对立。仅以当前的两个热点问题为例，对于中美关系，一些人认为，世界上凡是与美国好的国家都富起来了，中国改革开放以来的巨大发展主要也是得益于与美国比较友好，美国是中国的朋友甚至是榜样；另一些人则认为，美国是世界动乱之源、霸权主义国家、中国的对头和敌人。对于俄罗斯在乌克兰采取的所谓“特别军事行动”，一些人认为，这是俄罗斯对乌克兰的公然侵略，违反联合国宪章和国际关系基本准则，应当坚决反对和批判；另一些人则认为，俄罗斯对乌克兰的行动是美国和“北约”逼迫、挑唆的结果，俄罗斯是受害方，中国和俄罗斯是唇亡齿寒的关系，我们必须力挺俄罗斯。

同样，关于新中国成立后的前三十年与后三十年的关系，关于中国的改革开放，关于中国的“文化大革命”，关于中国历史、传统文化、世界历

史、西方文化，甚至关于马克思主义、社会主义和资本主义、共产党领导，等等，几乎在每个问题上人们都有观念分歧。

（二）价值观念分歧所牵涉的主体是多样化的，包括各种各样的人群、老中青各个年龄段的人群

张维迎、盛斌在他们合著的《论企业家：经济增长的国王》一书中，总结了企业家与传统人之间的价值观念分歧，包括财富观、时间观、平等观、契约观、人生观、金钱观、人才观、乡土观的不同，然后他们说："企业家的观念远非以上八个方面所能概括，在效率观、节俭观、劳动观等方面，企业家与传统人大相径庭。"① 这些观念分歧体现的是现代社会与传统社会的区别。

我曾经撰文列举过当代中国突出的价值观问题，包括官员腐败问题、"官本位"观念影响既深且广、"拉关系"之风在社会上盛行、社会底层道德状况堪忧等。② 在这些问题上，普遍存在价值观念分歧。

在许多微信同学群、同事群、网友群、亲属群中，也经常发生所谓源于"三观"（世界观、人生观、价值观）不合而导致的观念对立。同学分裂，同事绝交，网友反目，亲属抵牾，不同年龄段的人们之间的"代沟"，都是常见的社会现象。

当然，人们在价值观念问题上，同时也拥有很多相近或相似的东西，譬如，他们终归总有某些共同人性，这不仅是指衣食住行安全等生存需要以及享乐需要，而且包括发展等高级需要。绝大多数人即人民内部是存在着许多共同利益、共同关切、共同追求直至共同价值标准的，譬如生存、发展、和平、自由、民主、法治、公正，等等。很多事情都是"人同此心，心同此理"，这是十分自然和正常的事情。我们在分析人们之间的价值观念

① 张维迎、盛斌:《论企业家:经济增长的国王》，生活·读书·新知三联书店 2004 年版，第 107—113 页。
② 董德刚:《马克思主义价值观建构的问题与出路》，《哲学动态》2011 年第 3 期。

分歧时，不要忽略了问题的这一方面。

（三）在思想理论上，各种价值观念大体可以归结为四种“主义”或思潮

就主要倾向而言，笔者以为，各种价值观念大体上可归结为四种“主义”或思潮：第一种是原教旨式、教条式马克思主义，其主要特征是不顾具体历史条件地强调阶级斗争和无产阶级专政，强调消灭私有制和资本主义；第二种是与时俱进的科学的马克思主义，它突出强调人民利益，强调马克思主义中国化、时代化及大众化，强调对当代中国的切实管用；第三种是大中华主义，它常常表现为儒学至上论、儒学先进论、中国乃世界第一论，也时常表现为复古主义、民族主义；第四种是西方新老自由主义，主要表现是强调市场经济和自由民主人权。本文持第二种立场。以上四种“主义”，大体也就是所谓中、西、马三大家，只不过马即马克思主义又分为教条式与科学的两种。

这里着重谈谈两种马克思主义之间的主要区别。

马克思主要立足于 19 世纪中叶西欧的实际，得出了他对世界的基本看法。马克思的世界观可以简略概括为如下两个层次：

第一层次是对人类历史的总体把握，可归结为以下图式：

前资本主义社会 —— 资本主义社会 —— 共产主义社会。

其中，资本主义社会比前资本主义社会进步，但仍然是一个充满对立和冲突的、行将灭亡的“史前社会”。它即将被美好的共产主义社会所取代。而建立共产主义社会（其第一阶段是社会主义社会），必须消灭私有制、建立无产阶级专政。

第二层次是马克思看待世界的思想精华：科学性和人民性的统一。一方面，严格依据事实，注重事物变化发展的规律和逻辑，理论要与历史相一致；另一方面，着眼于无产阶级所代表的广大人民群众的利益，以人类解放和每个人的自由全面发展为旨归。

我们接受了马克思的学说，但主要是前一层次的内容（相对于后一层次而言，可称之为主要结论）：资本主义是不好的社会，我们要建立比它优越的社会主义和共产主义社会。在实践上，俄国从 1917 年起、中国从 1956 年起开始建立新的社会，它们被国内外普遍称为社会主义社会。于是，在大多数中国人的心目中，我们的社会是比资本主义优越的社会主义社会，亦即当今世界最先进的社会。直至我国改革开放初期，中国人的主流看法是，全世界三分之二的人都处于水深火热之中（当时以苏联和中国为代表的社会主义国家总人口约占世界三分之一）。这种看法在形式上同马克思的历史图式是一致的。

而马克思世界观的后一层次也是更深层次的内容，实质是马克思主义的根本立场、观点和方法，在很大程度上却被我们忽视了：不大讲究科学，不注重人本身的自由发展。中国人对世界的认识是有错位的，好像新的制度一朝建立，中国这个前资本主义国家的缺陷就立刻被克服，它同资本主义的巨大差距就瞬间被超越，于是就比资本主义全面优越起来了。笔者无意用玫瑰色来美化资本主义社会，但认为必须实事求是地看待它：它尽管有不少缺陷和弊端，但它毕竟经过了数百年先行发展并且至今总体上仍在发展，有些时候有些国家发展还很快，远未达到腐朽和垂死的阶段，当今世界的发达国家即现代化国家还都是资本主义国家。

以上四种“主义”都是关于社会或国家好坏优劣、应当如何的宏观价值观念。如果就个人与社会（集体）的关系而言，也可以分为个体本位主义、集体本位主义，或者分为利己主义、利他主义、兼爱主义等。

（四）价值观念分歧的焦点和实质，是现代观念与前现代观念的对立

对于人们之间的价值观念分歧，应当放到历史长河中来看，站在人类文明发展新成果的高度上来看，从而弄清其焦点和实质即最深层、最根本的对立所在。

我在 2010 年发表的《试论当代中国的基本走向》一文中，分析了新中国建立 60 年来所取得的巨大成就、目前与世界先进文明存在的较大差距以及衡量当代中国走向的基本坐标，得出了一个基本结论："当代中国正处于深刻的社会变革之中，总体上是从农业社会走向现代社会。其主要内容，在经济上，是从农业化向工业化和信息化转化；在政治上，是从君权、少数人特权（专制人治）向民权（民主法治人权）转化；在文化上，是从封闭、愚昧、单一向开放、理性、多样转化；在人的发展方面，是从人身依赖的'臣民'、'奴性'、单面人向独立自由的公民、个性、健全人转化。"[①] **当代中国正在逐步从迷信走向科学，从专制走向民主，从人治走向法治，从单一走向多样。与这一历史性转变相对应，中国目前人们之间的价值观念分歧，其焦点和实质，说到底就是现代观念与前现代观念之间的对立，具体表现为迷信与科学、专制与民主、人治与法治、单一与多样、听天由命、趋炎附势与个性独立自由发展之间的对立。**本文前面所引张维迎、盛斌关于企业家与传统人之间的诸多价值观念分歧，究其实质也是现代观念与前现代观念的抵牾。

所谓"人类文明发展新成果"，是指以全人类为主体的、涉及各个学科领域的、具有进步性特别是时代性的先进成果之总和[②]。在当代世界，它集中表现为先进科技（以信息化科技为代表）、市场经济、民主政治、法治社会、环保理念、自由多样文化。这就是人类文明发展的新成果。一言以蔽之，即社会生活以及人们思想观念的现代化。

现在，我们国家在物质生产、经济生活以及科技方面，正在逐步走向现代化，但在价值观念方面还存在不少滞后的现象。因此，在价值观念分歧问题上，也表现为现代观念与前现代观念之间的对立。而我们研究价值观念分歧的目的之一，正是为了缩小这个差距。

由此，也就可以看出价值观念分歧会带来什么样的社会影响和后果：

---

① 董德刚：《试论当代中国的基本走向》，《理论视野》2010 年第 1 期，人民网等网站转载。

② 参见董德刚：《站在人类文明发展新成果的高度，研究和推进马克思主义》，《马克思主义与现实》2007 年第 6 期。

它会造成一定程度的思想混乱，族群分裂，难以汇聚力量共同行动，甚至拉历史的倒车，延缓中国的现代化进程，损害所有中国人的利益。

二、导致人们价值观念分歧的基本原因

（一）人们的经历特别是价值体验不同

社会存在决定社会意识，这是社会生活的一条基本规律，是历史唯物主义的基本思想，也是我们分析人们之间价值观念分歧的基本理论指南。人们的经历和所处环境是千差万别、各不相同的，所以，他们的思想认识包括价值观念也必然是不同的，不可能完全一样。这一点永远无法根本改变。有人总结说，人们读了不同的书、接触了不同的人、经历了不同的事，就会形成不同的价值观。诚哉斯言！譬如，老年人与青年人，他们生活在差异较大甚至截然不同的社会环境之中，实际经历迥然有别，自然会形成不同的价值观念。

这里所说的经历已经将个人秉性与环境因素综合起来，包括十分广泛的内容。诸如，个体特性：每个人都是独特的存在，在一定意义上都是独一无二的存在者。人与人的生理遗传不同，即使是同一父母遗传也有差异。个人的气质、性格、秉性也各有不同，而且都有各自的性别、年龄、职业生涯及其组合。莱布尼茨说："世界上没有两片完全相同的树叶。"而人是比树叶复杂得多的高级动物，更应当说，天底下没有两个完全一样的人。当然，不同的人之间也会存在某些共同点、相似处，这也是他们统称为人的根据。地域条件：地理因素包括气候冷热、城乡之别、特别是经济发达与否。所处阶层：包含贫富贵贱、职业分工，或者形象点说，是居于皇宫还是处于茅屋，是属于林妹妹阶层还是属于焦大阶层。社会联系：例如交通、通讯条件、社会交往对象、参与社会活动程度等。还有社会处于相对稳定期还是剧烈变革期，等等。

而在人们的经历中，尤其应当重视的，是人们的价值体验。所谓价值

体验，是指作为主体的人们处于一定的价值关系中，从中体会利弊得失、亲疏冷暖。人们的价值观念不是凭空产生的，而是归根结底来自于人们的价值体验。

在相当长的历史时期包括现阶段，社会成员大体都可以区分为既得利益者、利益受损者及利益中性者，这些不同的价值体验使得人们对同一问题大概率会有不同看法。譬如，有人是贫苦农民子弟，后来上了大学，留在大城市工作，并且当了领导干部，受益颇多，对党和社会自然怀有深厚的感恩之情。有人则一直生活在城市，既未大起，也未大落，按部就班，平平淡淡，虽然与前者一起工作，但就情感而言，与前者就会有所不同。再如，有些人（如某些“官二代”“富二代”）经常依靠长辈和家庭的优越地位和特殊关系获得关照，属于既得利益者，他们对这类社会关系自然愿意维护。相反，有些人生活在社会底层，求告无门，利益经常受到损害，他们对现有社会关系就不会有什么好感。又比如，现在人们对于所谓“文化大革命”的看法两极化，在很大程度上就与人们那时的境遇相关：有人当时春风得意，占尽上风，他们自然留恋赞颂之；有人受到打击迫害，苦不堪言，他们自然痛恨谴责之。社会上总有一些对现实不满的人，究其客观原因，大多数都是不同时期的利益受损者。正所谓世上没有无缘无故的恨，也没有无缘无故的爱。正如在 20 世纪 50 年代，有人被打成右派，遭受迫害，妻离子散二十载；有人是反右积极分子，备受重用，名利双收，二者价值体验大相径庭，他们对于反右运动及其领导者的看法通常会截然相反。

在价值体验中，个人及其家庭的得失荣辱人们比较容易直接感受到，而对于超越个人及其家庭的一定群体、阶层、阶级的利害得失，则需要相对宽广的视野和多方相互比较，这就离不开理性思维的作用了。这里体现着社会意识对社会存在的渗透和澄明作用，体现着主体性包括主观能动性。当然，这种主体性和主观能动性及其正确与否，是不能离开客观的一定群体、阶层、阶级的实际利害得失的，并且要由后者来加以检验。

（二）人们的评价模式差异

在探索人们的认识发展过程时，瑞士心理学家皮亚杰提出了“认知图式”作为他的认知发展理论的一个核心概念。他认为，认知的发展是个体在与环境不断相互作用中的一种建构过程，其内部的心理结构是不断变化的，而所谓认知图式正是人们为了应付某一特定情境而产生的认知结构、心理结构，亦即一种认知框架。外部的信息通过这个认知图式被“同化”、整合成为一定的“图像”即知识。而随着输入信息的增多，原有的认知框架也会得到调整，从而“顺应”即更加适应认知需要，达到新的平衡。人们的认知就是这样不断发展的。[①] 借鉴皮亚杰的“认知图式”概念，这里结合本文所论的价值观念问题提出评价模式概念。

评价是人们用好坏、利害、善恶等具有明显褒贬意味的词语对一定客体有无价值作出评定，包括理性层次的价值判断和感性层次的价值情感（爱憎好恶等）。它以价值的客观存在为前提，是对价值的反映和认识。它属于主观精神领域、广义的认识范畴。不过，评价作为价值认识与事实认识（真假、数量几何等）有重要区别，后者是不带价值判断、感情色彩的。

评价是人类实践活动的一个重要环节。客观存在的价值关系，只有通过评价才能变为人们的主观自觉（二者会有一定误差乃至背离）。人们进而才能够权衡利弊得失，作出必要的取舍和选择，采取行动去争取理想的结果。由价值到评价，构成人们行为的根本动力链条，指引着人们行动的方向。倘若没有价值和评价，一切都无所谓好坏，人们也就没有必要去创造、奋斗和追求，就不必去做任何事情了。

所谓评价模式，是指人们在既往价值体验基础上所形成的有关评价的

① 参见［瑞士］皮亚杰：《发生认识论原理》，王宪钿等译，胡世襄等校，商务印书馆 1981 年版，第 3 页；［瑞士］皮亚杰：《发生认识论》，范祖珠译，商务印书馆 1990 年版，第 8 页。

框架和模板。它是人们进行新的评价的内在的心理结构、框架图式，是外部输入的有关价值信息的过滤网和整合器。

评价模式主要包括两方面的内容：一是评价事物好坏优劣的价值标准、准则、尺度，二是由一定价值标准延伸而来的价值理想、追求、取向，即人们所向往的应然方面。后者直接指向实践，具有明显的导向作用、动力作用，但前者是后者的基础和根据，因而理论上更加值得重视。

评价模式从哪里来？一是人们的价值体验。正如列宁所说："人的实践经过千百万次的重复，它在人的意识中以逻辑的格固定下来。这些格正是（而且只是）由于千百万次的重复才有着先入之见的巩固性和公理的性质。"[①] 这种亲身的价值体验催生了评价模式的雏形和轮廓，它比较深刻和坚固，并且令人坚信不疑。这也是社会存在决定社会意识的典型表现。二是社会和他人的传输与本人的借鉴和吸纳。实际上，由于个人经历的有限性，人们价值观念的形成，主要还是通过大量吸收社会和他人已有评价模式的途径。这在青少年身上最为明显，他们主要是通过家庭、学校和社会的传授这个间接途径而形成自己的世界观、人生观和价值观的。这体现着社会意识的历史继承性及其各个组成部分之间的相互作用，属于社会意识的相对独立性。

那么，人们的评价模式为什么会出现差异呢？第一，由于各人的价值体验不同，逐渐形成了不同的评价标准和理想追求，即不同的评价模式。第二，人们比较长期地接受某一种价值观念的灌输和熏陶，继而形成某一类价值观念。此即所谓"近朱者赤，近墨者黑。"有人说过，考察一个人的判断力，主要考察他信息来源的多样性。有无数的可怜人，长期活在单一信息里，而且是一种完全被扭曲、颠倒的信息，这是导致人们愚昧且自信的最大原因。健康的人脑需要多种信息的刺激，才能活跃起来；而在一个

---

① 列宁:《黑格尔〈逻辑学〉一书摘要》,《列宁全集》第 38 卷，人民出版社 1986 年版，第 233 页。

信息十分封闭和匮乏的环境中，即使是精英人物，认知能力也会退化，评价模式也会发生偏差。第三，是主体的主观状态。有些人思想比较僵化、固化、停滞化，过于自信乃至自负，不善于理性思维，不屑于吸收和借鉴他人的思想成果，比较容易轻信、偏执和武断。正如政治权力在遇到障碍前会一直扩张一样，某种思想观念一旦形成，在没有遇到阻力前也会沿着惯性轨道滑行，而不会轻易改变。于是，这些陈旧保守的观念便同一直在运动变化着的社会存在以及与时俱进的价值观念产生矛盾和冲突。第四，尤其是在社会转型期，旧的评价模式日渐式微，而新的评价模式还没有树立起来，因此，缺少普遍认可的社会规范，人们也容易莫衷一是。此外，经验告诉我们，人们对于与自己关系密切的事物之好坏优劣（譬如衣食住行等）是有切身感受的，比较容易作出正确判断，通常也不会违心地胡言乱语。而对于与自己关系疏远的事物，譬如国际关系问题，大多数人对它们的利弊得失就不大了然，有时难免轻浮地随口乱说，并且由于不必为此负什么责任，“站着说话不腰疼”，更是助长了乱说的倾向。即使是科学家，他们在专业领域之外通常也是很幼稚的，何况普通人呢！

（三）人们的价值体验、评价模式与社会的交互作用

人们的价值体验与评价模式是相互作用的。对同一主体来说，价值体验是评价模式形成的基石，评价模式建立在前者基础上，构成价值观念的基本框架和内在支撑。反过来，评价模式又会加深或改变人们的价值体验，产生新的经验和感受。由此，形成一个价值体验——评价模式——新的价值体验——新的评价模式不断延展的链条。

具有类似经历包括类似价值体验的人，价值观念不尽相同，可以用评价模式差异予以解释。反之，不同经历的人，价值观念相近，也可以用评价模式相近予以说明。由此可见，评价模式是价值观念的直接基础和决定因素。

但我们应当看到，任何主体都不是孤立存在的，他必定生活在社会中，必然会受到其他人——同事、朋友、亲属及邻居特别是政府的影响，他们既影响主体的价值体验，更影响该主体的评价模式。譬如，政府可以控制信息的传播和输入，甚至可能制造和散布虚假信息，也可以对各种评价施加奖惩，恩威并施，从而形成有利于政府的某种思想舆论，以致造成整个社会只存在单一的、一边倒的言论。越是集权专制的政府越容易做到这一点。这样，在前述价值体验——评价模式链条的基础上，又增加了很多外部影响、干预、控制因素，呈现为一个错综复杂的社会网络。不少人自以为是在独立思考、自主判断，实际上他们是自觉不自觉地受他人影响的，他们的思想中无一例外地深深打着社会的烙印。

在纵横交错的价值体验、评价模式、思想和言论中，特别值得重视的是人们的利益。正如马克思所说："人们奋斗所争取的一切，都同他们的利益有关。"但不能"由这一正确的推测得出了不正确的结论：只有'细小的'利益，只有不变的利己的利益。"[①]言下之意是，还有更为重要的阶级利益、人类利益。列宁还曾这样引用过："有一句著名的格言说：几何公理要是触犯了人们的利益，那也一定会遭到反驳的。"[②]由此可见利益之坚固、顽强和重要。

要注意透过言词看利益。正如列宁所说："只要人们还没有学会透过任何有关道德、宗教、政治和社会的言论、声明、诺言，揭示出这些或那些阶级的利益，那他们始终是而且会永远是政治上受人欺骗和自己欺骗自己的愚蠢的牺牲品。"[③]

不过，不能把上述观点绝对化，**利益确实是极其重要的因素，但并不**

① 马克思：《第六届莱茵省议会的辩论（第一篇论文）》，《马克思恩格斯全集》第1卷，人民出版社1956年版，第82页。

② 列宁：《马克思主义与修正主义》，《列宁专题文集·论马克思主义》，人民出版社2009年版，第148页。

③ 列宁：《马克思主义的三个来源和三个组成部分》，《列宁专题文集·论马克思主义》，人民出版社2009年版，第71页。

是唯一的东西。不少人经常说，没有永恒的朋友，只有永恒的利益；国家与国家的关系，实际就是利益关系。这些话都过于绝对了。除了自身的利益，难道人们以及国家就没有一点道德的、价值观的、精神的追求和考量吗？我们批评个体层面的“唯我主义”、自私自利，莫非在国家层面反而要肯定极端利己主义吗？难道人类至今仍然应当秉持“人对人像狼一样”的丛林哲学吗？事实显然不是如此，人类文明程度愈高愈不是如此。有学者甚至认为，近几十年来，西方国家的“认同政治”逐渐超越“利益政治”成为决定个人政治行为和国家政治格局的主要因素[①]，这可能估计过高了，但尽人皆知，在当今世界，国家关系好坏与价值观是否一致是高度相关的。可见，利益并不是决定国家关系以及人际关系的唯一因素。其实，即使是利益问题，也存在一个如何全面把握的问题：是以国家为本、只讲国家或民族利益，还是以人为本、更为关注普通百姓的利益？我们要警惕片面强调国家或民族利益至上的观念，却对一个个有血有肉的活生生的个人漠不关心甚至随意侵犯的恶劣现象。

三、化解人们价值观念分歧的主要途径

首先需要明确，这里所说的“化解”的主体是谁？谁来化解？笔者认为，首先应当是社会的领导者，包括执政党和政府，但也包含不同群体和个人、绝大多数社会成员。换言之，化解价值观念分歧，需要全社会包括党和政府、所有群体和个人共同努力。

（一）着力解决社会共同发展和共享发展成果问题

要大力推进经济社会发展，努力缩小阶层差别，消灭社会不公，普及和提高全民教育水平。要促进社会公平正义，尤其是解决基本生活条件、

① 李强：《文明的冲突与世界秩序的未来——重读亨廷顿〈文明的冲突〉》，《北京大学学报（哲学社会科学版）》第 58 卷第 3 期。

基本生活保障，包括就业、住房、医疗、养老问题以及摆脱贫困。这是基础。要提升所有人的价值体验，增强人们的获得感、幸福感。

以上这些，是为了解决社会存在方面的问题，是化解社会价值观念分歧的基础和根本。为了解决这些问题，需要党和政府实行正确的路线、方针和政策，其中，最重要的是坚定不移地贯彻执行党在现阶段的基本路线，主要是坚持以经济建设为中心，坚持改革开放方针，坚持四项基本原则，同时需要全社会所有人的共同努力。

（二）运用科学民主法治方式进行充分沟通交流

历史经验证明，处理价值观念分歧可能有四种结果：一是一方说服另一方或称一方战胜另一方，二是双方互鉴互谅、互相宽容、取长补短、和谐共存，三是双方互不接受、各自孤立、分裂性并存，四是双方你死我活、势不两立、欲置对方于死地而后快。

在当今世界，大部分价值观念分歧还是可以通过沟通、协商、讨论而得以化解包括整合的。因此，在解决社会意识问题方面，首先需要的是社会成员之间比较充分的沟通和交流。这个沟通和交流应当通过科学民主法治的方式来进行，也就是说，要讲究科学即摆事实、讲道理、以理服人，要民主即互相尊重、平等协商讨论，要法治即遵守法律的规则和程序、在法治的轨道上运行。之所以要讲科学民主法治，是因为它们是现代文明的重要体现，是国家治理现代化的基本要求。①

人们对世界包括社会的思想认识、价值观念，就其正误优劣而言，大概有三种情况：一是从总体上看，各个群体和个人对世界包括社会的认识皆类似于盲人摸象——各有部分真相和道理，但又都是不够完全的。无论什么人，他不知道的东西，总是比他知道的东西要多得多。正如恩格斯所说：每个人的“认识所包含的需要改善的东西，无例外地总是比不需要改

① 详见董德刚：《论国家治理现代化的一般规律》，《党政干部学刊》2020 年第 12 期。

善的或正确的东西多得多。”[①]二是很多时候，人们所摸到的“部分象”即事情本身是有是非曲直甚至黑白分明的，人们的认识也有对有错，只是正误的比重不同，而且真理不会永远在同一些人手中，指鹿为马与视鹿为马时常发生。三是有些时候，正如一篇寓言——“近视看匾”所说，匾还没有挂出来，两个近视眼都说自己看见了，其实都是主观臆想，谁都没有说对。

以上三种因素实际上也是所有人思想认识中的三种成分，也就是说，每个人的思想认识中，既有真理和事实的成分，也有片面的、极端的和谬误的因素，而且都有一定的主观臆想部分，它们常常三者合一，浑然一体，难解难分。这种“三合一”现象，所有人概莫能外。所以，所有人都需要怀抱虚心学习的态度，准备修正和完善自己的认识。

各人所掌握的信息都是有所不同的，以至严重不对称或失衡，需要加以沟通。如是，才能使有关社会成员相对全面地了解情况，减少和避免误解和误判。因此，允许人们自由获取信息，拆除各种人为的“隔离墙”，就成为达成认识统一和观念一致的前提条件。

在充分沟通信息的基础上，大家敞开思想，交流看法，相互倾听，既表达自己的意见和态度，又了解他人的观点和看法，平等协商、讨论、辩论、争鸣，才能破除错误观念，肯定合理因素，才有可能相互借鉴，相互吸纳，取长补短，从而形成一个更为全面合理的新见解，达成价值观念的大体一致。这种言论自由成为认识和观念统一的又一个前提条件。

为了实现这种沟通交流，对于社会特别是政府来说，应当认识到百花齐放、百家争鸣才是健康的、生机勃勃的现代健康文化生态，必须反对信息封锁、言论禁锢、推行“清一色”的单调声音和单一文化，必须尊重我国宪法明文规定的公民权利，为人们解放思想、言论自由提供可靠的平台、必要的条件和宽松的环境。否则，政府就没有尽到自己的责任，应当予以追责。

---

① 恩格斯:《反杜林论》,《马克思恩格斯文集》第 9 卷，人民出版社 2009 年版，第 91 页。

对于公民及其各个群体来说，应当认识到，一般地说，是非是应当辨清的，大是大非更必须讨论清楚，用正确的东西克服错误的东西，否则将会迷失方向和道路。但有些小是小非不一定非辨清不可，宽容一下即“岁月静好”。人们应当端正态度，善待他人。对于他人的不同观点和意见，应当持宽容、容忍、谅解的态度，要求大同存小异。胡适曾经说过：“容忍是自由的根本。社会上没有容忍，就不会有自由。”[①] 宽容或容忍的实质是平等待人：你可以持有某种观点，也要允许别人持有另一种观点；你有坚持自己观点的自由，别人同样拥有坚持自己观点的自由。正如在事实认识方面人们之间存在差异是正常的，在价值观念方面人们之间存在不同也是正常的。夫妻尚且不能完全一致，何况是朋友、同事之间，又怎么可能思想完全统一呢！企图把人们的思想认识都统一到一起是不可能的，只能寻求基本共识或基本原则，并且在此基础上保持行动的大方向一致。

在思想观念领域，有无敌对势力或敌我矛盾？不能说完全没有，但由于我国绝大多数社会成员都属于人民，政权又在人民手中，敌对分子只是极少数人，敌对思想显然也极少，而且必须依照我国宪法和法律的有关规定，注重行为及其社会后果，不能主观随意划定。总体上说，我们还是应当以人为本，与人为善，和谐共存，而不要以人为敌。敌对思想之间的胜负，归根到底还是要靠它们所代表的社会制度的优劣比较、实力竞争，看人心向背，而不是靠“嘴炮”和宣传。

其实，即便不是敌对思想，有时也是很难说服别人的，年龄越大的人越不容易被说服。有一个著名的普朗克原理，就反映了这类事实。麦克斯·普朗克是德国著名物理学家，由于创立具有划时代意义的量子论，而荣膺了1918年度的诺贝尔物理学奖，被誉为“现代物理学发展的精神之父”。他1945年在《科学自传》中写道：“新的科学真理与其说是靠说服反对者

① 胡适：《容忍与自由：胡适演讲集（二）》，北京大学出版社2013年版，第19页。

并使他们看到光明而获胜，莫如说是因为反对者终于死去，而熟悉它的新一代成长了起来。”[①] 很多时候，确实是这样，而且代代无穷期，人们只能容忍。这就是前文所说的第三种结果。敌对思想的矛盾则属于第四种结果。

（三）树立科学合理的价值标准

这也是解决社会意识方面问题的一个举措，而且是一个核心问题。

能够统一或凝聚人们思想的是什么？恐怕还是基本认识原则和基本价值准则。对于基本认识原则，例如尊重事实、讲求科学、实事求是，人们并无多大争议，真正存在分歧的主要是基本价值准则。对此，可以从以下三个层次来加以把握。

第一层次，根本标准是生产力标准和人民利益标准。

在马克思主义看来，最根本的价值标准是生产力标准和人民利益标准。它们是我们看待一切生产关系、上层建筑、各种社会制度及其意识形态，看待各种人们包括各个政党和政府的实践及其认识好坏优劣、进步与否的根本标准、最高标准。生产力标准和人民利益标准的统一、中国化和通俗化就是邓小平理论所强调的“三个有利于”标准。自党的十四大以来党的历次全国代表大会所通过的《中国共产党章程》在“总纲”部分都强调，“各项工作都要把有利于发展社会主义社会的生产力，有利于增强社会主义国家的综合国力，有利于提高人民的生活水平，作为总的出发点和检验标准”。这些标准体现了以实践首先是物质生产为基础的科学性和人民性的统一，真理和价值的统一，亦即遵循社会发展规律和实现人民利益的统一（前者是条件和基础，后者是目的和归宿），代表着历史唯物主义的基本精神、马克思主义的基本精神。它们对于我国的社会主义现代化建设、正确认识和处理国际关系（包括中美关系）具有根本的指导意义。[②] 大道至简，

① 转引自思柯：《“普朗克原理”的新佐证》，《世界科学》2015 年第 7 期。

② 详见董德刚：《邓小平经济哲学思想——以“三个有利于”为根本的建设哲学》，河南人民出版社 2001 年版，第 43—49 页。

要言不烦。我们的一切价值准则、标准都应当用生产力标准和人民利益标准统一起来。

第二层次，基本标准是人类共同价值。

生产力标准和人民利益标准虽然根本，但毕竟比较原则和概括，还需要具体化，以便更好地指导实践。而习近平主席提出的人类共同价值即可视为前述两个标准在当代世界条件下的具体展开。2015 年 9 月 28 日，习近平主席在联合国大会发表了《携手构建合作共赢新伙伴，同心打造人类命运共同体》的重要讲话，他指出："和平、发展、公平、正义、民主、自由，是全人类的共同价值，也是联合国的崇高目标。"[①]后来，他又多次重申。

这一基本思想，此前我们党和国家的其他领导人也提出过。例如：2005 年 9 月，胡锦涛《在纪念中国人民抗日战争暨世界反法西斯战争胜利 60 周年大会上的讲话》中指出："这一胜利，挽救了人类文明，避免了历史倒退，广泛传播了自由、民主、平等、公正、和平的基本价值……。"[②]笔者理解，这就是说，"自由、民主、平等、公正"等"基本价值"虽然产生于资本主义国家，但它们并不是资本主义的专利，也不是马克思主义的独创，不是社会主义特有的东西，而是全人类共同的追求。这是新中国成立以来，在我们党和国家的文献中，第一次谈到人类共同的基本价值。2007 年 2 月，温家宝在《关于社会主义初级阶段的历史任务和我国对外政策的几个问题》一文中也指出："科学、民主、法制、自由、人权，并非资本主义所独有，而是人类在漫长的历史进程中共同追求的价值观和共同创造的文明成果。只是在不同的历史阶段、不同的国家，它的实现形式和途径各不相同，没有统一的模式，这种世界文明的多样性是不以人们主观意

① 习近平：《携手构建合作共赢新伙伴，同心打造人类命运共同体》，《人民日报》2015 年 9 月 29 日。

② 胡锦涛：《在纪念中国人民抗日战争暨世界反法西斯战争胜利 60 周年大会上的讲话》，《人民日报》2005 年 9 月 4 日。

志为转移的客观存在。”[①]2008 年 5 月，胡锦涛主席与时任日本首相福田康夫亲自签署的《中日关于全面推进战略互惠关系的联合声明》中也谈到：“为进一步理解和追求国际社会公认的基本和普遍价值进行紧密合作，不断加深对在长期交流中共同培育、共同拥有的文化的理解。”[②] 可见，近十多年来，我们党和国家的主要领导人都是肯定人类共同价值或基本价值的。

由上还可看出，人类共同价值还应当包括科学、平等、法治、人权、和谐，等等。其实，党的十八大报告所概括的社会主义核心价值观——富强、民主、文明、和谐、自由、平等、公正、法治、爱国、敬业、诚信、友善，它们所指向的内容，绝大部分都属于人类共同价值。试想，哪个国家的人民会反对它们呢？[③]

仔细分析上述内容还可以看出，人类共同价值包含国家、社会、家庭及个体等多个主体层面，而且包含价值追求与价值约束、公民权利与公民义务等不同维度，并且是发展变化的，具有历史性和时代性。

第三层次，具体标准需要有关人们寻求并达成价值共识。

社会生活是极其丰富多彩的，价值和价值观念也是十分繁杂多样的。人类共同价值并不能包揽所有、囊括一切，还需要各种比较具体的、更适合相关群体的、可直接操作的价值标准，而在多种价值标准并存的情况下，还需要将它们合理排序。譬如，看待中美关系，我们既要看到它们之间社会制度的不同、对外政策（霸权主义与否）的区别、守成大国与新兴大国之间的矛盾，也要看到发达国家即现代化国家与发展中国家即前现代化国家的分殊、现代化水平和社会整体文明水平的差距；既要看到少数反华政客的言行，更要看到大多数美国人民的态度，综合起来衡量。同样，看待

① 温家宝：《关于社会主义初级阶段的历史任务和我国对外政策的几个问题》，《人民日报》2007 年 2 月 27 日。

② 胡锦涛：《中日关于全面推进战略互惠关系的联合声明》，《人民日报》2008 年 5 月 8 日。

③ 详见董德刚：《关于人类共同价值的几点思考》，《理论视野》2017 年第 8 期。

俄乌战争也是既要看到他们之间矛盾的历史渊源、美国和“北约”的挑唆拱火，更要看到他们对于维护国家主权和领土完整等联合国宪章和国际关系基本准则的遵守与违反，以及对大多数国家安危和世界秩序的影响。在这些实际问题上，并不存在现成的、明确的具体价值标准，它们需要有关社会成员通过讨论和辩论来寻找最大公约数，藉以达成价值共识，并以此来化解分歧，理顺思想，明确方向，引导行动。而在人们寻求价值共识的过程中，人类共同价值特别是生产力标准和人民利益标准具有重要的和根本的指导作用。

第二编

社会主义问题探索

“姓社姓资”问题的多维解析 *

多年来，社会主义和资本主义问题一直严重困扰着我们，成为一个深层次的重大思想理论难题。已有许多学者对此作过探讨，但似乎问题并未得到解决。本文试图再作努力，对这个重大难题作些具体分析，力求依据客观事实，总结历史经验，探索有关规律，辨析理论是非，期冀有助于纾解“姓社姓资”困惑，树立科学合理的价值理念，促进中国社会更好发展。

一、社会主义和资本主义都是多样态的

社会主义和资本主义是我们经常使用的重要概念，也是近代以来世界各国通用的基本概念。就表述形式看，社会主义和资本主义两个概念，汉语不过是简单的八个字，而且百年未变，但它们的实际内容却是变动的，甚至是十分不同的。为了不使问题复杂化，这里不用理论、运动、制度三分法，而将它们视作总体上是同一的，集中体现为制度，即便如此，社会主义也是多样态的。

胡锦涛《在庆祝中国共产党成立 90 周年大会上的讲话》中特别提出了“建设什么样的社会主义”问题。这是一个新的提法，它内含着一个基本前

---

* 此文分上下两篇发表于中共辽宁省委党校《党政干部学刊》2012 年第 3 期和第 4 期，维普、知网空间、共识网、爱思想网、中道网、宣讲家、泰州网等网站转载。此文的节选稿——《破解“姓社姓资”难题，促进中国更好发展》，发表于《科学社会主义》2012 年第 2 期，亦被人民网、国史网、维普、知网空间等网站转载。

提：社会主义是多种多样的。实际上，毛泽东《在中国共产党第七次全国代表大会上的口头政治报告》中已说过：“我们历史上的马克思主义有很多种，有香的马克思主义，有臭的马克思主义，有活的马克思主义，有死的马克思主义，把这些马克思主义堆在一起就多得很。我们所要的是香的马克思主义，不是臭的马克思主义；是活的马克思主义，不是死的马克思主义。”[①] 而马克思主义与社会主义在一定意义上是一而二、二而一的问题，因此，社会主义也有多种。

在当代世界上，存在着五花八门的社会主义，概括起来，大体有五种社会主义：

第一种——马克思设想的理想的社会主义（即共产主义社会的第一阶段）。这种社会主义，以生产力高度发达为基础，以全社会共同占有一切生产资料和按劳分配为标志，有计划地组织社会生产，以一切人包括每个人的自由全面发展为实质内容，是无商品、无货币、无阶级、无国家、无军队、无剥削、无压迫的社会。这样的社会很美好，但它还只是理想，而不是现实。

第二种——苏联式社会主义（包括原东欧各国的社会主义、20 世纪 70 年代以前的中国、越南、老挝、柬埔寨波尔布特社会主义等）。它以马克思主义为理论旗帜，实行共产党高度集权，生产资料公有制特别是国有制，全面的计划经济，严密控制思想舆论，缺少自由、民主和法治，对外部世界基本封闭。现在，只有极个别国家仍在坚持这种类型的社会主义。

第三种——中国改革开放以来的社会主义。这种社会主义本来可以和第二种社会主义归并到一起（国内外一些人正是这样做的），但考虑到中国的改革开放主要针对的正是苏联式社会主义，从而表现出重要差别，中国又是一个“超大型”国家即所谓“百国之和”，几乎等同于一个大洲，并且

---

① 《毛泽东文集》第 3 卷，人民出版社 1996 年版，第 331—332 页。

代表了一些社会主义国家的发展道路，所以把它们区分开来。中国改革开放以来的社会主义仍然把马克思主义作为指导思想，坚持共产党领导，实行公有制为主体，但又允许非公经济发展，实行国家调控的市场经济体制，逐步发展社会自由、民主和法治，并且全面对外开放。现在的越南、老挝以及古巴大体也属于这种类型的社会主义。

第四种——社会党（民主党）的民主社会主义（亦称社会民主主义）。这种社会主义，既是一种理论，也是一种社会政策，并且体现为一种社会制度。其主要特点，是在保持资本主义私有制和市场经济以及普选制、多党制、三权分立的基础上，强调社会福利、社会保障、社会公平，主张自由、民主、公正、团结。它们虽然不把马克思主义当作唯一指导思想，但仍承认马克思主义是其思想渊源之一。我们过去对民主社会主义常持严厉批判态度，至今仍有很多人拒不承认它们是社会主义。但是，全世界奉行民主社会主义的政党有100多个，受其影响的民众达数亿人，它们的名称中已经清楚标明自己是“社会主义”，其他国家包括我国也有不少人把民主社会主义视为马克思主义的一个支脉、社会主义的一个流派。而社会主义一词并不是我们的专利，不能拒绝别人使用，没有理由否定民主社会主义也是社会主义。更不能以为，只有我们才是社会主义的正宗嫡传，其他都是旁门左道。

第五种——其他不属于上述类型但也自称是社会主义的民族国家，如缅甸、委内瑞拉、利比亚、突尼斯，等等。它们的实际内容差别很大，难以尽述。

上述五种社会主义之间存在重要差别，不能混同。譬如，马克思设想的社会主义，是资本主义之后、生产力发达、工业化完成、彻底清除了封建主义残余的社会主义，是“自由人的联合体”。但现实与之相比落差很大：中国这样的社会主义是封建社会之后、生产力落后、工业化过程中、封建主义残余较多的社会主义，是以人的依赖关系为主的“关系人社会”，自由受到很多限制。前一种社会主义吸纳了资本主义已有文明成果，又有所发展，因而是比资本主义更高的社会形态，而后一种社会主义则是与资本主义并行的、在经济文化发展水平等方面还低于资本主义发达国家的社会形态。

再如，苏联式社会主义和中国现阶段社会主义的最重要特征是共产党领导，以及实行无产阶级专政（中国又称人民民主专政），邓小平和我们党多次强调过这一点，但马克思的社会主义却没有这些特征，因为马克思的社会主义属于无阶级的社会形态，在阶级消灭以后，政党已经不复存在，无产阶级专政也已消亡。

同时，多样态的社会主义之所以都叫作社会主义，表明其中也有某种共同的东西，这个东西是什么，需要研究。现实的社会主义是以马克思设想的社会主义为指导和蓝本的，只是由于所处条件不同，在实践中有很大变形。从形式上看，它们都以社会主义为旗帜，都叫“社会主义”。这是形式的共同点。从内容上说，“社会主义”一词源于拉丁文 socialis 或 socius，含有社会的、共同的、集体的生活之意。因此，国内外很多人认为，它比较强调社会整体，强调公平、平等。这是实质的共同点。当然，人们对这里的公平、平等的理解是有若干差别的。相对而言，资本主义比较强调个体，强调效率。至于共产党领导以及无产阶级专政，被中国和苏联视为社会主义的重要特征，而民主社会主义则明确反对这一点。

同样，资本主义也有多种。毛泽东在 1944 年就说过：“现在我们建立新民主主义社会，性质是资本主义的，但又是人民大众的，不是社会主义，也不是老资本主义，而是新资本主义，或者说是新民主主义。”[①] 在当代世界上，至少有三种不同的资本主义：

第一种——原始的野蛮的资本主义，包括资本主义的自由竞争阶段和

① 《毛泽东文集》第 3 卷，人民出版社 1996 年版，第 110 页。

垄断（并未排斥竞争）阶段。前者是马克思和恩格斯当年所看到和批判的资本主义，后者是列宁当年所面对和批判的资本主义。从资本主义产生到第二次世界大战期间，这种资本主义的主要国家，实行对外侵略和扩张的政策，被当时很多人包括列宁和我们称为帝国主义（现在，我们已经很少使用这个概念了，因为所谓帝国主义主要是一种对外政策，而不是社会形态、社会制度。对这种对外政策，现在我们一般称为霸权主义）。当代西方国家的许多人都批评这种资本主义，连罗马教皇约翰·保罗二世也谴责这种“野蛮资本主义”[①]。这是资本主义的低级阶段。

第二种——现代发达国家的资本主义。第二次世界大战以来，资本主义国家增加了所有权社会化、国家宏观调控、社会福利和社会保障等很多新因素，它的自由、民主、公平程度也有很大提高。所以，不少学者又称之为“社会资本主义”即包含较多社会主义因素的资本主义。这是资本主义的高级阶段，也可以视为是资本主义向新的社会形态转变的起始阶段。

第三种——介于上述二者之间的当代发展中国家的资本主义。

资本主义概念的含义是什么呢？起初，资本主义主要是指一种经济制度，马克思称之为生产方式、经济的社会形态[②]，即在社会化大生产中，私人占有生产资料，雇佣工人进行生产经营，并且以追求利润为主要目标的经济制度。资本主义私人占有生产资料，初始形态是企业主私有制，正如恩格斯所说：“……究竟什么是资本主义私人生产呢？那是由单个企业家所经营的生产”[③]。后来，资本主义概念的内容进一步扩展了，由私人企业扩展到股份公司、托拉斯等，以后又包括了资本主义政治上层建筑（国家政权、政党制度等）以及意识形态等。

不过，马克思和恩格斯所说的雇佣工人，是指一无所有的无产者，而

---

① 《教皇谈资本主义和马克思》，法国《解放报》1993 年 11 月 2 日。

② 参见《马克思恩格斯选集》第 2 卷，人民出版社 1995 年版，第 33 页。

③ 《马克思恩格斯选集》第 4 卷，人民出版社 1995 年版，第 408 页。

现在雇佣工人的大多数都是有产者了。私人占有生产资料也有变化：私人联合占有与共同使用的成分显著增长，而且资本主义国家国民收入的相当部分收归国有并大量用于社会福利和社会保障。恩格斯在《反杜林论》中曾经说过，资本主义的基本矛盾是资本主义私有制同生产社会化的矛盾，它表现为无产阶级和资产阶级的对立、个别工厂中的生产组织性和整个社会中生产的无政府状态之间的对立。[①] 但是，恩格斯晚年对这些观点作了修改，他说：资本主义私人生产过去是“由单个企业家所经营的生产，可是这种生产已经越来越成为例外了。由股份公司经营的资本主义生产，已经不再是私人生产，而是由许多人联合负责的生产。如果我们从股份公司进而来看那支配着和垄断着整个工业部门的托拉斯，那么，那里不仅没有了私人生产，而且也没有了无计划性”[②]。当然，恩格斯并不认为这些股份公司的生产就是社会主义生产，他写道：我们的纲领是要“把由个人或股份公司负责的资本主义生产转变成为由全社会负责和按照预先确定的计划进行的社会主义生产，资本主义社会本身正在为这个转变创造物质条件和精神条件”[③]。在当代，资本主义国家都对市场经济进行一定的宏观调控，无计划性已经基本被有计划性取代了。至于工人阶级与资产阶级之间的矛盾，现在也已大为缓和，基本状态是各安其分、和平共处，不能再简单描述为“对立”。这表明，资本主义内部矛盾包括恩格斯所说的基本矛盾是历史的、变化的，现在比过去已有很大不同。

可见，**社会主义、资本主义的名称是同一的，但它们的具体内容却有很大差别。概言之，有马克思设想的理想的、美好的社会主义，有北欧式富裕的、民主的社会主义，也有某些国家贫穷的、专制的社会主义，还有改革开放以来正在发展着的中国特色社会主义；有原始的、野蛮的资本主**

① 参见《马克思恩格斯选集》第 3 卷，人民出版社 1995 年版，第 621—624 页。

② 《马克思恩格斯选集》第 4 卷，人民出版社 1995 年版，第 408 页。

③ 《马克思恩格斯选集》第 4 卷，人民出版社 1995 年版，第 416 页。

义，也有现代的、文明的资本主义。

二、社会主义和资本主义是历史的变化的

社会主义和资本主义之所以是多样态的，根源在于它们作为社会制度即社会生活的基本规则，都以活生生的人为主体，是各种人们相互博弈、相互作用的结果。而人的素质包括需要和能力都是发展变化的。随着人的发展变化和相互作用，人们之间的社会生活基本规则也必然发生变化。没有从来不变的人，因而也没有什么凝固不变的社会主义和资本主义。“不畏浮云遮望眼，自缘身在最高层。”

在世界上出现资本主义之前，除了个别落后地区，人类总体上都处于封建专制统治的农业社会，各个国家各自孤立地发展着，个别时期虽有相互交往（包括异族侵略），但影响较小。在封建社会手工业作坊的基础上，产生了工场手工业，资本主义生产方式萌生。1640—1648年的英国资产阶级革命，标志着西欧开始进入资本主义时代，资本主义生产方式得到了扩展。到了19世纪中叶，英国、法国、德国、美国等一些国家相继完成了工业革命，其资本主义制度也得到了较大发展。而在世界的大部分地区，包括中国在内的众多国家，依然是农业社会，还处于封建专制统治之下，后者落后于前者数百年。

后来，随着资本主义国家在全世界的扩张，呈现出《共产党宣言》所说的最初的经济全球化——“过去那种地方的和民族的自给自足和闭关自守状态，被各民族的各方面的互相往来和互相依赖所代替了。”[①] 各国的交往日益增多，相互影响加深，在各国独立发展的基础上，增加了横向联系，构成了纵横交错的人类社会网络。这种横向联系对于落后国家常常是被侵略、殖民和奴役，同时也使它们接触和吸纳了先进文明成果（包括先进科

① 《马克思恩格斯选集》第1卷，人民出版社1995年版，第276页。

技、先进生产方式、先进文化等），带有二重性质。

马克思等先哲看到了资本主义的贫富分化、阶级对立等弊端，在吸收空想社会主义有关思想和批判资本主义现实中提出了未来社会的理想和实现无产阶级解放的战略和策略，创立了科学社会主义，并且组织各国工人群众进行斗争，剧烈震撼了资本主义制度。资本主义国家面对多种社会矛盾甚至危机，不得不进行一定调整，缓和社会矛盾，促使自身发生了若干变化。

一些长期遭受封建统治压迫、此时又受到资本主义侵害的落后国家，在马克思主义的影响下，利用两次世界大战的机会，试图超越资本主义，建设一个更好的社会，于是开始了社会主义的实践探索，并在俄国、中国等国家取得了初步的成功——建立了新的社会制度，加快了工业化进程，曾经一度辉煌。受其影响，社会主义思想在一些国家得到了进一步的传播。这种新的社会制度同资本主义制度起初处于完全对立状态（如冷战年代），各走自己道路，互相否定，互相排斥。一些资本主义国家由于先发优势和内部创新，率先实现了现代化，成为世界发达国家。在这些国家，马克思主义关于消灭私有制、暴力革命、阶级斗争和无产阶级专政等手段未被普遍认可，但追求社会公平和人类解放等价值取向赢得了不少人的赞同；苏联式社会主义模式不被看好，但人们也看到了资本主义存在不少弊端，因此，民主社会主义思潮应时而兴。社会主义制度的诞生，代表着超越资本主义的努力，取得一定成果，但也留下了较大缺憾：一些社会主义国家受到其落后生产力和长期封建专制传统的严重制约，又固守高度集权的计划经济体制，经济文化发展虽然也有一定成就，但总体明显落后。

20 世纪 70 年代以来，由于经济全球化以及新科技革命的进一步发展，各国相互开放度扩大，更多干部群众有条件进行横向比较，相互影响加深，在各国内部矛盾发展包括各个利益集团博弈的基础上，资本主义国家吸收

社会主义因素，社会主义国家吸收资本主义因素，都发生了较大变化。社会主义国家总体上处于劣势，内部矛盾激化，东欧数国和苏联相继发生社会制度的剧变，中国等国家不得不实行渐进式改革，但其变革苏联社会主义模式的深度和广度却堪称一场“革命”，逐渐形成了中国特色社会主义。不过，在当代世界上，继续坚持社会主义制度的仅有少数国家，多年宣传的社会主义优越于资本主义的观念遇到了现实的挑战，“姓社姓资”问题突出起来了，成为这些国家特有的问题。

以上，就是近代以来人类历史的简略缩影，也是“姓社姓资”问题凸显的社会历史背景。

与此同时，我们对社会主义和资本主义的认识也是历史的、变化的。

在新中国成立前后的很长时间里，我们的理论家和政治家虽然也读过马克思、恩格斯和列宁的有关著作，对社会主义有所了解，但认识是有很大局限的，通常都把苏联当作社会主义的唯一模式。

1956 年 9 月，我们党的八大宣布：“我们对农业、手工业和资本主义工商业的社会主义改造，就是要变革资产阶级所有制，变革产生资本主义的根源的小私有制。现在这种社会主义改造已经取得决定性的胜利，这就表明，我国的无产阶级同资产阶级之间的矛盾已经基本上解决，几千年来的阶级剥削制度的历史已经基本上结束，社会主义的社会制度在我国已经基本上建立起来了。”[①] 这里所体现的社会主义的基本标准是什么？就是生产资料公有制。这就是当时我们党的基本认识。历史证明，不考虑生产力发展水平，不考虑政治、文化和人的发展程度，仅仅用公有制作为社会主义制度的标准，这种认识显然是过于简单化了。

还应指出，“三大改造”是从新民主主义社会制度向社会主义社会制度转变的根本变革即社会主义革命。如此重大的决策，党内实际是有很多不

---

① 《建国以来重要文献选编》第九册，中央文献出版社 1994 年版，第 340—341。

同意见的，例如，刘少奇等要“确立新民主主义社会秩序”曾受到严厉批评[①]，毛泽东还批评了“确保私有”“四大自由”等“资产阶级观念”以及农业合作化问题上的“小脚女人”[②]。本来，1949年9月29日通过的具有临时宪法性质的《中国人民政治协商会议共同纲领》明确规定：“中华人民共和国为新民主主义即人民民主主义的国家”，国家“保护工人、农民、小资产阶级和民族资产阶级的经济利益及其私有财产，发展新民主主义的人民经济”。然而，仅仅过了不到四年时间，1953年6月15日，毛泽东就提出了从新民主主义向社会主义转变的“过渡时期总路线”的基本内容[③]，随后就在全国实行“三大改造”，没有经过当时行使最高国家政权机关职权的“中国人民政治协商会议”全体会议讨论批准，就否定了前述《共同纲领》的规定，根本改变了我国的社会基本经济制度。这一重要史实，值得深思和总结。“三大改造”的实质是消灭私有制。而马克思主义之所以要消灭私有制，根本理由是物质生产高度社会化了，私有制严重阻碍这种社会化大生产的发展。可是，新中国成立初期的物质生产社会化程度很低，私有制尚未成为它的障碍，仍有广阔的发展空间，我们断然实行消灭私有制，并不符合马克思主义的深层思想，不适合当时中国生产力的发展要求。姑且不谈“三大改造”后我国生产力长期发展缓慢，仅从半个世纪后中国农村家庭联产承包责任制、个体经济、私营经济的蓬勃发展，就不难得出合理的结论。这个重大问题，需要进行实事求是的认真讨论。

1957年以后，我国发生了多次极“左”的政治运动，特别是在“文化大革命”期间，在毛泽东“无产阶级专政条件下继续革命”理论的指引下，中国社会主义建设完全走上了歧路，人民普遍贫穷，思想文化凋敝，国家

---

① 《毛泽东选集》第5卷，人民出版社1977年版，第81页。

② 《毛泽东选集》第5卷，人民出版社1977年版，第117—120、168页。

③ 中共中央党史研究室著:《中国共产党历史》第二卷（1949—1978）上册，中共党史出版社2011年版，第185页。

动乱不止。针对这些情况，邓小平说："我们总结了几十年搞社会主义的经验。社会主义是什么，马克思主义是什么，过去我们并没有完全搞清楚。"[①] 没有搞清楚的主要内容，改革开放以来我们党多次总结过，例如，1986 年《中共中央关于社会主义精神文明建设指导方针的决议》明确指出："我国社会主义发展中的主要历史教训，一是没有集中力量发展经济，二是没有切实建设民主政治。"[②] 而经济和政治正是社会发展的两个基本方面。

改革开放以来，我们党对社会主义形成了一系列新的认识。择要来说，在坚定不移发展经济的基础上，一是根本突破计划经济，肯定了市场经济在相当长的历史时期包括我国现阶段都是不可跨越的；二是由注重社会主义的手段（公有制、按劳分配等）转变到注重社会主义的目的（即邓小平所强调的社会主义本质 —— 人民共同富裕）；三是对社会主义目的的认识，由只重经济增长到注重社会全面协调可持续发展特别是到以人为本的深化[③]。

至于对资本主义的认识，情形大致相似。在改革开放以前，中国人大多认为，资本主义国家经济上停滞和贫富两极分化，政治上阶级压迫残酷，文化上腐朽没落，"世界上三分之二的人民仍然生活在水深火热之中"。资本主义已经腐朽、垂死，很快就要灭亡。这是完全把资本主义妖魔化、漫画化了。这在很大程度上是为我国社会主义制度的优越性作论证的，因为人们以为，社会主义和资本主义是根本对立的，资本主义愈黑暗，社会主义就愈光明，反之，资本主义愈发达，社会主义就愈落后。当时流行的宣传口号是："资本主义一天天烂下去，社会主义一天天好起来"，"只有大批资本主义，才能大干社会主义"，"仇资病"，"恐资病"，"谈资色变"成为我国政治领域长期的流行病。实际上，即使是领导层也不大了解资本主

① 《邓小平文选》第 3 卷，人民出版社 1993 年版，第 137 页。
② 《中共中央关于社会主义精神文明建设指导方针的决战》，人民出版社 1986 年版，第 15 页。
③ 详见董德刚：《改革开放以来我党对社会主义的新认识》，《北京日报》2011 年 7 月 18 日。

义的情况，不知道现代化是怎么回事。例如，作为党内为数不多的比较了解资本主义的人，邓小平在1978年10月访问日本日产汽车公司时十分感慨地说：“今天，我知道什么叫现代化了。”至于广大一般干部和群众，更不知道什么叫现代工业、现代商业、现代金融、现代政治、现代文化了。同时，领导层又真切感受到当代资本主义国家不仅在经济、技术、军事等方面具有明显优势，占据着制高点，而且在政治法律、思想文化方面也是“输出国”，呈现强势，因此经常强调要警惕资本主义的腐蚀、防止“和平演变”。改革开放以后，打开了封闭的国门，人们才发现，资本主义国家不是那个样子，它们也有很多进步的东西，有些国家甚至比我们还富裕、民主、文明。在许多人的心中，观念的影像在很大程度上被颠倒过来了，尽管还有少数人依然坚持过去的观点。与此同时，我们党实行全面对外开放的方针，强调各国之间要和平、合作、共同发展，强调“世界上的各种文明、不同社会制度和发展道路应彼此尊重，在竞争比较中取长补短，在求同存异中共同发展”①。其中包含着对社会主义和资本主义关系的新认识。

由此得到的一个教训是，不要随意假想一个与现实不符的丑恶的资本主义，然后大肆进行漫画式的批判。这没有说服力，只会引起人们的反感。世界上大多数国家的人民之所以选择和实行资本主义，一定有他们的根据和理由，我们应当尊重这种选择，理性对待这种选择。把大多数国家描绘得漆黑一团，是对人类的丑化和污蔑，会把自己推向同人类大多数对立的地位。

回过头来反思，马克思当年所看到的资本主义，是正处于“青春期”因而“生理和心理一度失衡”的上升时期的自由资本主义，资本主义本身很不成熟，在对这种“旧世界”的批判中所发现的“新世界”——未来共产主义社会，无疑也具有很大的局限性，还要经受实践的检验和修正，不

① 中共十六大报告。

是成熟的理论，不能视为终极真理。这不应苛求马克思，没有看到过成熟的资本主义不是他的错，他作出了革命家兼思想家的双重贡献，已经很了不起了。问题是我们不应把这些有限的认识僵化，当作终极真理，以为是不可移易的。

有人说，马克思和恩格斯作为科学社会主义的创始人，说他们没有搞清楚社会主义于理不通；说我们中国搞了几十年社会主义建设，还没有搞清楚什么是社会主义，也于理不通。但这是历史事实，也没有什么可奇怪的。因为事情十分复杂，而且在不断变化，加之人们的主观偏见和幻想掺杂其中，使问题更加扑朔迷离。

应当强调的是，现在发达国家的资本主义已经不是过去那个原始的野蛮的资本主义，现在的中国特色社会主义既不是马克思设想的那个理想的社会主义，也不是过去的苏联式社会主义。“山已不是那个山，水已不是那个水。”它们都是历史的、变化的。[①]

可见，社会主义和资本主义都是历史的概念。在当代世界上，社会主义和资本主义含义多变，界限模糊，迄今都没有一个统一的、内涵和外延明确的、得到大多数人认可的定义。这就是我们面对的一个基本事实。所以，我们认识社会主义和资本主义，不要停留于这两个高度概括和抽象的概念上，一定要有历史的变化的观点，必须顾及时间、地点和有关条件，要深入分析它们的具体内容，包括经济、政治、文化、人的发展状况等。否则，就会含混不清，难以澄明。

三、用发展变化的观点看待社会主义和资本主义之名实关系

要认识到社会主义和资本主义这类一般概念的局限性。社会形态是极

① 我后来注意到，徐景安此前已经说过：“山已不是那个山，梁已不是那条梁。资本主义已不是原来的资本主义，社会主义也不是起初的社会主义。”参见徐景安：《中国未来与理念革命》一书，中国财政经济出版社 2007 年版，第 46 页。

其复杂的，社会主义和资本主义概念通常只是对其中某类社会制度的概括，没有包括生产力状况、技术社会形态方面，并不是社会形态的全部。进一步说，真实存在的社会制度也是具体的、个别的、“历史的”，千姿百态，各不相同，譬如，资本主义国家的政治制度就有君主立宪制、总统制、三权分立、四权分立等种种差别。社会主义和资本主义概念都只是对这些社会制度的某一方面或主要方面的抽象概括，并非囊括无遗。而且，像一切事物一样，社会形态包括社会制度也处于不断的变化演进中，而概念一旦形成，其含义就具有一定的稳定性、凝固性或惯性，不会轻易改变，从而同它原来所指称的对象不再完全符合，甚至渐行渐远。

这涉及名实关系即作为概念的词语同它所指称的事物的关系问题。从历史的发展的角度看，名实关系大体有四类情形：

第一类，名未变而实已变，这是经常发生的。如前所述，社会主义和资本主义在很大程度上就是如此：名还是那个名，但实已不是那个实。又如，我国改革开放以来所强调的共产党领导、人民民主专政等，其实际内容与过去相比也有很大不同。因此，我们党多次指出，改革开放赋予四项基本原则以新的时代内涵。[①] 当然，实的变化至少有两个方向：变好与变坏。对于后者，人们常称之为有名无实。

第二类，名变而实未变，即所谓“新瓶装旧酒”。如封建皇帝变为共和国主席或共产党领袖，但个人权力至高无上的实际地位却并无多大改变，甚至实行父传子、子传孙的世袭制或最高领袖个人指定接班人的变相世袭制，一些社会主义国家为此提供了实例。正如《共产党宣言》在批评“封建的社会主义”时所讥讽的那样：他们虽然标榜社会主义，但“臀部带有旧的封建纹章”[②]。

---

① 参见中共十三大报告；胡锦涛《在纪念党的十一届三中全会召开 30 周年大会上的讲话》（2008 年 12 月 18 日）。

② 《马克思恩格斯选集》第 1 卷，人民出版社 1995 年版，第 295—296 页。

第三类，名实都变，这也是常常出现的。当事物有重要变化时，人们或者赋予原有概念以新的含义，或者使用新的概念来称呼它。如中国现阶段所宣传的发展着的马克思主义、中国特色社会主义等，同改革开放前中国所讲的马克思主义、社会主义相比，它们在表述形式与实际内容上都有一定变化。

第四类，名实均未变，这种情况在社会领域较少，因为它意味着认识和实践的完全停滞。

由上可见，名实关系的常态是变化和发展，停滞不前只是个别的特例，当代世界尤为明显。“一切不变”是保守的观念，它符合既得利益集团的需要，但不可能适应广大人民群众的利益。我们的认识应当适应这个实际，不要仅仅从字面上看问题，不要满足于“行不更名、坐不改姓”，而要用历史的发展的观点看问题，具体分析社会主义和资本主义概念的真实含义和所指内容的变化，警惕僵化的、重名轻实甚至得名忘实的思维方式。

模糊不清的社会主义和资本主义概念还要不要用？完全不用恐怕也行不通，它们是历史形成的、长期使用的重要概念，而且已经写进了我国宪法和党的重要文献，因此还是可以用的，但要认识到它们的局限性，谨慎使用，尽量明确其具体含义。譬如，如果要对社会主义和资本主义进行比较，就需要具体说明这里的社会主义是指哪种社会主义、资本主义又是指哪个资本主义，这才有实际意义。否则，就很容易把多种不同的东西归并一处，把主观想象和客观实际、理想和现实混为一谈，造成混乱。应当把社会主义和资本主义概念用到该用或不得不用的地方，但不必拘泥于它们。还是应多研究些重大的、实际的问题。将来，社会主义和资本主义这样的概念，可能人们用的会越来越少，因为它们比较笼统，不足以清晰地说明问题。

四、社会主义有好东西，也有不足之处，资本主义同样如此

社会主义和资本主义概念所指称的都是由多种要素构成的复杂的综合性体系，并且形态各异。它们虽然带有强烈的意识形态色彩和浓厚的价值意味，但它们本身并不是价值标准。社会主义有好东西，也有不足之处，资本主义同样如此。

邓小平说：“社会主义是一个很好的名词，但是如果搞不好，不能正确理解，不能采取正确的政策，那就体现不出社会主义的本质。”[①]可见，仅就名词而言，社会主义在一定意义上代表着一种美好理想，因此是好东西；然而，就实际存在的社会主义来看，又不能说都是好的、优越的。

例如，邓小平说过：“要研究一下，为什么好多非洲国家搞社会主义越搞越穷。不能因为有社会主义的名字就光荣，就好。”[②]显然，“越搞越穷”的社会主义决不是什么好东西。

再如，邓小平坦承：“中国社会从一九五八年到一九七八年二十年时间，实际上处于停滞和徘徊的状态，国家的经济和人民的生活没有得到多大的发展和提高。”[③]那时的中国，人民生活普遍贫穷，数亿人温饱问题尚未解决。其间，主要因为实行“大跃进”、人民公社化等极“左”政策，造成1960年前后的所谓“三年困难时期”，导致上千万人口的非正常死亡，酿成世界史上罕见的人间悲剧。“文化大革命”期间，更有众多干部群众（包括所谓“走资派”、地富反坏右“五类分子”、有“历史问题”的人和“资产阶级知识分子”以及他们的子女和亲属）受到迫害和株连。长期实行的城乡二元分割、等级身份制，使占中国人口大多数的广大农民实际上成为处于社会最底层的“贱民”阶层、三等公民。在那些年代里，不要说公民的政治权利不受尊重，甚至连人的生命也贱如草芥。而在此前的1957年，

① 《邓小平文选》第2卷，人民出版社1994年版，第313页。
② 《邓小平文选》第2卷，人民出版社1994年版，第313页。
③ 《邓小平文选》第3卷，人民出版社1993年版，第237页。

将50多万知识分子打成“右派分子”，实行毫无法律依据的“专政”，使他们及其亲属受到长约二十年的残酷迫害，不少人家破人亡，其中很多人都是青年才俊、社会精英。这样的社会主义，不是坏东西吗！同样，高度集权专制、“肃反”严重扩大化（实际主要是清洗党内持不同意见者）的苏联式社会主义、波尔布特领导下的柬埔寨社会主义，毫无疑问也是坏东西。

普通群众实际也是这样看的。对于改革开放前的中国社会主义，群众中流传着这类“顺口溜”：“社会主义好，就是吃不饱。”“社会主义好，社会主义好，社会主义国家的人们都往资本主义跑。”改革开放以后，我国的生产力和人民生活水平有了很大提高，东南沿海地区尤为显著。在此背景下，有的领导同志问老百姓，社会主义和资本主义哪个好？老百姓的回答是：你说现在是社会主义，我说社会主义好；你说现在是资本主义，我就说资本主义好。

人们常说：“只有社会主义才能救中国”、“只有社会主义才能发展中国”。仔细推敲，这两个论断都不够确切。历史事实是，推翻“三座大山”、成立新中国、实现国家独立和基本统一，是新民主主义革命胜利的成果，准确地说，是新民主主义救中国。1957年以后，我国基本照搬苏联模式，造成长达20年的停滞，表明是苏联式社会主义误中国。改革开放以来，我国发展很快，取得巨大进步，不是一般的、抽象的社会主义发展中国，而是变革苏联模式并吸收西方文明成果的中国特色社会主义发展了中国。①

许多人都说，苏东剧变不是社会主义的失败，而是苏联模式的失败。这等于承认了苏联模式是不好的东西。邓小平也说过：“社会主义究竟是个什么样子，苏联搞了很多年，也并没有完全搞清楚。可能列宁的思路比较

---

① 已有学者提出过“新民主主义救中国”、“中国特色社会主义发展中国”的命题，见沈宝祥：《从新民主主义到中国特色社会主义——中华人民共和国60年的回顾》，《探索与争鸣》2009年第12期。

好，搞了个新经济政策，但是后来苏联的模式僵化了。”[①] 所谓僵化，就是把只适用于一定时期（如战争年代和战后恢复时期）的体制，当作普遍适用于其他时期（如和平建设时期）的体制来加以固守，不作变革。邓小平还对波兰领导人说过：“我们两国原来的政治体制都是从苏联模式来的。看来这个模式在苏联也不是很成功的。”[②] 实际上，新中国成立后的经济体制、政治体制基本都是从苏联来的，同样也是不好的东西，因此必须改革它。

顺便指出，有人反驳邓小平“政治体制是从苏联模式来的”这个观点，说我国现在的“政治制度主要是在 1949 年和 1954 年建立的。建立时中国的经济并非单一的公有制经济以及与此相联系的计划经济体制，而是多种经济成分并存的新民主主义经济以及与此相联系的市场经济体制，而且当时的社会结构并非单一的社会，而是多元的社会，是存在着工人阶级、农民阶级、城市小资产阶级和民族资产阶级这四大阶级的多元社会。……这套政治制度的优越性长期没有发挥出来，主要是因为它们在计划经济条件下受到很多限制，以及封建主义家长制、官僚主义等影响的长期存在”[③]。这段话似是而非，主要是用当时的情况掩盖了后来的变化，抓住一点，不及其余。第一，我国后来的政治制度发生了重要变化，直至改革开放以前，我国不断加强党的高度集中统一的“一元化”领导，主要权力集中到各级党委特别是其书记手中，各级政府实际沦为党委的下属机构，所有社会组织、单位都隶属于党委和政府，所有人都是“单位人”，我国的民主党派名存实亡，作为最高国家权力机关的全国人民代表大会形同虚设，人民政协更是可有可无的点缀。长期进行的“造神”运动，使得对毛泽东的个人崇拜达到狂热的程度。这些情况表明，我们长期实行的基本上是苏联政治模式。第二，正是由于政治体制的变化，致使 1957 年以后的 20 多年时间里，

① 《邓小平文选》第 3 卷，人民出版社 1993 年版，第 139 页。

② 《邓小平文选》第 3 卷，人民出版社 1993 年版，第 178 页。

③ 李君如:《深化政治体制改革完善中国特色社会主义制度》,《学习时报》2011 年 7 月 25 日。

我国公有制经济占据绝对主体地位，全面实行计划经济体制，民族资产阶级被人为消灭，作为小资产阶级的农民和手工业者也实现了合作化，同时又强化思想舆论的严格控制，所谓“新民主主义经济以及与此相联系的市场经济体制”、“四大阶级的多元社会”并不存在。这同苏联政治体制的社会基础环境是相似的。所以，尽管我国政治体制具有自己的某些特点，也有一定的合理性，但不能否认它同苏联模式大同小异，必须坚决进行改革。不能用中国特殊论作为延缓中国政治体制改革的借口。

苏联和中国等国家社会主义建设中的主要教训即坏东西，可简要概括为以下方面：

一是忽视民主，奉行为民作主。列宁和斯大林强调，只有无产阶级特别是其先锋队即共产党才能全面把握社会发展规律，因此，必须坚持共产党的高度集中统一领导，实际上是用共产党领导代替了人民当家作主，奉行的是为民作主、“官主”。在苏联式社会主义国家，无产阶级专政在很大程度上变成了共产党专政，进而又变成了领袖个人专制。社会核心调节机制、动力机制是共产党特别是其领袖的动员组织。因此，党中央和领袖的决定就成为社会发展的最重要事件，执政党发展的周期和节律决定着社会发展的周期和节律。在这样一种为民作主的体制下（有人称之为家长制、父爱主义、官家主义），领导者像封建大家庭的父亲一样包办国家和社会事务，把“子女”即国民都管束起来。其主观动机大多是为国家和人民好，但对好的理解却以父亲为转移，不大考虑国民的意愿。如果领袖人物的认识和决策符合客观实际和人民利益，社会就发展和前进，倘若相反，人民就要遭受苦难。一些社会主义国家之所以长期忽视发展生产力，如果追根溯源的话，应当说还是“官主”，因为老百姓都希望过好日子，本能要求是发展生产、增加就业、提高收入，只有领导人、官员由于拥有一定特权而不乏生活保障，才感觉不到群众日常生活的艰辛，其权力又不受制约，因而能够贸然把他们的价值偏好、政治追求置于首位，轻率发动名目繁多的“阶级斗争”、政治运动。当然，我国改革开放以来这种状况已有一定变化，但不良传统的影响仍然不能低估。

二是忽视法治，盛行人治。苏联式社会主义国家在很长时期里基本是无法可依、有法不依、党高于法、权大于法，掌握主要权力的政府特别是执政党游离于法治之外。尽管这些国家宪法明文规定，国家一切权力属于人民，而实际上行使国家最高权力的执政党领导人却不是由人民选举的，人民既不能选择也不能罢免他们。执政党建立了从中央到基层的庞大的组织体系，需要消耗巨额国家经费维持运转，但又均无明确的法律规范。党委和政府特别是其主要领导人，时常随意决定重大事项，甚至轻易改变制度和法律。所以邓小平才说：“必须使民主制度化、法律化，使这种制度和法律不因领导人的改变而改变，不因领导人的看法和注意力的改变而改变。”[①] 我国改革开放以来虽然在法治方面已有较大进步，但至今宪法及法律的权威尚未真正建立起来，很多人对它们的重视程度远不如对“领导讲话”和“红头文件”的重视程度。

三是忽视个人权利。社会主义国家经常把集体和个人简单对立起来，把集体强调到绝对的地步，宣扬所谓“集体的事再小也是大事，个人的事再大也是小事”，习惯于以集体利益和国家利益之名，忽视、侵蚀甚至完全否定个人权利、个人利益、个人自由。本来，马克思和恩格斯十分崇尚自由，并把理想社会称为“自由人的联合体”。而中国等社会主义国家却长期忌讳自由，经常把自由当作贬义词，和许多负面社会现象硬捏合到一起，如自由主义、自由散漫、自由化，等等。忽视个人权利包括个人自由的结果，既损害了公民的合法合理权益，又造成社会创新、活力和动力不足，延缓了社会发展。

以上，我们侧重谈了社会主义中的坏东西。问题的另一面是：自从马

① 《邓小平文选》第 2 卷，人民出版社 1994 年版，第 146 页。

克思主义问世以来的社会主义理论与实践，是否完全失败了，毫无值得肯定之处？当然不是这样。历时一个多世纪、席卷至少十几个国家、世界三分之一人口的社会主义，实际也是人类对发展道路的一种探索，它不可能一无是处，不可能不留下某些有价值的东西。那么，社会主义有哪些可以在人类发展中长期起积极作用的好东西呢？换言之，它为人类留下了哪些优良资产？这里，试从理论和实践两个层面作一简要概括：

在理论层面上，主要是马克思主义的科学世界观即辩证的、历史的、实践的唯物主义哲学。这个世界观的主要观点——实践观点、生产观点、群众观点、辩证观点、历史观点等得到了越来越多人的赞同，它所揭示的社会发展一般规律——社会存在（实践）决定社会意识（认识）而社会意识又有相对独立性和反作用的规律、生产关系和上层建筑一定要适合生产力状况的规律、人民群众是历史创造者的规律等，不断被世界历史所证实。这个世界观的精华包括两方面的要素：一是科学的思维方式：讲究科学理性，尊重事实，尊重实践，尊重规律；二是进步的价值取向：强调人民利益至上，追求人类解放，追求人的自由全面发展。以往社会主义国家的失误，就实质看，不是坚持这个世界观的结果，而恰恰是违背这个科学世界观造成的。当然，马克思主义哲学并没有结束真理，西方国家的哲学思想中也有很多科学的、进步的东西，某些方面甚至超越了马克思主义哲学，但是，上述主要内容却大多是马克思主义哲学的原创，并且具有基础公理的意义，它不仅对于我们，而且对于其他国家，都有长期的价值和意义。

在实践层面上，主要是四个东西：第一，注意国家宏观调控。社会主义国家比较注意社会发展计划或规划，注意宏观整体平衡，注意突出重点目标，并且在掌握较多公共资源的基础上采取多种措施为此提供保证。此即所谓集中力量办大事。这是社会主义国家的一个优势。第二，注重社会福利，如大多数社会主义国家普遍实行了义务教育、公费医疗、社会基本生活保障等政策。这是近代以来社会主义国家的首创。第三，政府承担较多社会责任。不必说在计划经济年代，即使在改革开放以后的中国，政府也担负着许多社会责任，包括基础设施建设，教育、科学、文化事业发展等，因而某些方面发展较快。这里是有合理因素的。问题是，政府不能包揽过多的社会事务，以至于形成“政府办社会”。第四，在思想道德方面，提倡集体主义，强调整体利益、公共利益等。社会主义以“社会”即全体人民利益为主义，这是具有很大合理性的。

对比地说，资本主义无疑有不少坏东西。马克思和恩格斯当年着重批判了它所造成的严重贫富两极分化和阶级对立、社会生产的无政府状态以及极端个人主义、拜金主义等弊端。当然，这些问题在现代资本主义国家已有较大改变。但在现代资本主义国家，依然有两个问题比较突出：一是“资本”霸权问题，即资本在社会生活各个领域起着主导的甚至支配的作用。这种“资本”霸权不仅表现在经济领域，而且在政治、文化领域也有反映。资本主义终归是以“资本”为主义。二是个体本位过度膨胀问题，它使社会利益常常受到忽视和损害，以至于被西方国家一些人视为资本主义的“癌症”，进而提倡“合理的个人主义”“有节制的个人主义”等。

同时，资本主义也有很多好东西。与社会主义对照来说，也可以简要概括为理论和实践两个层面：

在理论层面上，资本主义国家尽管思想是多元化的，却普遍强调自由、平等、博爱，后来又发展为自由、民主、人权，形成了比较长期稳定的核心价值理念。在这些价值理念的主导下，允许各种奇思怪想、奇谈怪论，鼓励标新立异、大胆创新，其主要结果是促进了资本主义国家思想理论、科学技术的繁荣发展，切实提高了普通公民的自由度、民主程度、人权保障水平，实质是实现了人的进一步解放。对于普通公民、人民大众来说，这里的自由、民主、人权等都是具有长远价值的好东西。马克思和恩格斯当年并没有否定这些好东西，只是说它们在当时原始资本主义条件下是片面的、不完全的以至于是虚伪的。现在，却不能简单套用这一结论了。

在实践层面上，第一，资本主义和社会化大生产是同时诞生的。马克思在《资本论》中说过：“工场手工业分工却完全是资本主义生产方式的独特创造。”[①]这个“独特创造”开启了通过分工协作的社会化途径发展物质生产的先河，后来进一步升华为机器大工业、现代自动化大生产，极大地提高了社会劳动生产率，成为现在和今后人类物质生产的一种基本方式。这是资本主义的一个重大贡献。第二，资本主义国家开创和发展了自由市场经济体制，大大激发和鼓励了各种经济主体创业、创新、创造的积极性，使其生产力和科学技术的发展日新月异，始终占据着人类发展的高峰，对人类作出了巨大贡献。第三，资本主义国家注重民主，强调公民对公共权力的制约，强调公民授权即普选是权力合法性的来源，强调对公共权力的分解与制衡，强调公民的基本权利不容侵犯。第四，注重法治，坚持宪法至上，将社会生活特别是政府和政党行为纳入法治的轨道，在法律面前人人平等，即使是国家最高领导人如总统、首相也绝无例外。

当然，好与坏不能截然分开，常常是好东西里有不好的因素，坏东西中也有好的成分。譬如，苏联、中国等社会主义国家强调党的集中统一领导，其优点是决策快速，执行高效，便于集中力量办大事，能够集全国之力，解决某些突出问题，但同时，也容易发生失误，顾此失彼，代价过高，并且很难纠正。这种集权体制可以使成千上万人的思想和行动整齐划一（如数万人动作统一的团体操），这在特殊情况下（如战争年代或阅兵时）是必要和有益的，但长期普遍如此，就成了“兵营式社会主义”，人就完全蜕变成任人摆布的工具和木偶，那是很可怕的。又如，资本主义国家的自由市场是个好东西，但若疏于监管也会使极端利己主义等人性恶的一面膨胀，造成严重的经济、金融和道德危机。反过来说，即使是马克思和恩格斯当年所批判的资本主义，生产力发展也很迅速。从 1848 年出版的《共产

① 《马克思恩格斯文集》第 5 卷，人民出版社 2009 年版，第 416 页。

党宣言》到恩格斯 1895 年所写的《卡 · 马克思〈1848 年至 1850 年的法兰西阶级斗争〉一书导言》都充分肯定了这一点。如此等等。

恩格斯说过：“历史同认识一样，永远不会在人类的一种完美的理想状态中最终结束；完美的社会、完美的‘国家’是只有在幻想中才能存在的东西；相反，一切依次更替的历史状态都只是人类社会由低级到高级的无穷发展进程中的暂时阶段。每一个阶段都是必然的，因此，对它发生的那个时代和那些条件说来，都有它存在的理由；但是对它自己内部逐渐发展起来的新的、更高的条件来说，它就变成过时的和没有存在的理由了；它不得不让位于更高的阶段，而这个更高的阶段也要走向衰落和灭亡。”[①] 这就是说，十全十美的社会只能在幻想中存在，现实世界是找不到的。

1992 年，邓小平明确提出了“三个有利于”标准。他说：“改革开放迈不开步子，不敢闯，说来说去就是怕资本主义的东西多了，走了资本主义道路。要害是姓‘资’还是姓‘社’的问题。判断的标准，应该主要看是否有利于发展社会主义社会的生产力，是否有利于增强社会主义国家的综合国力，是否有利于提高人民的生活水平。”[②]“三个有利于”标准是邓小平理论的核心和根本价值标准，体现着历史唯物主义的基本思想，并且已经写进了十四大以来的《中国共产党章程》总纲，成为“各项工作……总的出发点和检验标准”。“三个有利于”意味着，根本价值标准是人民和国家利益，它在历史表象背后的深处，与社会主义、资本主义概念并不等同，而是交叉关系，不能简单地用社会主义和资本主义来判断好坏优劣。

五、认真研究和确立科学合理的价值标准

一般地说，所谓价值，是指一定客体及其属性对于主体需要的满足。

---

① 《马克思恩格斯选集》第 4 卷，人民出版社 1995 年版，第 216—217 页。

② 《邓小平文选》第 3 卷，人民出版社 1993 年版，第 372 页。

它是一种客观事实，是由价值客体与价值主体所构成的关系，并以主体为中心，最终表现为主体某种需要的满足。人们的一切活动都是为了满足某种需要，追求价值是人们行为的原动力。而价值标准则是人们用来衡量各种事物有无价值及其大小的尺度。它源于客观的价值事实，又反过来指导人们辨识价值、追求价值、创造价值，对于人们的行为具有定向和导航的重要作用。

任何人都有自己的价值标准，一切价值标准都是人的价值标准。由于作为价值主体的人是千差万别的，所以，他们所持的价值标准也是十分不同的。这些不同的价值标准不能等价齐观，而是有着正误优劣之分，最重要的是站在什么人的立场上来看价值，是广大人民群众的立场，还是少数人甚至个别人的立场，在此基础上，还有一个是否符合人民的真实需要和利益的问题。

马克思主义的基本价值取向，是以人民利益为旨归的。它反映了最广大价值主体的要求，体现着人类历史的基本走势——人类本身即人民（含其中每个人）的发展。所以，马克思主义所强调的人民利益的实现，即以人为本，就成为评价社会发展的总标准。它主要表现为人民包括每个人都能够自主地、比较充分地发挥他的潜能和才华，并且得到社会尊重和必要保障，过上富裕幸福的生活，亦即人的自由全面发展。具体可用人均预期寿命和健康状况、自由度（包括自由时间和发展空间等）、满意度、人才数量和质量来衡量。其中的核心尺度是人的自由度。自由是指人的自主活动状态（其反面则是自然压迫、政治压迫和社会压迫）。它包含认识的自由（思想自由）、主观意愿，但更重要的是实践的自由即在不损害社会和他人利益前提下的自主活动的实际状况。它以相应的主体素质、实践能力和社会条件为基础。一般地说，每个人最了解他自己的利益，因而自主活动即自由发展最符合他的利益；同时，自由发展也能够最充分地发挥每个人的潜能和创造性，从而促进社会发展。这也正是马克思主义把未来理想社会称为“自由人联合体”的原因。

人民利益表现在许多方面。首先是经济上的温饱和富裕，这是所有人的基本要求，是生产力之所以要不断向前发展的根本动力。为此，就必须建立有效的经济组织，提高经济效率。而效率高的经济组织必然代替效率低的经济组织，换言之，生产关系一定要适应生产力状况，就成为社会发展的一种客观趋势和基本规律。在解决经济上温饱和富裕的基础上，人民群众必然要求精神生活的充实和丰富，这就需要发展社会教育、科学、文化等事业，提供数量较多、质量较优的精神文化产品。各国发展趋势表明，人民群众对于物质生活的需要是相对有限的，而对于精神生活的需求则是无限的，后者在人民生活中所占的地位愈来愈重要，成为人类发展的最广阔空间。例如，现在不少人已经丰衣足食、有房有车、积蓄较多，个人财产自己无论如何消费不完，但他们依然在兢兢业业致力于事业，他们主要是为了赚钱吗？显然不是，他们主要是为了实现自己的人生价值，为了得到社会承认，为了满足自己的社会成就感。这种精神需要，会成为愈来愈多人的追求。与此同时，人民在政治方面也会提出要求，从保障自己的基本权利到参与管理社会和国家事务，直至真正当家作主。这里，存在着一个由低到高、由单面到全面的发展过程，而最后都归结为人的发展。

由人民的这些利益要求，可以得出判断各个领域社会进步的主要标准。

第一，经济标准。它主要表现为生产力发展水平，可以用劳动生产率、人均国内生产总值或人均福利量等予以衡量。至于公有制还是私有制、国家所有还是民众所有、计划经济还是市场经济，都不能代表人民物质生活的实际水平，因而不能作为标准。这个标准集中体现为物质生活的丰裕度。它用来衡量人民物质生活的实际水平。

第二，精神文化标准。它主要表现为社会精神产品的数量和质量，包括人均受教育年限，人均占有的报刊、图书、影视等数量，特别是科学发现和创造的数量和质量、社会道德和价值观念的凝聚力和影响力。正如马克思所说：精神生活是“世界上最丰富的东西……闪现着无穷无尽的色彩”[①]。因为物质世界就是无限丰富的，而人的精神生活不仅反映物质世界，还添加了主观精神的许多创造、意愿和联想，所以，它比物质世界更丰富。这个标准集中体现为精神生活的丰富度。它用来衡量人民精神生活的实际水平。

第三，政治标准。它主要表现为人民在国家事务、公共事务即政治生活中的地位和权利，包括人民基本权利的实现状况、人民对政治生活的参与度、人民对政府官员的制约能力。这个标准集中体现为人民基本权利的实现度。它用来衡量人民政治生活的实际水平。

概言之，在人的自由全面发展特别是自由度这个总标准之下，人民物质生活的丰裕度、精神生活的丰富度、人民基本权利的实现度，就是社会三大领域发展的主要标准。它们是“一总三分”的关系。

我们党和国家所提出的富强、民主、文明、和谐“四位一体”的现代化奋斗目标，涵括了经济、政治、文化、社会四大领域，大体反映了以上基本要求。科学发展观所强调的以人为本、全面协调可持续发展，进一步明确了其核心以及全面协调性、可持续性发展的问题。

在这些标准的实际运用过程中，有一个参照系或纵向比较与横向比较问题。纵向比较是同一主体现在同过去相比，横向比较则是某一主体同其他国家、其他人相比。前者是社会局部比较，后者则是社会全局比较。这两个视角都是不应忽略的，但通常横向比较即社会全局比较更为重要，更容易刺激人们的敏感神经，因而更需予以重视。马克思曾经举过一个生动的例子，他说：“一座房子不管怎样小，在周围的房屋都是这样小的时候，它是能满足社会对住房的一切要求的。但是，一旦在这座小房子近旁耸立起一座宫殿，这座小房子就缩成茅舍模样了。……那座较小房子的居住者

---

① 《马克思恩格斯全集》第 1 卷，人民出版社 1995 年版，第 111 页。

就会在那四壁之内越发觉得不舒适，越发不满意，越发感到受压抑。”①现在备受关注的社会公平问题，就涉及对横向比较结果的评价，但这里有合理与不合理之分。譬如说，马克思所说的那座“宫殿”，它是怎么来的？如果是其主人凭借百战沙场盖世武功换来的，或者是优秀企业家（以及明星等）合法奋斗得到的，那么，人们就会比较容易接受，不会产生不公平感。假如相反，一些人凭借巧取豪夺、欺压他人霸占的，那么，人们就会普遍感到不公平。可见，在当代社会，主体之间素质能力和主观努力的差别以及自然资源禀赋不同所带来的差距，无所谓公平不公平问题，它只能激励落后的人们更加努力提高自身水平，促进社会更好发展。真正需要反对的，是那些违法悖德所造成的差距扩大，因为它只会诱导人们走向邪路，破坏社会发展。当然，即使是前一种差距，也应当与绝大多数人的心理承受能力相适应，既不宜过小，也不应过大。此外，还必须考虑自然资源等条件对于人口数量的承载能力，物质财富不可能极大丰富，不可能也不应当人人都住宫殿，人类对物质生活的追求应有适当限度。

在横向比较中，除了一国范围内的比较，还有国际比较的问题。犹如体育比赛，参赛国家和优秀运动员愈多，其名次也愈加重要，因为它代表着人类可能达到的更高水平。这种国际比较是推动人类发展的重要动力。在当代经济全球化不断发展的条件下，不管人们愿意不愿意，国际比较已经扩展到各个领域，要求人们具有宽广的世界眼光。譬如，在国际上，人们经常拿中国与印度作比较，这也深刻影响了印度人，美国《纽约时报》载文称：与中国比较成了印度的“强迫症”②。同样，国际上很多人也经常拿中国同美国、日本、欧洲进行比较，这在中国日益成为举足轻重的世界大国的情况下是十分自然的。值得注意的是，如同俞可平所说：现在“西方

① 《马克思恩格斯选集》第1卷，人民出版社1995年版，第349页。

② 美国《纽约时报》文章《印度不经意地拿中国的标准衡量自己》，转引自《参考消息》2011年9月2日。

人谈中国模式，恰恰更多的是批评，而不是赞扬。即使赞扬你的经济，也在批评你的政治；赞扬你的稳定，也在批评你的人权”[①]。尽管由于信息的不完全性和主观意识参与其中，任何评价都会有一定误差，我们不应随人俯仰，丧失自信，但无论在国内还是国际上，我们都要相信绝大多数人是通情达理的，理性对待国际舆论，不应简单地用“阴谋论”来全盘否定西方这些评价，更不要陶醉于关起门来自吹自擂式的自我评价。假如我们总是比人家贫穷落后，比人家缺少民主自由，那么，我们还有什么理由说自己的制度是合理的和优越的呢？

所以，我们不应当再抽象争论社会主义和资本主义的问题，而应当在经济、政治、文化和人的发展这些实际内容方面努力推进中国社会发展。

附带指出，一些人经常强调，要坚定理想、信念。理想、信念确实是有志之士、国家和民族不可缺少的精神支柱。问题是什么样的理想、信念？不应当抽象地、笼统地谈论它们，而应当理性地、具体地加以分析。笔者认为，上述合理的价值追求才是我们应当树立的理想、信念，它们同马克思主义的共产主义理想是高度契合的，并且更加具体明确，对于我国现阶段的发展具有重要的引领和导航的作用。

六、社会主义和资本主义可以互补，还有大量事物属于“非社非资”的人类共同文明成果

人们都想过更好的生活，于是便不断作出新的尝试。但事情都有一个合理的度，过犹不及，会事与愿违。人们在实践中常常是吃亏才长见识，撞过南墙方知事物的限度。这也是一种规律性。因此，人类历史好比一条螺旋式上升的曲线：物极而反，忽左忽右，不断地矫正自己，但总趋势是向更好地实现全体人民福祉的方向发展。原始野蛮的资本主义与苏联式社

① 俞可平：《我对中国模式充满期待》，《社会科学报》2009年12月24日。

会主义可以看作是近代以来人类社会发展模式的两个极端，它们都得到了历史的矫正。而人间正道恰在它们之间，在于二者合理因素的有机综合。历史并没有终结，既没有终结于资本主义，也没有终结于社会主义，它必然继续向前发展变化。

运用辩证法否定之否定规律的术语，来简要描述人类近代以来的历史，可以把原始野蛮的资本主义看作是“正题”，苏联式社会主义是“反题”，而当代人类社会的基本走向是综合前二者的“合题”。具体可作如下概括：

经济上：资本主义私有制→苏联式社会主义公有制→当代社会混合所有制，自由市场经济→计划经济→国家宏观调控下的市场经济，注重效率→注重公平→效率与公平统一。

政治上：资产阶级专政→无产阶级专政→全体公民（人民）民主（当家作主），资本霸权→官僚特权（为民做主）→普遍人权，小政府→大政府→中政府。

文化上：强调个体→强调集体→个体与集体统一，偏重个人权利→偏重个人义务→公民权利与义务统一，个人自由→高度统制→法治下的公民自由。

改革开放30多年来，中国之所以取得了举世瞩目的巨大成就，概括起来，无非两条基本原因：一个是得益于我们自己的改革创新，得益于广大干部和群众的发明创造，这是内因。另一个重要原因，就是我们大胆地借鉴和吸收了资本主义国家的许多优秀文明成果。这不仅包括经济、技术方面，而且包括民主法制、思想文化方面。譬如，在民主法制方面，我们的公务员制度、某些法律制度、民主的某些形式、教育制度、文化制度等，都吸收了资本主义国家的文明成果。思想文化方面也大体相似，我们现在所强调的依法治国、建设社会主义法治国家，尊重和保障人权，建设服务型政府和责任政府等，也同借鉴资本主义国家的相关先进理念有关。这些，已经促进了中国的大发展。我们今后必须继续坚持这个成功的基本经验。

这里包含的重要经验之一，就是“不争论”即不纠缠于抽象议论“姓社姓资”。1992年初春，邓小平在著名的《在武昌、深圳、珠海、上海等地的谈话要点》中说：“不搞争论，是我的一个发明。不争论，是为了争取时间干。一争论就复杂了，把时间都争掉了，什么也干不成。不争论，大胆地试，大胆地闯。农村改革是如此，城市改革也应如此。”[①]他具体讲到“傻子瓜子”（一家个体户）、农村家庭联产承包、“三资”企业、计划和市场，甚至包括“证券、股市，这些东西究竟好不好，有没有危险，是不是资本主义独有的东西，社会主义能不能用？允许看，但要坚决地试。看对了，搞一两年对了，放开；错了，纠正，关了就是了。关，也可以快关，也可以慢关，也可以留一点尾巴。怕什么，坚持这种态度就不要紧，就不会犯大错误。总之，社会主义要赢得与资本主义相比较的优势，就必须大胆吸收和借鉴人类社会创造的一切文明成果，吸收和借鉴当今世界各国包括资本主义发达国家的一切反映现代社会化生产规律的先进经营方式、管理方法。”[②]这里体现的基本立场和态度是，不要怕资本主义的东西，只要对中国发展有好处，都可以拿过来为我所用。有人把这种立场和态度理解为不问“姓社姓资”，有一定道理，因为如果到处去问“姓社姓资”，尤其是在改革初期人们思想受到极大束缚的条件下，我们简直就寸步难行，“什么也干不成”了。不过，这种理解还不够确切和深入，因为邓小平还是要坚持社会主义的，确切地说，是科学理解的社会主义。他认为，根本问题、深层问题是区分好坏，根本标准是“三个有利于”，即对人民和国家是否有好处，社会主义必须对人民和国家有利。反过来说，一切符合“三个有利于”的东西，即便它们产生于资本主义社会，都是和社会主义一致的；而那些违背“三个有利于”的东西，哪怕被人们认为是社会主义的，也要坚

① 《邓小平文选》第3卷，人民出版社1993年版，第374页。

② 《邓小平文选》第3卷，人民出版社1993年版，第373页。

决抛弃。“三个有利于”是比社会主义和资本主义更深层次的实质性的价值标准。这显然已经突破了“姓社姓资”的狭隘框架。

同样，资本主义制度为何“腐而不朽、垂而不死”（实际是在继续向前发展，有时发展还很快）？应当说，在资本主义国家各阶层人民不断探索创新的基础上，重要原因之一，就是它借鉴和吸收了社会主义的某些长处，如注意宏观调控、社会福利、社会公平等，从而弥补了自身的缺陷。诺贝尔经济学奖得主阿玛蒂亚·森也明确“主张提供多种体制选择来解决出现的问题，而不是把体制绑牢在某种固定的程式上，例如把一切事情交给市场处理”[①]。

近一个世纪以来的历史事实是，社会主义和资本主义不是简单的一方吃掉另一方、一方消灭另一方的问题，而是既相互竞争、相互对立，又相互渗透、相互借鉴，资本主义吸收社会主义因素，社会主义借鉴资本主义长处，相互取长补短，从而生成一个新东西。这种新东西，可以叫作新资本主义、新社会主义或中国特色社会主义，等等。它们有很多相通相似的方面（主要因为人类社会发展存在一般规律），同时又有各自特点（因为各个国家的历史、文化、国情不同），是同与异的统一。

正如王占阳和徐景安所提出的，当代世界的总趋势是社会主义与资本主义的融合。[②]亦如有人所说：“社会主义在解决公平问题上有探索，资本主义在解决效率问题上有成就。两者必须结合，变成一个新东西，才能建成一个现实的、缺陷最少的社会。中国特色社会主义就是这样一种伟大的实践。”[③]从社会核心调节机制和动力机制的角度说，资本主义主要依靠个人的自由创造，动力传导自下而上；社会主义主要依靠执政党（权力中心）

---

① ［印度］阿玛蒂亚·森：《重读亚当·斯密：我们不需要新资本主义》，《金融时报》2009 年 3 月 19 日。

② 参见王占阳：《新民主主义与新社会主义》，中国社会科学出版社 2006 年修订版，第 72—73 页。徐景安：《中国未来与理念革命》，中国财政经济出版社 2007 年版，第 46、51 页。

③ 辛子陵：《合成一个新东西——我看中国特色社会主义的伟大实践》，《炎黄春秋》2008 年第 7 期。

的动员组织，动力传导自上而下，二者也应当互相取长补短，适当结合。

恩格斯说过：“辩证的思维方法同样不知道什么严格的界线，不知道什么普遍绝对有效的‘非此即彼！’，它使固定的形而上学的差异互相转移，除了‘非此即彼！’，又在恰当的地方承认‘亦此亦彼！’，并使对立通过中介相联系”①。从一定意义上说，瑞典、丹麦、挪威等北欧国家所建设的福利社会、德国和日本等国所实行的“社会市场经济”，就是这种亦此亦彼的典型：它们既保留了私人企业为主体等资本主义因素，又包含着注重社会福利、社会公平等较多社会主义成分，很难再简单地把它们称为资本主义或社会主义。有人说：“我看英国搞得不错，物质极大丰富，三大差别基本消灭，社会公正、社会福利也受重视，如果加上共产党执政，英国就是我们理想中的共产主义社会。”② 这也反映了这种亦此亦彼的现象。

各种文明、文化的相互影响、相互吸收甚至相互交融，是人类发展的大趋势，当代更为突出。很难再找到纯而又纯的“纯种”文明或文化了。譬如，中国人现在的衣食住行、思想观念直至体制制度就有很多外来的、西方的成分。

中共十六大报告以及江泽民 2001 年“七一讲话”等重要文献一再强调，世界是丰富多彩的。世界上的各种文明、不同社会制度和发展道路应彼此尊重，在竞争比较中取长补短，在求同存异中共同发展。它坦率承认了现实社会主义制度和资本主义制度各有自己的长处和短处，因此才有互相取长补短、求得共同发展的可能和必要。这种取长补短，显然不是照搬资本主义，而是根据国情特别是人民整体利益，吸纳有益营养。这段重要论述，再次突破了“姓社姓资”的狭隘框架，对于我们进一步解放思想，促进中国更好更快发展具有重大意义。

---

① 《马克思恩格斯选集》第 4 卷，人民出版社 1995 年版，第 318 页。

② 引自王占阳：《新民主主义与新社会主义》，中国社会科学出版社 2006 年修订版，第 451—452 页。

应当着重指出的是，许多东西虽然产生于资本主义社会或社会主义社会，但它们具有更为长远的生命力和适应性，并不具有社会主义或资本主义的特定性质，而是超越了资本主义和社会主义，属于人类共同的文明成果。换言之，在当代世界上，除了“姓社姓资”，还有大量的事物既不“姓社”也不“姓资”，属于“非社非资”。返观历史，原始社会、奴隶社会、封建社会绝不是一片黑暗，而是都有一些直至今日仍然具有价值和意义的好东西（如中国传统文化、古希腊文化中的精华）；展望未来，人类一定会创造出愈来愈多的超越“姓社姓资”的新事物。

以民主问题为例，过去我们经常将它区分为资产阶级民主和无产阶级民主、资本主义民主和社会主义民主，这在一定意义上具有合理性。因为民主确实存在一个主体即谁的民主问题，如古希腊的民主，只在奴隶主及自由民的范围内实行，因此可以称之为奴隶主的民主；资本主义早期的民主也主要是在有产者的范围内实行，所以可称之为资产阶级民主。但是，随着社会历史的进步，当代世界大多数人所公认的作为政治制度的民主，已经突破了这种狭隘的阶级界限，其主体业已扩大到全体公民即人民（极少数被依法剥夺政治权利的公民除外）。现代政治民主以全体人民为主体，其主要含义有三：一是保障所有公民的基本权利。二是尊重和服从大多数人的意见，同时又保护少数人。三是政府由人民授权、对人民负责并受到人民的监督制约。这样的民主，显然不宜再作阶级的区分，也不再具有资本主义性质了，它符合全体人民的利益，是全人类的共同追求。[①] 如果一定要给这样的民主确定性质的话，只能说，它是真正的社会主义民主、人民民主。

再如，我国现在所讲的“社会主义市场经济”，不应当理解为市场经济

---

① 已有学者提出过民主没有“姓社姓资”之分的思想，参见杜导正：《民主不应有姓资姓社之分》，《炎黄春秋》2010 年第 10 期。

本身内含社会主义性质和资本主义性质之别。市场经济作为一种经济体制、方法或手段，它本身是中性的，其主要内容即基本规则在全世界都是统一的，没有什么“姓社姓资”之分，各国的市场经济至多有着成熟与不成熟之别。当然，市场经济作为一种经济体制，不能孤立存在，而是在一定社会基本制度大环境中生存。所谓社会主义市场经济，是说这个市场经济是在我国共产党领导、公有制占主体等基本制度环境下存在的。而资本主义市场经济则是在资本主义国家的基本制度环境下存在的。

此外，关于自由、人权、法治等许多问题，当代国际社会都有基本共识，它们集中体现在联合国宪章和有关国际公约中，也没有什么“姓社姓资”之分，不应再贴什么人为的“颜色”标签。

中国之所以要搞社会主义，实质意义应当是建设一个人民富裕幸福的好社会。我们不应偏离这个方向，囿于“姓社姓资”的束缚，拒绝别人的好东西，而应发掘和弘扬现实社会主义制度和中国传统文化的某些优势，同时大胆吸收和借鉴人类文明的先进成果，弥补自身的缺陷和不足，学习资本主义，超越资本主义，反思社会主义，创新社会主义，努力建设一个现代化的好社会，推动中国跻身于世界先进民族之林。

坚持和弘扬邓小平南方谈话的基本精神*

1992年春天，88岁高龄的邓小平同志不辞辛劳，走遍武昌、深圳、珠海、上海等地，发表了极其重要的南方谈话。这是我国改革开放以来的第二个解放思想的宣言书，它对扭转当时的停滞倒退趋势，对我国经济社会发展走上“快车道”发挥了巨大的积极促进作用。

这篇谈话，最重要的思想或基本精神是什么呢？就是人民利益至上，就是以“三个有利于”为根本标准，就是为此而敢说敢做敢当。

邓小平说：“改革开放迈不开步子，不敢闯，说来说去就是怕资本主义的东西多了，走了资本主义道路。要害是姓‘资’还是姓‘社’的问题。判断的标准，应该主要看是否有利于发展社会主义社会的生产力，是否有利于增强社会主义国家的综合国力，是否有利于提高人民的生活水平。”“三个有利于”标准是邓小平理论的核心和根本价值标准，体现着马克思主义的基本思想，并且已经写进了十四大以来的《中国共产党章程》总纲，成为“各项工作……总的出发点和检验标准”。“三个有利于”意味着，根本价值标准是人民和国家利益，它在历史表象背后的深处，与社会主义、资本主义概念并不等同，而是交叉关系，不能简单地用社会主义和资本主义来判断好坏优劣。

---

* 此文系2012年4月作者在全国邓小平理论研究会年会上的发言，收入张峰主编《邓小平理论研究·2013》一书，人民出版社2013年12月版。

在这篇谈话中，邓小平反对纠缠于抽象议论“姓社姓资”，他说：“不搞争论，是我的一个发明。不争论，是为了争取时间干。一争论就复杂了，把时间都争掉了，什么也干不成。不争论，大胆地试，大胆地闯。农村改革是如此，城市改革也应如此。”他具体讲到“傻子瓜子”（一家个体户）、农村家庭联产承包、“三资”企业、计划和市场，甚至包括“证券、股市，这些东西究竟好不好，有没有危险，是不是资本主义独有的东西，社会主义能不能用？允许看，但要坚决地试。看对了，搞一两年对了，放开；错了，纠正，关了就是了。关，也可以快关，也可以慢关，也可以留一点尾巴。怕什么，坚持这种态度就不要紧，就不会犯大错误。总之，社会主义要赢得与资本主义相比较的优势，就必须大胆吸收和借鉴人类社会创造的一切文明成果，吸收和借鉴当今世界各国包括资本主义发达国家的一切反映现代社会化生产规律的先进经营方式、管理方法”。这里体现的基本立场和态度是，不要怕资本主义的东西，只要对中国发展有好处，都可以拿过来为我所用。有人把这种立场和态度理解为不问“姓社姓资”，有一定道理，因为如果到处去问“姓社姓资”，尤其是在改革初期人们思想受到极大束缚的条件下，我们简直就寸步难行，“什么也干不成”了。不过，这种理解还不够确切和深入，因为邓小平还是要坚持社会主义的，确切地说，是科学理解的社会主义。他认为，根本问题、深层问题是区分好坏，根本标准是“三个有利于”即对人民和国家是否有好处，社会主义必须对人民和国家有利。进一步说，一切符合“三个有利于”的东西，即便它们产生于资本主义社会，都是和社会主义一致的；而那些违背“三个有利于”的东西，哪怕被人们认为是社会主义的，也要坚决抛弃。显然，“三个有利于”是比社会主义和资本主义更深层次的实质性的价值标准。这已经突破了“姓社姓资”的狭隘思维框架。

正是出于对人民和国家负责的坚定信念，邓小平才以一个老党员的身份，力挽狂澜，不怕开罪某些理论家、政治家，不顾个人的毁誉得失，表现了一种大无畏的革命精神。

人民利益至上，应当说是共产党、社会主义的根本价值观念。但是现在，一些领导干部已经淡忘了这一点。他们只知道对上负责，让上级满意，实质是只对自己个人的“前程”负责，而不管群众是否满意，不顾群众的呼声。他们的讲话，大多官话套话空话连篇，毫无新意和实在内容。他们甘当“维持会长”，自己不做事，也不让别人做事，以至于工作多年，他们所领导的地区和部门面貌依旧。

现在，邓小平发表南方谈话已经20周年了。我国社会有了很大发展，总体上已经进入全面建设小康社会的新阶段，人民的需要和利益也在不断增长。**对于当前的中国来说，主要问题可以用两个词儿来概括：一是权利，二是权力。所谓权利问题，就是如何维护和保障人民即全体公民的权益。社会发展最终体现为人民权益的普遍提高。这里既包括基本生活保障等经济权利，也包括基本政治权利、思想文化权利。我国的宪法明确规定，我国一切权力属于人民，人民是国家和社会生活的主人。主人的权利必须得到有效维护。哪里有只能和领导保持高度一致、连自己的话都不敢说、唯恐动辄得咎的主人呢？所谓权力问题，就是必须对公共权力实行有力的监督和制约，实际就是实行民主的问题。公共权力是社会生活不可缺少的，但它过度膨胀又会损害人民利益。不能让权力像脱缰野马，肆意奔腾，如随意决策、垄断自肥、贪污腐化。这两个问题其实是一件事情的两个方面，密不可分：如果保障了人民的权利，就能够对权力实行有效的监督和制约。反过来说，只有权力真正受到了有效的监督和制约，人民的权利才有切实的保障。我们要促进中国继续向前发展，必须在这两个问题上力求有所推进。我们的领导干部和知识分子都应当继承和弘扬邓小平南方谈话的基本精神，在这两个方面敢于担当，有所作为。**

人民当家作主是社会主义的根本 *

从理论上说，社会主义最根本的优越性是为全体人民谋利益，促进一切人包括每个人的自由全面发展。这是社会主义主要的功能或作用，也是社会主义之所以值得向往和追求的根本原因和价值所在。而按照现代系统论的观点，系统的功能是由系统的结构决定的，有什么样的结构就有什么样的功能，结构与功能的关系是一种逻辑上的因果关系。把这个观点运用于社会主义问题，可以说为广大人民群众谋利益作为一种功能，它必须由相应的结构来予以保证。种瓜得瓜，种豆得豆。社会主义的结构问题十分重要，我们应当认真研究什么样的结构才能达成上述功能。

笔者认为，这个结构只能是人民真正当家作主即民主，不能是少数人“为民作主”，更不能是少数人专权谋私。人民当家作主是实现社会主义功能的根本。人民真正当家作主即民主应当是社会主义的核心价值观之一。

一、只有人民当家作主才能保证为人民谋利益

人民（与人民群众同义）在一般含义上是指除了极少数被剥夺政治权利者以外的一切公民，也包括领导、官员、议员等人民代表，但主要是指

---

* 此文系提交 2013 年 4 月全国邓小平理论研究会年会的论文，收入张峰主编《邓小平理论研究·2013》一书，人民出版社 2013 年 12 月版；同时收入中共中央党校哲学教研部所编《哲学与社会》一书，人民出版社 2013 年 12 月版，题目被改为《人民当家作主是社会主义民主政治的本质要求》。后以《人民当家作主是社会主义的根本》为题发表于《中共贵州省委党校学报》2014 年第 3 期。

与领导、官员、议员等人民代表相对的普通群众、人民中的绝大多数人。

人民当家作主的要义之一，是每位公民作为国家和社会主人，依照宪法和法律规定，享有基本的经济、政治和文化权利，思想、言论和行动自由，能够自主决定个人事务，不受贫穷、恐惧、压迫等威胁。这本身就是人民的重大利益。不能当家作主就损害了他们的利益，所谓为人民谋利益就会流于口号，至少是残缺不全的。

人民当家作主的要义之二，是公民能够平等地参与公共事务、集体事务，发表意见，表达诉求，参与决定。这样，一方面，可以使国家和社会的各项决策兼顾各个方面的诉求，符合绝大多数人的利益，保持正确方向；另一方面，又能够比较充分地发挥人民的聪明才智，促成更多的发明创造，更好地为人民谋利益，推进社会发展。这与那些命令——服从关系、掌权者居高临下咨询式的“民主协商”（可听可不听）具有性质的不同。

人民当家作主的要义之三，是人民能够切实监督和制约执政党和政府。对于复杂的社会事务、国家事务，人民群众不可能都去直接管理，必须委托一定的代表（领导、官员、议员等）。人民当家作主，意味着人民实际行使着选举、审查、批评、撤换这些代表的权利，这些代表必须服从人民的意志，真心实意为人民谋利益。这也就是毛泽东 1945 年在延安对黄炎培所说的“民主新路”：“这条新路，就是民主，只有让人民来监督政府，政府才不敢松懈。只有人人起来负责，才不会人亡政息。”①

假如相反，由少数人垄断公共权力，就会出现以下情况：第一，人民的基本权利失去保障，随时有被剥夺、被侵蚀的可能，难免饥饿、恐惧乃至生命威胁。第二，当政的少数人对人民群众的真实利益和信息并不完全了解，即便他们主观上想为人民做好事，客观上也会经常出现失误。而且，他们的知识和能力是有限的，不借助群众的力量，不可能有更多的思路和

① 金冲及著：《毛泽东》（下），中央文献出版社 1996 年版，第 719—720 页。

办法，发展和创新必然受到局限。第三，我们党和政府是为人民谋利益的，不应当有自己的特殊利益，但是，党和政府是由具体的部门、人员组成的，作为具体的部门和人员，他们都有一定的部门利益、个人利益即特殊利益。无数事实证明，在党和政府中，不是人人都是天使、“雷锋”，道德高尚者是少数，道德境界低下者也不多，大量的是普通人、平常人、“经济人”，具有追求自身利益最大化的内在冲动，这些利益同人民利益是有矛盾的。如果由这些“经济人”尤其是道德低下者垄断公共权力，缺少强而有力的监督和制约，容易形成特殊利益集团、既得利益集团，使公共权力腐化变质，严重损害人民利益。

由上可见，科学社会主义的合理结构，只能是人民当家作主，唯有如此，才能切实保证为人民谋利益，并且充分发挥人民群众的积极性、主动性和创造性，达到我们所希望的功能。如果号称为人民谋利益的社会主义，却反对人民当家作主，那岂不是南辕北辙，滑天下之大稽？！所以，改革开放以来，《中华人民共和国宪法》和《中国共产党章程》都把“民主”作为我国发展的重要目标之一。中共十五大、十六大、十七大和十八大报告一再强调，“没有民主就没有社会主义，就没有社会主义现代化”[①]，“社会主义民主的本质是人民当家作主”[②]，“人民当家作主是社会主义民主政治的本质要求……共产党执政就是领导和支持人民当家作主”[③]，“人民当家作主是社会主义民主政治的本质和核心”[④]，“必须坚持人民主体地位”、“人民民主是社会主义的生命”[⑤]。然而，近几年来，不少人只讲科学发展，不讲民主发展，不讲由谁决定发展、谁是发展主体这个根本问题，有人甚至说：“最好不用西方的民主这个词”，他们的基本理念甚至比五四时期还落后；还有不

---

① 《邓小平文选》第2卷，人民出版社1994年版，第168页；另见中共十五大报告第六部分。

② 中共十五大报告第六部分。

③ 中共十六大报告第五部分。

④ 中共十七大报告第六部分。

⑤ 中共十八大报告第五部分。

少领导干部对于民主和政治体制改革问题是“只说不做”，应付舆论，敷衍群众，实质还是坚持“为民做主”这套苏联式政治理念。这些，显然都是违背宪法、党章和党代会上述精神的。

实际上，人民当家作主、人民主权即民主已经成为当代国际社会的主流观念和大多数人的共识。这是人类历史进步的重要表现。

1998年诺贝尔经济学奖得主阿玛蒂亚·森认为，民主是20世纪最伟大的成就。他说：“过去的一百年间的确不乏重大事件。但是比较之下，在20世纪出现的种种伟大成就中，我还是毫无困难地选择了最了不起的一桩：民主的兴起。这并不意味着我想否认其他事情的重要性。不过，我坚持认为，在遥远的未来，当人们返观这一世纪都发生了什么事情的时候，他们定会发现，不把头把交椅交给民主制度兴起并成为最受欢迎的统治方式这件事，是不可能的。”他还认真分析了印度、中国发生的大饥荒，得出一个基本结论：“事实是显著的：在骇人听闻的世界饥荒史上，从来没有一个独立、民主而又保障新闻自由的国家发生过真正的饥荒。无论找到哪里，我们都找不到这一规律的例外。”①

可见，为了实现人民富裕幸福、促进一切人包括每个人自由全面发展的功能，基本途径只能是民主，这就是科学的社会主义社会应有的根本结构。

二、中国目前如何切实推进民主

中国特色社会主义理论和实践已经取得巨大成就，但也存在不少问题，需要进一步发展和完善。完善的主要方向，在注重发展经济、改善民生的基础上，应当是大力推进社会民主。关于民主的理论现在已经讲得较多，当前更为重要的是在实践中切实推进民主，避免流于空谈。我认为，根据

① 引自百度百科“阿玛蒂亚·森”条目，2011年9月。

中国现实情况，当前可以从以下三个方面进行努力：

第一，以保障公民基本权利特别是言论出版自由为起点。保障公民基本权利，是民主首要的含义和作用。公民基本权利包括经济领域的基本生活保障、政治领域的基本表达权利、文化领域的思想文化自由等。现在，基本生活保障已经初步解决，于是，各个阶层特别是弱势群体能否自由发声即表达就显得尤为重要。言论自由是人民当家作主的起点。没有言论出版自由，人民当家作主就只是理想，不可能成为现实。哪里有不能讲话的主人呢！马克思也说过："没有新闻出版自由，其他一切自由都会成为泡影。"[①] 我们一再提倡解放思想、实事求是。而解放思想只有通过言论出版自由才能成为现实。没有言论出版自由，只准一家之言，不容不同意见，思想必然受到禁锢，至多是按照一种观点解放思想，甚至像一些人所说的是"奉旨解放思想"，实质是叶公好龙式的"解放思想"。实事求是也只有通过言论出版自由才能得到实现。只有在言论出版自由的条件下，人们能够讲真话、诉实情，科学发展才能成为常态。离开它，科学发展只能是一时的、特殊的、偶然的情况，不可能成为长期的、普遍的、必然的现实。

在人类历史的很长时期里，专制制度盛行，不存在言论出版自由，时常可见的是"因言获罪""文字狱""莫谈国是"。随着专制制度的瓦解和资本主义的发展，言论出版自由逐渐成为公民权利。例如，马克思和恩格斯合著的《共产党宣言》，其主旨是批判资本主义制度，并且公然宣称要用暴力推翻它。这样一部著作，1848 年在英国公开面世，随后不久，就在法国、德国、美国等国多次出版。由此可见，即便在当时原始野蛮的资本主义条件下，也已经实行了言论出版自由。这种自由并没有造成资本主义制度的毁灭，相反，却使它不断得到救治甚而得以更生。社会主义本来应当是比资本主义更文明进步的社会制度，可是，在斯大林式的传统社会主义

① 《马克思恩格斯全集》第 1 卷，人民出版社 1995 年版，第 201 页。

国家，这种自由却是很难想象的。这不是历史的进步而是倒退。

现在，言论出版自由已经写进了世界各国包括我国的宪法。国际社会公认：对它的“限制只应由法律规定并为下列条件所必需：（甲）尊重他人的权利或名誉；（乙）保障国家安全或公共秩序，或公共卫生或道德”①。毋庸多言，表达自由是以思想自由为前提的，它是思想自由的延伸。人们能否自由表达即有无言论出版自由，既是公民有无基本权利的问题，也是一个社会能否正视自身问题并且加以改进的前提条件。假设连表达都不被允许或不畅通，还怎么能期望社会问题得到改进呢？

这里特别需要提到知识分子。因为知识分子主要从事脑力劳动，他们对社会问题也更为关心，尤其是从事社会科学研究的知识分子，其工作就是对社会问题发表意见。因此，他们对言论出版自由的需要最为强烈。从一定意义上说，失去言论出版自由，他们就失掉了生存的基本条件，几乎等同于对他们的骟杀。这看起来似乎只是关涉到少数人的事情，但实际上，知识分子在很大程度上是社会包括各个阶级和阶层的喉舌，其中相当一些人是真诚为国为民的，扼杀知识分子实质是对人民包括各个阶级和阶层的封喉。而且应当看到，随着社会特别是教育事业的发展，愈来愈多的人拥有了中等以上学历和知识素养，日益知识分子化，言论出版自由对所有人都将成为生活所必需。

值得庆幸的是，当今世界互联网日益发达，它等于在官方垄断的新闻媒体之外涌现了无数的民办报纸、民办杂志、民办广播、民办电视、民办通讯社，普通公民拥有了一个重要的信息通道。它使人民群众的知情权、表达权、参与权、监督权不再是空谈，它强迫各个国家不得不兑现公民的言论出版自由等宪法权利。再搞封锁消息、控制舆论、文过饰非已经很难办到了。互联网的广泛使用，尽管也有某些负面的东西，但总体上是一个

① 联合国《公民权利和政治权利国际公约》第 19 条。

巨大的历史进步。可以说，互联网是民主政治的重要推进器，网络民主是当代民主的一种重要形式。

不过，我们也应看到，网络民主毕竟只是民主的一种形式——虚拟的民主。网络民主的发达，在一定意义上恰恰反衬出实体民主的不发达。如果普通公民可以比较自由地在报刊杂志、广播电视上发出自己的声音，可以随时向议员或代表、官员和政府部门表达自己的诉求，那么，网络民主就不会异常繁荣了。

第二，实行公共财政民主。《福布斯》中文版总编辑周健工认为："财税制度是一国核心制度，体现政府的基本价值观。"[①] 税收向什么人倾斜，预算主要投入什么方向，确实体现着政府的价值取向。在市场经济条件下，货币、金钱还是财富的主要代表。人民利益的重要体现也是他们对于财富的支配权力。现在，国家通过税收、管理公共资产从人民中收取了巨量财富，形成了庞大的公共财政。这些收入来源是否正当？它们用于何处？有无营私舞弊？人民作为国家和社会的主人，对于他们这些"血汗钱"拥有不容置疑的知情权、审查权、监督权、决定权。所谓官员的腐败，很大程度上就是贪污侵占公帑。我国时常可见的"天价酒""天价烟""天价宾馆""天价招待费"等，最终基本都是由公款买单。倘若把人民的"钱袋子"看紧了，官员没有滥用的权力和空隙，那么，腐败在大多数情况下就难以生存。怎样才能把人民的"钱袋子"看紧呢？主要途径就是财政预算和决算向人民群众公开，受人民监督。2011 年，国务院常务会议决定，中央部门以及地方政府要实行"三公经费"（公费出国、公款招待、公车消费）公开，是一个很好的起点。这一举措应当制度化，并且进一步扩展到整个公共财政包括税费征收、国有企业监管以及领导干部（含国家领导人）待遇直至执政党所使用的公共财政预算和决算等。

① 《福布斯中文版总编逐条回应中国税负全球第 2 质疑》，《新京报》2011 年 9 月 20 日。

对于公共财政不能仅仅靠政府的审计署、党委的纪检委进行监督，还应当实行人大监督、社会监督包括舆论监督，以期形成管控的“天罗地网”。而且，监督者本身也有一个被监督的问题，湖北省派往秭归县的巡视组“天价接待费”事件证明了这一点的必要。对于发现的问题，必须严肃处理，并且努力形成制度，以防患于未然。

第三，切实制约公共权力。这是民主更重要、更根本的方面。在这方面，可以由易到难，逐步推进。首先，要实行重大决策听证制度，将其置于社会公众监督制约之下，公民有权对于公共事务的决策发表批评意见，防止少数人随意决定重大问题，造成巨大浪费。其次，要实行官员家庭财产申报和公开制度。“阳光是最好的防腐剂”。在这方面，技术问题不是主要的，而主要在于领导层的决心。世界上不同发展水平的很多资本主义国家都实行了这一制度，作为社会主义的中国怎么反而不行呢？！再次，中共十七大已经提出了建立健全决策权、执行权、监督权既相互制约又相互协调的权力结构和运行机制的任务，现在的主要问题是将其落到实处，体现到机构设置、权责分工制衡上来，改变党委特别是其书记一权独大、无人能够制约的权力过分集中状况。最后，对于主要官员实行民主选举制度。建立从提名权到决定权的一系列民主程序，实行竞争性选举，规范竞争规则，改变很多官员只对上负责而不对下负责的痼疾，真正落实习近平同志所说的“权为民所赋”①。

针对我国的现实情况，正如温家宝同志所说：“需要改变以党代政，把权力绝对化和过于集中的现象，为此，必须改革党和国家的领导制度”，包括“维护司法公正。检察机关和司法机关要保持应有的独立性，不受任何行政机关、社会团体和个人的干涉”。② 而关键是把执政党与国家的关系纳

① 习近平：《领导干部要树立正确的世界观权力观事业观》，《学习时报》2010 年 9 月 6 日。

② 《温家宝在第五届夏季达沃斯论坛开幕式和企业家座谈会上答问》，《人民日报》2011 年 9 月 15 日。

入法治的轨道，坚决贯彻落实宪法，赋予全国人民代表大会以国家最高权力，要求一切政党、组织和政府机关依法办事，保障全体公民的法定权利，真正实行依法治国。

有人担心，这会削弱共产党的执政地位，因此会遭到共产党的反对。这种担心并非杞人忧天，但也可以消除。真正的共产党立党为公，以全心全意为人民谋利益为根本宗旨，没有自己的特殊利益。人民当家作主对人民和国家有利，共产党没有理由反对它。如果反对或者不实行人民当家作主，那就意味着共产党已经变质，蜕变为结党营私了，会遭到真正的共产党员的坚决反对。

《用中国化马克思主义破解现实问题》概要 *

2012年10月，我的一部新文集——《用中国化马克思主义破解现实问题》，由“全国百佳图书出版单位”九州出版社出版。这里的“中国化马克思主义”是指中国特色社会主义理论特别是其精髓即解放思想、实事求是，而“现实问题”既包括当今的理论问题，也包括当今的实践问题。

本书收入了我自2000年以来发表的63篇文章，共48万字，分为“建构科学的马克思主义观”“阐发当代中国的马克思主义”“求解中国社会现实问题”三编。本书是自己“知天命”尔后即思想成熟期的作品，是自己十年诚实思考的结晶，每篇文章都力求提出和回答一点问题，都讲一点真话和新话。本书封面引用专家的评语标明，其主要特点是“现实感、讲真话、讲新话”。九州出版社给凤凰网提供的书讯中说：“全书几乎篇篇是精品，屡屡出新意。”这可能过誉了，但确实还没有发现令自己“脸红”的文章。这些文章大部分被多种报刊和网站所转载。

现在，人民网、凤凰网和《北京日报》等数十家媒体已经刊登了本书简介以及后记。人民网在刊登书讯时由编辑添加了一个副标题：“中央党校董德刚教授十年诚实思考的结晶”；《北京日报》把本书后记作了改动后发表，编辑所加的标题是：“十年沥血结新集”。

下面，对本书的重点文章作一择要介绍。

---

* 此文发表于《中国延安干部学院学报》2013年第3期，人民网、爱思想网、中道网等转载。

一、上编“建构科学的马克思主义观”，收入了22篇文章，比较系统和深入地探讨了如何树立科学的马克思主义观的问题

《从新的角度理解和认识马克思主义哲学》，原载于《河北学刊》2006年第6期，《新华文摘》2007年第6期、中国人民大学复印报刊资料《马克思主义、列宁主义研究》和《哲学原理》全文转载，《高等学校文科学报学术文摘》转摘。主要观点是“五个着眼于”：1. 着眼于特点，注重马克思主义哲学的独创性观点（实践观点、生产观点、群众观点等）；2. 着眼于根本，把握马克思主义哲学的基本精神（在尊重客观规律特别是社会规律基础上，为绝大多数人包括其中每一个人谋利益）；3. 着眼于发展，吸纳马克思主义哲学研究的新成果；4. 着眼于现实，搞清马克思主义哲学与马克思哲学的关系（前者对后者具有传承、矫正、发展三重关系）；5. 着眼于应用，把马克思主义哲学转化为实际的思想路线。其中提到，党章中关于思想路线的表述侧重于认识论特别是真理观问题，而对于唯物史观特别是作为其根本的价值取向反映不够，这是一个重大缺陷，但至今仍未解决。

《论马克思主义中国化的实质》，原载于《马克思主义与现实》2009年第1期，人民网、中国社会科学院网、中国选举与治理网、北京大学网、《理论参考》等转载。主要观点体现在文章的四个小标题上（它们是由浅入深的递进关系）：1. 应当中国化的马克思主义是指马列学说中的普遍真理；2. 马克思主义普遍真理包含普适价值；3. 普遍真理和普适价值不限于马列学说；4. 马克思主义中国化的实质是实行当代世界的普遍真理和普适价值与中国实际相结合。这篇文章的重要内容之一，是比较充分地论证了“普适价值”的存在和意义，驳斥了一些人批判“普适价值”的论点。

此文以及本书的多篇文章还指出，马克思主义具有多种含义，作为我们指导思想的“马克思列宁主义”，不能等同于马克思、恩格斯以及列宁的所有论述，而应当是指马列学说中那些“经过实践证明是科学的并且具有普遍意义（即对当代中国有指导意义）的理论”，亦即普遍真理。其外延包括马克思主义科学世界观和方法论以及由此展开而来的基本原理。只有这些普遍真理才能被越来越多的人所接受，方可世代传承。此即马克思主义一脉相承之“脉”。马列的具体结论和个别论断不在其中。马列学说中的普遍真理同古今中外人类其他文明成果是一致的和相容的，必须反对把马克思主义同人类其他文明成果对立起来的自我孤立化倾向。

《〈共产党宣言〉三个论断之辨析》，系提交2010年10月中共中央编译局《马克思主义与现实》杂志创刊20周年暨“当前马克思主义理论研究中的重大前沿问题”学术研讨会的论文，《科学社会主义》2011年第4期公开发表，中国人民大学复印报刊资料《马克思列宁主义研究》及若干网站转载。此文主要是深入分析了“消灭私有制”“一切社会历史都是阶级斗争的历史”“任何一个时代的统治思想始终是统治阶级的思想”等命题，在肯定马克思巨大历史贡献的同时，用大量事实证明马克思的一些重要论断也有错误，我们过去对它们的理解和运用多有偏差，提醒人们在学习马克思主义经典著作时，应当对它们采取科学的分析态度，注意克服教条主义影响。

《站在人类文明发展新成果的高度研究和推进马克思主义》，发表于《马克思主义与现实》2007年第6期。此文提出了“以新解马”这个新的研究范式。这个范式是对学术界流行的“以西解马”“以中解马”“以马解马”三种范式的辩证综合和总体超越。

《什么是马克思主义的核心》，发表于《学习时报》2008年6月22日，众多网站及报刊转载。此文提出，过去，我们通常都按照列宁和毛泽东的观点来理解马克思主义，认为阶级斗争和无产阶级专政是其核心；改革开放以来，邓小平引导我们实现了认识上的巨大飞跃，认识到，实事求是即其科学世界观和方法论是精髓，发展生产力和实现人民利益才是其核心，而阶级斗争和无产阶级专政归根到底都是发展生产力和实现人民利益的手段和途径。手段尽管也很重要，但终归是为目的服务的，后者无疑更为根本。

《马克思主义的一脉相承和与时俱进》，发表于《中共中央党校报告选》2010年增刊。此文回答了五个方面的问题：1. 什么是作为我们指导思想的马克思列宁主义？ 2. 马克思主义一脉相承的“脉”是什么？ 3. 我们现在为什么还要坚持马克思主义？ 4. 马克思主义在我国新时期有哪些重大发展？ 5. 应当怎样对待马克思主义？在此文第四部分中，将中国特色社会主义理论体系的主要创新，概括为马克思主义的新境界、社会主义的新观念、执政党建设的新觉醒、指导发展的新理念四个方面。其下，又作出进一步的分析概括。譬如，将执政党建设的新觉醒概括为三个要点：“两个转变”（从革命党向执政党、从计划经济条件下执政向市场经济条件下执政转变）论，“两个先锋队”（中国工人阶级先锋队与中国人民和中华民族先锋队）统一论，“两个建设”（加强党的执政能力建设和先进性建设）论。

二、中编“阐发当代中国的马克思主义”，收入了18篇文章，阐发了中国特色社会主义理论包括邓小平理论、“三个代表”重要思想、科学发展观特别是其中的创新等方方面面的问题

《如何理解“不够格”的社会主义》，原载于2000年10月20日《理论动态》，《北京日报》《报刊文摘》《南方日报》《经济研究资料》等转摘，众多网站转载。这篇文章主要讲了三个观点（也是小标题）：1. “不够格”的社会主义不是邓小平的个别论断。2. “不够格”的社会主义不同于马克思的“共产主义社会第一阶段”。3. 社会主义初级阶段与新民主主义社会的关系，认为前者比后者发展水平更高，但二者同处于“够格的”社会主义之前的历史阶段。

《谈谈马克思主义中国化最新成果的定位问题》，发表于《科学社会主义》杂志2007年第1期，海内外数百家媒体报道、转载和评论。主要观点是：1. 在肯定“三个代表”重要思想的基础上指出了五点教训。2. 提出由于多种社会原因，人们对党的理论创新成果的评价往往偏高，因此要特别慎重。3. 建议用“发展着的马克思主义特别是中国特色社会主义理论”概括我们党的指导思想。这些观点与八个月后党的十七大报告“高度一致”，例如，用“中国特色社会主义理论（体系）”将邓小平理论、“三个代表”重要思想等整合起来，确认“马克思主义中国化最新成果”包含邓小平理论和“三个代表”重要思想等（当时有的中央领导同志和某些学者认为，它是特指科学发展观）。

《改革 30 年中国的观念变革》。2008 年 5 月 9 日，为了纪念真理标准讨论暨改革开放 30 周年，我应邀在人民网作了访谈。此文是这次访谈的速记稿，被众多网站和报刊转载。此文主要谈了 30 年来，我们在马克思主义、社会主义、执政党建设三个方面的观念变革即重大创新。同时，在回答网友提问中，提出了劳动价值论也有缺陷，对剥削问题应当具体分析，互联网是民主政治的重要推进器，社会主义和资本主义可以相互借鉴等重要观点。

《邓小平理论的科学体系和历史地位》，发表于《中共四川省委党校学报》2004 年增刊。文章把邓小平理论的主要内容归结为一个主题（建设中国特色社会主义）、三大理论（社会主义初级阶段论、社会主义市场经济论、社会主义本质论）、一个精髓（解放思想、实事求是），简称“一・三・一”，并且提出，社会主义初级阶段是我们的立足点或出发点，社会主义市场经济是主要道路或途径，社会主义本质则是方向或目标。我们就是要从社会主义初级阶段的基本国情出发，主要通过社会主义市场经济的道路，去实现中国的现代化，使全体人民共同富裕，即更充分地体现社会主义的本质。这些，实际上构成了邓小平理论体系的基本轮廓。这类概括可能有助于人们既简明扼要而又比较深入地掌握邓小平理论。

《对科学社会主义基本原则认识的三次转变》，原载于 2007 年 9 月 20

日《理论动态》，公开发表于2007年10月25日《南方周末》，题目被改为《中国特色社会主义基本原则的三次转变》，人民网等众多网站和报刊转载。此文提出，科学社会主义基本原则不是马克思、恩格斯早就讲清楚了，也不是我们过去都搞明白了，它实际是一个实践、认识、再实践、再认识的过程，是一个不断发展的过程。改革开放以来，我们对这些基本原则的认识，经历了三次重大的转变：第一次以1984年为标志，主要内容是从计划经济到市场经济；第二次以1992年为标志，主要内容是从注重手段到注重目的（社会主义本质）；第三次以2002年为标志，主要内容是从经济到全面特别是到以人为本。而实现这些转变的主要经验，一是始终坚持解放思想、实事求是，二是注意发挥广大干部群众的聪明才智，三是大胆吸收借鉴人类文明的优秀成果。

三、下编“求解中国社会现实问题”，收入了23篇文章，试图回答若干重大的现实问题

《当代中国的十大观念变革》，原载于2007年10月8日《北京日报》，《新华文摘》2007年第24期、中国人民大学复印报刊资料《中国政治》和《精神文明导刊》转载，人民网、新华网、搜狐网、凤凰网等数十家网站全文转载，《文摘报》《党政论坛》《学理论》等转摘，收入《党建研究纵横谈（2007）》一书（党建读物出版社2008年版）。此文提出，长期以来，影响我国社会主义现代化事业健康发展的主要思想理论障碍，就是关于社会主义和资本主义、公有制和私有制、阶级和阶层特别是对待马克思主义的许多简单、片面、似是而非的观念。为了促进中国的发展，需要在这些问题上实行思想观念的根本变革即所谓“十大观念变革”：1.从注重经济社会形态到注重技术社会形态。2.从只重制度模式到更重价值取向。3.从“社”“资”绝对对立到互相取长补短。4.从过分关注“姓公姓私”到首先关注“是好是坏”。5.从对所有制的狭隘二分法到多维视角。6.研究阶级阶层从单纯生产关系角度到侧重生产力角度。7. 从阶级阶层之间的简单对立到和谐相处。8. 从理论本位论到实践本位论。9. 从服从革命导师个人到服膺普遍真理。10. 从“语录”标准到“基本精神”标准。

《试论当代中国的基本走向》，发表于《理论视野》2010 年第 1 期，人民网、中国改革网、中国选举与治理网等网站转载。此文在借鉴和吸收已有研究成果的基础上，对迄今为止的人类发展史作出了“四大领域、四个阶段”的简要概括：经济领域是渔猎化→农业化→工业化→信息化。政治领域是神权→君权→少数人（官僚和富豪）特权→民权（民主法治人权）。文化领域是神学→玄学（主观玄虚之学）→经典科学（近代科学）→现代科学。人的发展状况是原始蒙昧人→关系人（依赖于人的人）→自立的单面人（依赖于物的人）→健全人（自由全面发展的人）。然后，以此作为基本坐标，提出当代中国正处于深刻的社会变革之中，总体上是从农业社会走向现代社会。其主要内容，在经济上，是从农业化向工业化和信息化转化；在政治上，是从君权、少数人特权（专制人治）向民权（民主法治人权）转化；在文化上，是从封闭、愚昧、单一向开放、理性、多样转化；在人的发展方面，是从人身依赖的“臣民”、“奴性”、单面人向独立自由的公民、个性、健全人转化。此文强调了社会发展的深层机制，是个体活力与社会调控的有机结合；推进中国发展的切入点，是真正实行解放思想、言论自由。

《慎贴反马克思主义标签》，原载于《改革内参》2010 年第 36 期，公开发表于《科学社会主义》杂志 2010 年第 6 期，中国人民大学复印报刊资料《中国特色社会主义理论》转载。作者依据此文在同年 9 月“全国社会主义核心价值体系高层学术研讨会”（上海）和 10 月“社会主义理论前沿高层论坛”（北京）作过大会发言。此文强调，界定反马克思主义思潮要十分慎重，因为它等于思想政治上的敌人。要注意在马克思主义同反马克思主义之间存在大量的非马克思主义，它们同马克思主义不是根本对立的，而是既有差别，也有统一。民主社会主义是我们的朋友，不是敌人，朋友之间应当“和而不同”，但绝不能视作寇仇。即使是新老自由主义也不全是谬误，而是包含真理的成分，是“片面的深刻”，我们也从中吸取了注重自由市场的合理因素。不要乱贴反马克思主义标签，不能四处树敌、自我孤立。马克思主义应当是可亲的、可敬的，不应当是冷血的、可憎的。建立最广泛的统一战线应当成为我们思想文化工作的战略方针。

《所有制问题也要进一步解放思想》，原载于 2008 年 2 月 28 日《南方周末》，被人民网、凤凰网、搜狐网、网易等众多网站及报刊转、摘。此文提出，对所有制问题要从狭隘的公有制和私有制二分法转变到多维视角，包括国家所有制与社会所有制、官有制与民有制、宏观所有制与微观所有制、直接所有制与间接所有制、关键在剩余价值归谁所有等角度。

《逐渐淡化“公私二分”，走向社会所有》，原载于 2010 年 4 月 28 日《南方周末》，人民网、中国改革网、中国选举与治理网、哲摄线、星岛环球网等转载；人民日报社《思想理论动态参阅》《北京日报》《文摘报》《当代社科视野》等报刊转摘。此文提出，公有制和私有制概念在当代中国语境下存在四个含混不清的问题，值得推敲；社会所有制的提法更好些，所有制发展的大趋势是走向所有权的社会化；评价所有制的根本标准是生产力标准和人民利益标准。

本书后记中的一段话集中表达了自己写作的心路历程，现抄录如下：

“十年来，自己出版了三部个人专著，讲授过很多课程，本书中的文章正是它们的重要基础。这些，又是在自己把近一半精力用于行政事务工作的情况下完成的，经常是‘超负荷’运转，自己因此自讽为‘强脑力工作者’。回首写作历程，其中有些观点的提炼，几可谓‘两句三年得，一吟双泪流’。即便将它们搜集齐全、筛选整编、联系出版，也不是一件轻松的任务。为什么要辛辛苦苦地做这个事情？我想，作为思想者、理论工作者，社会为我们提供了衣食住行等一切所需要的东西，我们用什么来回馈社会？只能用有价值的思想成果。这些思想成果似乎是‘虚的’、‘软的’东西，不能直接建功立业，但它们可以在一定程度上满足人们的精神需求，促进公民素质的提升；还可以通过影响人们的观念、社会舆论直至决策者的思维，从而间接改变世界。我的信念依旧：‘思想者’的生命和价值在于‘思想’；‘思想者’的使命和责任在于为社会提供‘思想’，以帮助人们审视和改变这不尽如人意的世界。本书正是自己十年诚实思考的结晶。幸喜‘十年沥血结新集’。现在，作者在敝帚自珍、聊以自慰的同时，将它作为思想理论百花园中的一朵小花，献给愿意思考这些问题的读者。”

论马克思主义威望下降的原因*

马克思主义一直是中国共产党的指导思想，新中国成立后，它又成为国家的指导思想，地位极其重要。直至今天，在中国主流媒体上，依然几乎天天在讲马克思主义。尽管人们对于马克思主义的理解不尽相同，但追根溯源还是指原生态的、经典的马克思主义即马克思的学说。值得注意的是，同改革开放以前相比，近些年来，马克思主义在我国以及世界上的威望呈现出下降的趋势。不少知识分子（包括大学生、研究生）和领导干部不大相信马克思主义，认为马克思主义没有吸引力了，马克思主义陈旧过时了，马克思主义不大管用了，马克思主义只是政治招牌、装饰品或空洞的说辞，研究马克思主义没有前途和出路。一些人因此而对儒学、西方某种学说乃至宗教寄予厚望，期冀从中找到安身立命之本。

对于这种现象，一些人忧心忡忡，担心社会主义“大厦”将倾；一些人幸灾乐祸，恨不得将马克思主义清除殆尽；一些人如同埋头的鸵鸟，充耳不闻，佯装不知；鲜少有人能够科学理性地对待它。而这个问题，关系到我们的指导思想是否端正，关系到中国的前途和命运，具有重要的理论意义、政治意义和实践意义。有鉴于此，本文试对这一现实问题作些具体分析。

---

* 此文发表于《上海思想界》2015 年第 2、3 期合刊，爱思想网、中道网、新浪博客等转载，众多微信公众号转发。

一、造成马克思主义威望下降的消极因素

（一）苏联式社会主义制度失败的打击

我国理论界一向公认，列宁把马克思的科学社会主义从理论变成了现实，苏联是在一个大国范围内践行马克思主义的首例。第二次世界大战以后，一系列国家包括中国也实行了苏联式社会主义制度。尽管苏联以及其他社会主义国家的发展历程曲折跌宕，既有高歌猛进时期，也有萧杀苦难之日，不能简单而论，但从结局上看，苏联以及实行这一模式的国家接二连三遭到了失败。苏联东欧的社会主义国家纷纷改旗易帜，中国等社会主义国家另辟新路，其他国家再也不把苏联模式当作自己追求的目标。

苏联式社会主义国家的主要特点是执政党高度集权（实际主要是其领导人集权，普通党员并无权力），实行经济垄断、政治垄断、真理垄断（俄共中央主席久加诺夫1995年语）[①]。李永忠等在《苏共亡党之谜》中揭露道：自斯大林开始实行等级授职制，苏共培养和固化了“克格勃集团”“军工集团”“第聂伯罗帮”“太子党”“秘书党”“官二代”等各种利益集团和官僚腐败集团。这些利益集团最终垄断了国家权力、经济资源和文化资源，与人民群众的利益诉求渐行渐远，最终被人民所抛弃。[②] 执政党代表国家垄断主要经济资源，实行单一公有制特别是国有制和计划经济，造成长期的“短缺经济”“票证经济”，生产力发展不快，国弱民穷；执政党少数领导干部独掌公共权力，缺乏民主、法治、自由；执政党实行严密思想控制，以领导人的指示为圭臬，要求全体公民思想高度统一，“一花”独放，“百花”凋零，思想文化创新乏力。苏联式社会主义国家对于马克思主义既有脱离国情、超越阶段而机械照搬的问题（如在生产力不够发达的条件下也要实行单一公有制、计划经济和按劳分配等），也有扭曲和附加的问题（如实行

---

① 转引自高放：《苏联模式的病源和病因》，《同舟共进》2009年第4期。

② 李永忠、董瑛：《苏共亡党之谜》，商务印书馆2012年版，第14页。

高度集权的无产阶级专政、执政党特别是其领袖专制，残酷的阶级斗争和党内斗争等），但不可否认，他们的多数理论——包括哲学、政治经济学和社会主义理论，都能够从马克思学说中找到一定根据。我们必须正视实践检验的结果，哪怕这个结果是令人痛楚的。当然，实践检验理论的情况十分复杂，关于理想、目标、哲学思想等比较高远、抽象的理念不能简单否定，因为它们与实践之间还有很多中间环节，而那些关于制度、体制等可操作可重复的手段方面的理论则在很大程度上被证伪了。**马克思的理想是光辉和崇高的，但他指示的道路和途径是不够成功的。苏联式社会主义制度的失败是对马克思主义威望的一个重大打击。**

（二）部分共产党官员和马克思主义理论家的言行相悖严重损害了马克思主义的声誉

马克思主义的根本宗旨是为绝大多数人谋利益，不谋取任何特殊利益。然而，相当多的共产党高级官员却首先为自己谋利益，他们本人及其家属大多享受各种特权。苏联首开先例，曾经担任过苏共中央政治局委员的叶利钦在《我的自述》一书中，回顾了特权化在斯大林时代就已大肆蔓延的情形："你在职位的阶梯上爬得越高，归你享受的东西就越丰富……如果你爬到了党的权力金字塔的顶尖，则可享有一切——你进入了共产主义……共产主义完全可以在一个单独的国家里为那些获取权位的少数人而实现。"[①] 其他社会主义国家在这方面可谓大同小异甚至后来居上。可以说，官至副省部长级，衣食住行医乐等都能享受远高于普通公民的贵宾级待遇，官职愈大待遇愈高，而且实行终身制。如果说，特权尚有"明规则"或"潜规则"可循，那么，腐败现象则是完全违法和悖德的事情，竟然也是多发频发，权力远远没有被关进制度的笼子。如中国近些年来就是如此，相当一批官员（包括多名中央政治局委员）大搞官商勾结、权钱交易、权色

① ［俄］叶利钦：《我的自述》，东方出版社 1993 年版，第 129—134 页。

交易、腐化堕落，子女亲属尽享富贵荣华，媒体上几乎天天可见这类事例，人们已然见多不怪了。革命老区延安多年来流传着这样的顺口溜：过去的领导干部们是“红米饭，南瓜汤，老婆一个，孩子一帮”。现在不少官员却是“白米饭，王八汤，孩子一个，情人一帮”。2013 年 3 月 25 日《人民日报》发表的《当官即不许发财》一文说：“据今年两会上最高人民检察院工作报告披露的职务犯罪案件数字，算下来，近 5 年大约平均每两月查处一名省部级干部，每两天查处一名厅局级干部，每天查处 7 名县处级以上干部。”这固然说明我国反腐败的力度在加大，但也证明了官员腐败问题是何等严峻：仅仅被“查处”的领导干部就如此之多，未被“查处”的贪官污吏该有多少啊！

同腐败官员相似，相当一些马克思主义理论家口头上大唱共产主义、集体主义、科学和道德的高调，在行为上却是极端个人主义、奢侈糜烂的享乐主义、阿谀媚上的太监主义。多位国内外知名的马克思主义理论家，接连闹出情妇反目、私生子曝光、付“封口费”等丑闻，极具讽刺意味。人们鄙夷地说，他们是“满口马列主义，满腹男盗女娼”！他们那些马克思主义高调，都是美化现实、歌颂上司、愚弄群众、自欺欺人的。

这些假共产党、假马克思主义者的言行不一、品质卑劣严重败坏了马克思主义的声誉、共产党的声誉、社会主义的声誉。

（三）不少人对于马克思主义不大懂、不会用，不能解决实际问题

掌握马克思学说是有相当难度的。马克思及恩格斯一生著作等身，《马克思恩格斯全集》中文第 1 版有 50 卷约 3200 万字，《列宁全集》中文第 2 版有 60 卷约 2600 万字，而且有时代背景、不同国情等疏离和隔膜，又是翻译过来的“欧式”汉语，与流行小说大不相同，读起来十分不易。不必说终日忙于生计的普通工农群众，就是在我们的领导干部中，有多少人读过马克思的这些著作，哪怕读过其中的十分之一？估计 95% 以上都没有做到。即便他们读过一些，理解又如何呢？能否把握其精髓和基本精神？

这是一个很大的问题。

许多人包括不少高级干部并不真正了解马克思主义，他们只是把马克思主义当作政治符号来使用。须知，许多专职的马克思主义理论工作者、教授，他们数十年学习、研究和宣传马克思主义，可谓“皓首穷经”，不知精读过多少马克思恩格斯列宁斯大林原著，翻阅过多少有关研究专著，浏览过多少相关研究论文，他们中尚且没有几人敢自称系统地深入地把握了马克思主义；而那些领导干部，他们几乎整日忙于各种行政事务工作，极少有时间和精力去研读有关著作，他们怎么可能对马克思主义有真正系统和深入的了解呢？可以说，他们中的绝大多数对于马克思主义都只有一知半解。然而，就是这些一知半解的人，却常常教导人们如何学习、坚持和正确对待马克思主义，甚至以马克思主义理论权威自居，经常评判哪些言行坚持或背离了马克思主义，动辄宣称自己如何发展了马克思主义云云。

许多人对于马克思主义的了解，大多局限于知道马克思的若干原理和结论，但不了解他的方法和得出这些结论的根据。因此，他们学习马克思主义之后，并不会自觉应用，他们在分析社会历史问题时，常常违背马克思主义。例如，一些领导干部在总结苏联东欧社会制度剧变的原因时说，主要因为他们出了戈尔巴乔夫和叶利钦，而中国未变则主要因为我们有邓小平。这是把如此巨大的社会变化归因于个别领袖人物，是用“小原因”解释“大事件”，忽视了人民群众的决定作用，是典型的英雄史观。再如，有些领导干部和理论家认为，苏联东欧共产党垮台的最大教训，是在哲学社会科学方面，在意识形态方面。这是把社会重大变化的根源归结为社会意识、精神因素，是唯心史观的表现。它们掩盖了苏东体制制度同生产力的不相适应、苏东共产党严重脱离群众这个更深层次的基本原因。

人们对马克思主义不大懂、不会用、不能解决实际问题，而又经常口称马克思主义，怎么能不影响它的威望呢！

（四）一些人对马克思学说的否定也起了一定作用

国内外都有一些人在否定马克思学说，这对马克思主义威望的下降也起了一定作用。这又分为两种情况：一种情况是，某些人出于狭隘的私利和意识形态偏见，不讲事实、不讲道理，毫无根据地恶意攻击马克思学说，他们把马克思视为恶魔，把马克思学说当作万恶之源，竭尽全力地加以污蔑和丑化。不过，应当看到，这些毫无根据的恶意攻击和丑化的作用是十分有限的，因为绝大多数人都是知情达理的，具备辨别是非的基本能力，不会“听风就是雨”，轻信这类污蔑。另一种情况是，一些人否定马克思学说，确有一定的根据和理由，这与前述恶意攻击不能等同。对他们的这些根据和理由，马克思主义者需要认真听取并且加以反思，在讨论和辩论中予以澄清，包括纠正其中难免的误解和差讹。“真金不怕火炼”，真理愈辩愈明，马克思学说中具有真理性质的内容，决不会惧怕人们的批评和质疑。本文后面会论及，对于马克思学说的科学分析，实际是一种积极因素。

二、造成马克思主义威望下降的积极因素

（一）从横向上看，改革开放开阔了我们的思想理论视野，使马克思主义的相对地位下降

过去，我们把马克思主义绝对化、神圣化，认为马克思和恩格斯“句句是真理”，而且每一句话都是“放之四海而皆准”的普遍真理，马克思主义成为科学、正确、真理、正义、高尚等一切美好事物的代名词，是至高无上的人类思想文化的顶峰。“有我无他”“一花开会百花杀”，其他思想理论成果都被遮蔽了。而执政党和政府是高举马克思主义旗帜、按照马克思主义办事的，因此，唯我正确、唯我科学、唯我革命、唯我优越等夜郎自大的思想和行为大行其道，自信到自负的程度，不允许任何人质疑马克思学说及其现世代表——领导人的言论，排斥马克思学说之外的合理因素。

现在，随着改革开放的不断深化，人们的视野开阔了，逐步拥有了世界历史眼光。他们看到，世界上多数国家并不以马克思主义为指导，但他们的国家也在发展，有些国家有些时候发展还很快，创造了很多人间奇迹。时常有领导干部提出如下问题：世界上不少国家并不以马克思主义为指导，他们发展得也很好，其中不少国家发展水平比我们还高，他们的思想理论是否全是谬误？当然不可能全是谬误，其中有很多科学合理的成分。否则，他们的国家怎么能够发展起来？！

邓小平多次说过，“老祖宗”不能丢[①]。这是指马克思主义的“老祖宗”不能丢。有些学者提出，中国的马克思主义者也不能丢中国人自己的“老祖宗”—— 老子、孔子直至孙中山等[②]。这是十分正确的意见。不过，还应当补充说，西方国家的圣哲先贤们，包括苏格拉底、柏拉图、亚里士多德直至康德、黑格尔等，他们是马克思主义创始人的“老祖宗”，也是西方人的“老祖宗”，他们和孔孟等人同为全人类的“老祖宗”，同样也不能丢。将这些内容综合起来，更为全面的提法是：马克思列宁、中国先贤、西方圣哲三个“老祖宗”都不能丢。应当说明的是，所谓三个“老祖宗”只是形象化的说法，其实并不限于三个或五个，而是所有“老祖宗”那些合理的东西都不应丢。无论是中国传统文化，还是西方思想文化，都有很多至今仍然熠熠生辉的精华。马克思主义之外的其他思想理论中也有很多好东西，完全排斥它们是狭隘的、不正确的。列宁早已说过：“马克思主义同‘宗派主义’毫无相似之处，它绝不是离开世界文明发展大道而产生的一种故步自封、僵化不变的学说。”[③] 马克思主义在发展中必须注意吸收人类文明的一切优秀成果。必须反对把马克思主义僵化起来特别是同人类其他文明成果对立起来的自我孤立倾向。

---

① 《邓小平文选》第 3 卷，人民出版社 1993 年版，第 369 页。

② 参见许全兴著：《马克思主义哲学的自我革命》，中国社会科学出版社 2009 年版，第 102—103 页。

③ 《列宁选集》第 2 卷，人民出版社 1995 年版，第 309 页。

综合起来说，过去，我们只看到马克思学说这个人类思想文化的“冰山一角”，只看到马克思学说这个“山峰”；现在，则看到了人类思想文化的“冰山全貌”，看到了中国传统文化、西方思想文化这个广阔的“群山”，认识到“山外有山，天外有天”。因此，马克思主义的相对地位必然下降，由唯一科学的、至高无上的理论变为“众山丛中一高峰”。人们比较理性了，能够把马克思主义摆到适当的位置上——实际是回归到本来应有的位置。越来越多的人认识到，马克思主义只是人类认识成果长河中的一部分，是人类丰富多彩的思想文化成果中的一个流派，不是全部，当然是影响很大的一个流派。

（二）从纵向上看，我们创造出中国特色社会主义理论等新的理论，也使马克思主义的相对重要性减弱

过去，在我们当作指导思想的基本理论“武库”中，马克思学说以及列宁学说是我们的主要“装备”。改革开放以来，我们创造出邓小平理论、“三个代表”重要思想、科学发展观等一系列新的思想理论即中国特色社会主义理论，尽管我们时常把它们也称为马克思主义或发展着的马克思主义，表明它们同马克思列宁学说确有内在联系、一脉相承，但毕竟有所区别、有所前进，否则就没有必要用新的名称来称呼它们了。党中央一再强调，中国特色社会主义理论是领导干部学习的中心内容，这就是说，它们成为我们新的“装备”，而且是主要“装备”。这样，使本来意义的马克思主义即马克思学说的相对重要性减弱，其威望下降了。这是必然的、十分正常的事情，科学理论要与时俱进，“武器装备”要不断更新换代，这完全是好事。

多年来，邓小平一再强调，实事求是是马克思主义的精髓、根本点或基本点。他还具体解释过：“列宁之所以是一个真正的伟大的马克思主义者，就在于他不是从书本里，而是从实际、逻辑、哲学思想、共产主义理想上找到革命道路，在一个落后国家里干成了社会主义革命。中国伟大的马克思列宁主义者毛泽东，并不是在马克思、列宁的书本里寻求在落后的中国夺取新民主主义革命胜利的途径。……革命是这样，建设也是这样。……固定的模式是没有的，也不可能有。”[①] 这就是说，马克思关于未来社会的那些具体结论不能照搬，因为时代和国情有很大的不同，能够给我们提供指引的是马克思的哲学思想、共产主义理想。这些哲学思想，实质反映的是人类社会发展的一般规律和进步的价值取向，如实践标准、生产力标准和人民利益标准。而共产主义理想的实质是建设一个人的自由全面发展的美好社会，实现全体人民包括其中每一个人的富裕幸福，它是照耀我们前进的灯塔。这些，才是马克思主义普遍真理的主要内容，是最可宝贵的思想精华。

不过，从马克思主义精髓到中国具体实际需要一系列的“桥梁”和中介。我们之所以强调把马克思主义普遍真理与中国具体实际结合起来即马克思主义中国化，就是为了建构起这些“桥梁”和中介，以便切实解决中国发展的实际问题。可见，作为我们的指导思想，仅有哲学理念和崇高理想是不够的，还必须有可供操作的具体路线、战略、方针和政策，这才能够真正解决当前应当“做什么”和“怎么做”等现实问题。后一方面正是需要我们根据实际情况自己作出的。中国特色社会主义理论恰好适应了这个方面的现实需要，因而也成为我们指导思想的组成部分。

毛泽东早已说过：“几千年以后看马克思，就像现在看孔夫子。”[②] 这句话很有哲理。试想，在中国封建社会，许多人认为：“天不生仲尼，万古如长夜。”历史已经证明了这一说法的乖谬。孔夫子确实很伟大，他关于修身、处世、教育等许多论述，至今仍有重要价值。但是，他并没有讲科学、民主和法治（这是陈述事实，不是苛求于先人），单靠孔夫子，人们就无

① 《邓小平文选》第 3 卷，人民出版社 1993 年版，第 292 页。
② 《毛泽东文集》第 6 卷，人民出版社 1999 年版，第 490 页。

法适应现代生活。同样，马克思也不可能回答后人遇到的所有问题，它们只能靠后人自己去解决；而且，实践、时代和科学都在不断发展，后人在新的实践中一定会创造出新的思想理论。任何科学理论都是人类认识世界的阶梯，它们无一例外地具有局限性、相对性，都是可以分析甚至证伪的，都需要发展，并且将来都会被更高级的科学理论所扬弃。中共十六大报告指出:“实践没有止境，创新也没有止境。我们要突破前人，后人也必然会突破我们。这是社会前进的必然规律。”①人类的思想理论成果会愈来愈多，马克思学说在其中所占的比重和相对地位会愈益下降，这是历史发展的大趋势。假如人类的思想理论上百年甚至上千年都没有实质性的进步和突破，那不是发展而是停滞、不是福音而是灾难！事实显然决非如此。

（三）人们现在愈来愈能够对马克思学说采取科学分析的态度，亦使马克思主义的威望从顶峰回落

过去，马克思学说在社会主义国家里具有“准宗教”乃至“准国教”的性质，享有至高无上的尊崇地位。凡是马克思的话，都被人们视为最高权威，当作不可辩驳的真理。因此，马克思的所有论断，我们都要无条件照办，而马克思没有说的事情，我们就不敢去做。这种愚昧的教条主义思想长期严重地束缚着我们。

现在，随着我国改革开放和现代化建设的发展，越来越多的人认识到，一方面，博大精深、百科全书式的马克思学说无疑对人类作出了巨大贡献，主要是揭示了社会发展包括近代经济发展的某些一般规律，体现了对于广大劳动群众、普通人的深切关怀，提出了关于实现一切人包括每个人自由全面发展的美好理想等，堪称人类思想史中的瑰宝。它深刻地影响了过去160多年世界经济、政治和文化的发展。对于研究过去一个多世纪社会发

① 江泽民:《全面建设小康社会，开创中国特色社会主义事业新局面——在中国共产党第十六次全国代表大会上的报告》，人民出版社2002年版，第13页。

展史以及哲学史、政治思想史、经济学说史的人们来说，马克思学说都是不可忽略也不可跨越的。马克思之所以被评为“千年伟人”“人类最伟大的哲学家”等，盖因如此。

但是，另一方面，马克思不是“上帝”而是人，马克思学说不是神启的“圣经”而是人所创造的科学理论。且不说宇宙的无限性使任何人的认识都显得十分有限和偏狭，即便对于人类社会这个错综复杂并且不断延续的“庞然大物”，仅仅生活在某时某地的人们的认识，也犹如“盲人摸象”，不可能达到全面、深入、系统的终极境界。马克思同样要受到时代、地域和个体自身的限制。一个连汽车都没有坐过的人（1886 年 1 月 29 日为汽车诞生日，而马克思在此前的 1883 年 3 月 14 日逝世），怎么可能无所不知、无所不晓？！实际上，马克思本人最欣赏的格言就是“怀疑一切”[①]，这同样适用于人们对待他的态度。恩格斯在《反杜林论》中也说过：“将来会纠正我们的错误的后代，大概比我们有可能经常以十分轻蔑的态度纠正其认识错误的前代要多得多。……至于说到每一个人的思维所达到的认识的至上意义，那么我们大家都知道，它是根本谈不上的，而且根据到目前为止的一切经验看来，这些认识所包含的需要改善的东西，无例外地总是要比不需要改善的或正确的东西多得多。”[②] 这显然包括马克思和恩格斯在内。

马克思的一些思想存在瑕疵。例如，马克思和恩格斯在 19 世纪 40 年代提出的立即消灭私有制，把全部生产资料收归国有，消灭“旧式社会分工”，消灭个别劳动，消灭商品经济，实现共产主义（其第一阶段是社会主义）等，就含有过于急切的空想因素。恩格斯晚年曾经作自我批评说：“历史表明我们也曾经错了，暴露出我们当时的看法只是一个幻想。……历史表明，我们以及所有和我们有同样想法的人，都是不对的。历史清楚地表

① 《马克思恩格斯全集》第 31 卷，人民出版社 1972 年版，第 589 页。

② 《马克思恩格斯选集》第 3 卷，人民出版社 1995 年版，第 426—427 页。

明，当时欧洲大陆经济发展的状况还远没有成熟到可以铲除资本主义生产的程度；历史用经济革命证明了这一点。……在1848年要以一次简单的突然袭击来实现社会改造，是多么不可能的事情。”[①]列宁也说过：“马克思和恩格斯在估计革命时机很快到来这一点上，在希望革命（例如1848年的德国革命）获得胜利这一点上，在相信德意志‘共和国’很快成立这一点上……有很多错误，常常犯错误。他们在1871年也犯了错误……”[②]其实，岂止是马克思和恩格斯，列宁何尝不是患有“革命的急性病”！譬如，他在1920年题为《青年团的任务》的演讲中说：“现在15岁的这一代人，就能够看到共产主义社会，也要亲手建设这个社会。”[③]历史证明，这个判断是过于乐观了。

《共产党宣言》中说：自有文字记载以来，“至今一切社会的历史都是阶级斗争的历史”[④]。而实际上，绵延数千年的阶级社会的历史，是阶级矛盾起伏跌宕的历史，是对抗性阶级矛盾（即阶级斗争）与非对抗性阶级矛盾相互交替、相互转化的历史，并非始终是阶级斗争的历史。否则，就无法解释为什么各个历史阶段都曾经出现过或长或短的繁荣稳定时期，如贞观之治、康乾盛世，等等。假设在阶级社会中，阶级斗争始终占据主要地位，即长期处于一部分人对于另一部分人的战争状态，经济还如何发展，文明又如何积累，社会还怎么能够存续呢？与此相联系，马克思的阶级观点突出强调的是阶级之间的差别、对立、冲突的一面，而比较忽略阶级之间的同一、互助、合作的一面，并且把资产阶级（企业家）统统当作阶级斗争对象即敌人，这虽然在阶级矛盾激化的特殊时期具有很大合理性，但在整体上是有偏差的。因为阶级是分工的产物，而分工与协作是同一问题的两

① 《马克思恩格斯选集》第4卷，人民出版社1995年版，第510—513页。
② 《列宁选集》第1卷，人民出版社1995年版，第728页。
③ 《列宁选集》第4卷，人民出版社1995年版，第296页。
④ 《马克思恩格斯选集》第1卷，人民出版社1995年版，第272页。

面，它表明各个阶级之间也存在着协作和互补的关系，它们在一定历史阶段（包括现阶段）都不可或缺。

《资本论》着重分析的是人与人的经济关系特别是阶级关系，最后归结到无产阶级同资产阶级的根本对立。这正确反映了当时西欧的社会状况，有力地推动了无产阶级的觉醒和斗争，有其历史的贡献。但是，马克思的劳动价值论和剩余价值学说严重忽视了资源、资产、资本等劳动以外其他生产要素的作用，严重忽视甚至否定了企业家的重要作用，存在着重大缺陷。它对于商品经济或市场经济是持基本否定态度的，发展生产力或提高效率问题并不处于中心地位，这些，同我们今天坚持以经济建设为中心、大力发展社会主义市场经济是不一致的。尽管其中也讲到一些经济发展的一般规律包括商品经济的客观规律，这对于我们今天仍有重要意义，然而，这些内容，既不占主要地位，又同否定商品经济的基本态度相联系。所以，很难用它来指导我们今天发展社会主义市场经济的实践。当然，我们今天所做的一切，同马克思的基本立场是一致的，都是为了实现最广大人民的根本利益。所以，江泽民同志在代表党中央发表的《在庆祝中国共产党成立八十周年大会上的讲话》中郑重指出："马克思主义经典作家关于资本主义社会的劳动和劳动价值的理论，揭示了当时资本主义生产方式的运行特点和基本矛盾。现在，我们发展社会主义市场经济，与马克思主义创始人当时所面对和研究的情况有很大不同。我们应该结合新的实际，深化对社会主义社会劳动和劳动价值理论的研究和认识。"①

国外的马克思主义者也愈来愈对马克思学说采取科学的分析态度。陈学明概括说："'西方马克思主义'理论家提出了关于马克思主义主要特征的五个观点：第一，马克思主义不是一元的，而是多元的体系。他们所说的马克思主义是多元的有两层含义：一是说马克思本人的学说包含着各种

① 《江泽民文选》第3卷，人民出版社2006年版，第286—287页。

不同的甚至互相矛盾的成分；二是说存在着各种各样的对马克思的学说的解释，即存在着各种版本的马克思主义。第二，马克思主义不是完美无缺的，应当不断地加以修正和发展。他们中一些人提出，应当理直气壮地讨论马克思主义的局限性这一问题，这并不是对马克思的不尊重；虽然不能像有些人那样断言马克思在19世纪作出了独创性的贡献，但对认识20世纪的现实却毫无帮助，对世界面临的21世纪的挑战更是束手无策，然而，马克思确实没有给人们提供现成的答案。第三，马克思主义不再是政治的装饰品，应将其与政治分开。……第四，马克思主义不是随便可以分割的，应从整体上去把握。……第五，马克思主义不是经院哲学，它应面向现实。”①

“这些‘西方马克思主义’理论家在苏东剧变后研究马克思主义的最大的理论成果是对马克思主义理论中‘活东西’与‘死东西’的澄清。他们中许多人认为，马克思主义关于取消市场才能取消资本主义的理论已经变得不合时宜，他们不但通过考察历史来证明市场要比资本主义概念宽泛得多，而且通过分析现实来说明社会主义不能取消市场而实行计划经济，同时还把对苏联模式的社会主义的失败的教训的总结与对马克思这一理论的局限性的论证结合在一起，因此显得很有说服力。……他们把苏联社会主义模式缺乏民主的现象归咎于马克思的权力与国家理论，并进一步把马克思的这一理论也列入已过时的范围，这也为我们全面认识马克思的权力与国家理论的真实意义以及当代意义打开了新的思路。”②

波兰著名哲学家沙夫指出：马克思主义“还有些部分经受不住现实的检验，被证明是错误的（如关于中产阶级消失的预言，对市场关系在社会生活中的作用的估计，对人的活动中宗教信仰的估计，等等）。”“有些可以

① 陈学明：《永远的马克思》，人民出版社2006年版，第263—264页。

② 陈学明：《永远的马克思》，人民出版社2006年版，第262—263页。

说是传统社会主义思想的核心内容，它们在今天看来已经发生了变化，如生产资料私有制问题；剩余价值问题（在《资本论》所定义的意义上）在很大程度上消失了，现在的问题已是剩余产品问题；充分就业的社会让位于激励社会成员积极性的社会，或者说市场和计划在经济中的作用问题；还有在今天具有重要意义的贫困化理论（尤其是在少数发达工业国同大多数不发达的并因此受剥削的国家的关系上）。”[①]

有人说，马克思学说的主要内容是对资本主义的批判，因此，只要资本主义还存在，马克思主义就不可超越。这固然有一定道理，但也应当看到，现代发达国家的资本主义同马克思当年所看到的原始野蛮的资本主义相比，已经发生了相当大的变化，它比过去文明进步得多，其中包括增加了不少社会主义因素（如所有权的社会化，社会保障和社会福利制度的建立，国家宏观调控的施行，民主、人权和公平正义水平的提高等），“山已不是那个山，水已不是那个水”，再简单套用马克思当年的结论已经不合时宜了。

仅从中共十七届四中全会以来我们党所强调的“马克思主义中国化、时代化、大众化”，也可以窥见马克思学说的若干局限：它主要针对西欧国家的情况，不完全适用于中国，不能简单照搬，其中具有普遍真理性质的理论，也必须与中国具体实际相结合，因此要“中国化”；它不可避免地受到 19 世纪的局限，不可能完全适应 21 世纪的需要，因为世界和中国都发生了天翻地覆般的变化，因此要“时代化”；它不够通俗易懂，比较艰深晦涩，不易被广大群众所接受，因此要“大众化”。

这样，马克思主义“祛魅”了，马克思学说从过去虚高的“顶峰”地位开始回落，融汇到当代世界和中国思想文化百花齐放、异彩纷呈的现实中来。

---

① 俞可平主编:《全球化时代的“马克思主义”》，中央编译出版社 1998 年版，第 64、65 页。

三、应当汲取的主要经验教训

从马克思主义威望下降中应当汲取的主要经验教训，可以简要地归结如下：

造成马克思主义威望下降的消极因素给我们提供的主要教训是：第一，必须对苏联式社会主义制度坚决进行改革，加强民主和法治建设，特别是切实解决其高度集权、官僚特权和腐败问题。第二，共产党的领导干部和理论工作者要把马克思主义普遍真理和人类其他文明成果内化为主体素养，化理论为方法，化理论为价值取向，首先用于改造主观世界，真正诚信笃行，做一个真共产党员、真马克思主义者。第三，努力运用马克思主义普遍真理和人类文明新成果解决实际问题特别是重大问题，即用于改造客观世界，促进中国小康社会和现代化建设，使人民生活更加富裕幸福。第四，理性应对一些人对马克思学说的质疑和否定。对那些全盘否定乃至污蔑和丑化马克思学说的言论需要反击，但要着眼于大多数群众，摆事实、讲道理，不要乱扣反马克思主义的政治"帽子"。

造成马克思主义威望下降的积极因素给我们提供的主要经验是：第一，对待马克思学说要采取科学分析的态度，注重把握马克思主义普遍真理特别是其精髓，不能固守其具体结论，不能搞本本主义，"学马列要精，要管用的"[①]。第二，应当用宽广的世界历史眼光看待马克思主义，把马克思学说摆到适当位置上，它只是"众山丛中一高峰"，它同人类其他文明成果不是对立的，而是一致的、互补的。第三，要把马克思学说如实地看作"历史的理论"，坚持与时俱进的科学态度，随着实践、时代和科学的发展，努力创造出新的理论，补充、丰富、发展乃至超越马克思主义，进一步丰富和提升我们的精神世界。

① 《邓小平文选》第3卷，人民出版社1993年版，第382页。

毛泽东执政时期的三大教训*

毛泽东在我国新民主主义革命时期立下了丰功伟绩，中国绝大多数人对此都是给予充分肯定的，认识分歧主要在于如何看待毛泽东的执政时期（1949—1976年）。这实质关涉到当前中国实行改革的客观根据、主要对象和发展方向问题，意义十分重大。对于毛泽东执政时期的成就，《中共中央关于建国以来党的若干历史问题的决议》在“建国三十二年历史的基本估计”部分列举了政治、经济、文化、军事、国际等十个方面，其中绝大多数成就都是在毛泽东执政时期取得的，不少学者对此也作过比较充分的阐发；而对于毛泽东执政时期的教训，人们大多一带而过，语焉不详，尚嫌不足。尽管我们党已经多次总结过这些教训，例如，1986年《中共中央关于社会主义精神文明建设指导方针的决议》明确指出：“我国社会主义发展中的主要历史教训，一是没有集中力量发展经济，二是没有切实建设民主政治。”而经济和政治正是社会发展的两个基本方面。不过，这些总结多半侧重于实际工作层面。本文试图着重从思想理论层面对这些教训作些理性探讨。

一、以阶级斗争为纲的政治路线

1969年4月召开的党的九大通过的《中国共产党章程》在总纲部分

* 此文发表于2015年10月出版的《领导者》杂志总第66期，发表时个别文字有改动。湖南省社会科学院湖南智库网、爱思想网转载。

说："社会主义社会是一个相当长的历史阶段。在这个历史阶段中，始终存在着阶级、阶级矛盾和阶级斗争，存在着社会主义同资本主义两条道路的斗争，存在着资本主义复辟的危险性，存在着帝国主义和现代修正主义进行颠覆和侵略的威胁。这些矛盾，只能靠马克思主义的不断革命的理论和实践来解决。我国的无产阶级文化大革命，就是在社会主义条件下，无产阶级反对资产阶级和一切剥削阶级的政治大革命。"这段论述依据的是毛泽东建国以来特别是1962年八届十中全会以来的一贯思想，被视为党的政治路线。**其中心思想是强调无产阶级与资产阶级之间的矛盾是我国社会的主要矛盾，阶级斗争是个纲，纲举目张，阶级斗争要年年讲、月月讲、天天讲。这也是毛泽东"无产阶级专政条件下继续革命"理论的核心。**

在这一理论的指引下，中国社会主义建设完全走上了歧路，政治运动连绵不断，国家动乱不止，经济发展缓慢，思想文化凋敝，人民处于普遍贫穷状态，数亿人的温饱问题都未解决。

仅就对人的损害来说，1957年错误地打击了55万所谓"右派分子"（实则多半是社会精英），加上他们受株连的亲属达数百万人；1959年批判了300多万所谓"右倾机会主义分子"，以及大批"没有戴帽子"的党员和群众[①]；1960年前后的三年困难时期非正常死亡（主要是饿死）人数至少上千万人[②]，多地发生人吃人的惨剧；十年"文化大革命"更使上亿人受到迫害和牵连，甚至连党和国家的不少领导人及其子女亦未能幸免。

在文化领域，长期大肆批判所谓"封资修"，代表着对中国古代文化、

① 胡绳主编：《中国共产党的七十年》，中共党史出版社1991年版，第367页。

② 胡绳主编的《中国共产党的七十年》在第369页写道："据正式统计，1960年全国总人口比上年减少一千万，突出的如河南信阳地区，1960年有九个县死亡率超过10‰，为正常年景的好几倍"。这里的"一千万"包括了正常死亡人数，但不含1959年和1961年的非正常死亡人数。而在其他时期，新中国人口通常都呈正增长。可见，一千万是最低的非正常死亡人数。不少学者持"饿死三千万人"之说。中共中央党史研究室著《中国共产党历史》第二卷下册（中共党史出版社2011年版）在第563页也说："据正式统计，1960年全国总人口比上年减少1000万。"

西方现代文化、中国新文化的干净彻底的全盘否定。那个时期的中国，除了几个所谓革命样板戏、颂扬“红太阳”歌曲和《列宁在十月》等少数文化作品之外，其他一概扫光，什么科学、民主、法制、人权、伦理乃至人伦、爱情统统荡然无存，中国几乎变成了文化荒漠。

以阶级斗争为纲的政治路线是完全错误的。马克思设想的社会主义社会，作为共产主义社会的第一阶段，实行全部生产资料归社会共同所有，因而是无阶级社会，更不存在阶级斗争。“社会主义社会始终存在阶级斗争”的观点不符合马克思主义。当然，我国现阶段由于生产力发展水平还不高，还存在着阶级和阶级矛盾，还存在特殊形态的、有限范围的阶级斗争即广大人民群众同极少数严重危害社会的敌对分子的冲突，这与马克思设想的社会主义有重大差别。但是，这种特殊形态的阶级斗争早已不是我国社会的主要矛盾。由此可见，以阶级斗争为纲的理论和实践前提就是根本错误的。

以阶级斗争为纲的哲学基础的一个方面是斗争哲学和唯意志论。它从对立统一规律是宇宙的根本规律出发，但着重强调矛盾对立面的斗争是绝对的、无条件的，而统一则是相对的、有条件的。这一思想被简称为“一分为二”“斗争哲学”。将它运用到我国社会生活中，表现为突出强调无产阶级与资产阶级两个阶级、社会主义与资本主义两条道路、马克思主义与修正主义（即无产阶级思想与资产阶级思想）两种思想、无产阶级革命路线与反革命修正主义路线两条路线的根本对立和殊死斗争。“共产党的哲学就是斗争哲学。”“与天奋斗，其乐无穷！与地奋斗，其乐无穷！与人奋斗，其乐无穷！”“八亿人口，不斗行吗！”这类语录在报刊、广播和集会中被反复宣传，不绝于耳。而评定敌对阶级及其分子、敌对道路、敌对思想的标准完全是由少数人乃至毛泽东个人主观随意地、唯意志论地确定的。试想，那些被残酷打击迫害的所谓“地富反坏右”、走资本主义道路当权派、反动学术权威、资产阶级知识分子等，绝大多数不都是人民中的成员吗！

阶级斗争的对象竟然包括共产党的大多数领导人、开国元勋、高级干部、军队将帅，甚至把阶级斗争的矛头主要指向共产党内（所谓重点是整党内那些走资本主义道路的当权派），思想理论一片混乱，完全背离了毛泽东自己1957年提出的正确处理两类不同性质社会矛盾的学说，并且把该学说中敌我界限模糊这个缺陷引人注目地放大了。

这种非此即彼、非白即黑、非社即资、非我即敌、两极对立、你死我活的思维方式长期浸润着我们，其消极的、恶劣的影响不可低估。时至今日，不少人在政治问题和思想文化问题上仍然用这种阶级斗争、两条道路斗争的思维方式看待中国和世界，动辄就问“姓社姓资”、“姓东姓西”（东方与西方）、“姓马反马”，总是在互不相容的绝对的两极对立中思维。他们对属于人类共同文明成果的民主、法治、宪政、人权、共同价值等，也要贴上具有敌对色彩的标签，从而加以拒斥。这是阻碍中国发展的一大观念障碍。

实际上，现代科学和哲学的发展已经证明，一切事物都作为系统而存在，对立统一只是对事物的简化概括，而构成事物的多要素之间既有排斥和对立，也有一致和协调，是二者的有机统一。只强调“分、分、分”、“斗、斗、斗”的哲学，在外部敌人被消灭后，就在内部寻找敌人，在原有敌人被消灭后，又继续查找甚至制造新的敌人，如此分、斗不已，是“恶的无限性”，是极端主义的思维方式，只能在人民和国家中造成严重混乱。在人类社会，你死我活的根本对立，只是一定历史时期少数矛盾的极端表现，并非普遍的必然的状态。因此，解决事物的矛盾，既有一方吃掉另一方的事例，更多的却是二者同生并存、互利共荣。非此即彼的二值逻辑，只是反映了事物的极端状态，它们不过是一些特例，事物的常态更近似于从零到一的连续值分布，大量的事物都处在两极之间的某种状态。我们的思维方式应当从二值逻辑跃迁到连续值逻辑，从“斗争哲学”转变到“和谐哲学”（把斗争摆到适当位置），以正确反映事物的本来面目，更好地指

导我们的实践。世界上其他国家的大多数人之所以选择和坚持他们的道路、思想和制度，必然会有他们的根据和理由。我们应当对自己的国家和人民持有信心，不应妄自菲薄，但不要过度自信，以为真理都在自己手中，好像只有我们走的才是正路，别人走的都是邪路。应当注重从社会发展一般规律、从人类文明发展基本趋势（即人间正道）的角度看问题，对于经济文化落后的中国来说，需要更多地学习和借鉴世界先进文明成果，“跟上时代”、追赶人类文明的脚步，同时发挥自己的某些优良传统和特有优势，使中国人民生活得更加富裕幸福，并且为人类文明作出应有的贡献。

以阶级斗争为纲的哲学基础的另一方面是为人民服务理念掩盖下的某些不足。毛泽东提出了为人民服务的价值理念并且多次作过阐发，这个价值取向是正确的、高尚的，我们应当继续坚持。毛泽东发动“文化大革命”，主观上也是为了维护广大人民群众的根本利益。不过，这一价值理念遮蔽了某些不足：其一，它把以领袖为代表的共产党当作主体，而把人民看作客体，容易忽略和漠视人民当家作主的主人地位，当权力集中到自己手中时，便常常越俎代庖，把自己看作是人民的“大救星”、救世主，实行为民做主。这违背了毛泽东早年关于人民是创造历史的动力的思想，同唯物史观是不一致的。马克思和恩格斯历来把人民群众看作是历史的主体、主人，认为“历史活动是群众的活动，随着历史活动的深入，必将是群众队伍的扩大”[①]。他们在《共产党宣言》中说：“无产阶级的运动是绝大多数人的、为绝大多数人谋利益的独立的运动。”[②]为人民服务的理念体现了这一论述的后半句，但忽略了前半句即“无产阶级的运动是绝大多数人的（运动）”。而前半句话正是强调无产阶级的主体地位、主人地位，它是后半句话的前提和基础。人民只能自己解放自己。只有真正实行人民当家作主，

① 《马克思恩格斯文集》第 1 卷，人民出版社 2009 年版，第 287 页。
② 《马克思恩格斯选集》第 1 卷，人民出版社 1995 年版，第 283 页。

才能切实保证实现全体人民的利益，仅仅寄希望于少数人“为民做主”，是靠不住的，会重蹈空想社会主义的覆辙，实质还是英雄史观。其二，它注重人民整体，却忽视人民中的部分特别是个体，动辄讲团结百分之九十五甚至百分之九十的人，似乎其余百分之五以至百分之十的人就可以忽略不计了。但须知在当时六亿多人口的中国，百分之五就是三千万人，百分之十就是六千万人啊！其三，它在提倡为人民服务理念的同时，又时常过分强调阶级性，强调工人阶级、贫下中农、劳动人民，排斥剥削阶级出身的人和知识分子，实际上肢解了人民这个整体。

如果把为人民服务看作目的，那么，以阶级斗争为纲则是手段，但后一手段并不能真正达到前一目的。在生产力特殊落后、急需大力发展经济的中国却严重忽视发展生产力，“人人都是批判家”，阶级斗争和政治运动连年不断，实在是南辕北辙，缘木求鱼。这里存在着目的与手段之间相当尖锐的抵牾和冲突，从而酿成了毛泽东主观上想为人民谋利益、客观上却严重损害人民利益的悲剧。

二、被误解误用的马克思主义

毛泽东执政时期一贯强调“要搞马克思主义，不要搞修正主义”。他十分重视学习马克思、恩格斯和列宁的经典著作，多次亲自开列出领导干部必读的若干书目，要求人们原原本本地加以理解，时常批判那些“反马克思主义的政治骗子”。不过，毛泽东本人对马克思主义也有不少误解误用之处。

例如，毛泽东始终强调，阶级斗争是马克思主义的核心，马克思主义的道理归结起来就是“造反有理”。这种认识只抓住了马克思主义手段层面的理论，严重地忽视了其更深刻的目的层面的理论——实现一切人包括其中每个人的自由全面发展，在理论上存在很大缺陷。因为按照马克思主义的基本逻辑，阶级斗争和无产阶级专政，归根到底只是解放和发展生产力、最终实现人民利益的手段和途径。我们不是为了斗争、革命和牺牲而去斗争、革命和牺牲的，而是为了解放和发展生产力、使老百姓过好日子才去斗争、革命和牺牲的。假设斗争、革命了几十年，付出了巨大的牺牲，而经济没有发展，人民还过着苦日子，甚至长期连饭都吃不饱，那斗争、革命和牺牲还有什么意义呢？邓小平早已指出过这一点，他说："离开了生产力的发展、国家的富强、人民生活的改善，革命就是空的。"[①] 毛泽东把只适用于一定历史时期的阶级斗争手段绝对化、普遍化、目的化了。他把马克思和列宁针对资本主义社会以及战争与革命时代的那些具体论断都照搬到社会主义中国的现实中来，存在着国情、时代等严重错位。本来，马克思和恩格斯十分崇尚自由，并把未来理想社会称为"自由人的联合体"。而中国却长期忌讳自由，经常把自由当作贬义词，和许多负面社会现象硬捏合到一起，如自由主义、自由散漫、自由化，等等。忽视个人自由等个人正当权利的结果，既损害了公民的合法合理权益，又造成社会创新、活力和动力不足，延缓了社会发展。

再如，毛泽东强调，整个社会主义历史阶段都要坚持无产阶级专政，甚至要搞什么无产阶级全面专政。这并不符合马克思主义。因为马克思设想的社会主义社会是无阶级社会，不存在任何阶级的专政。马克思所说的无产阶级专政，只存在于从资本主义到共产主义（其第一阶段是社会主义）的过渡时期。毛泽东把这个过渡时期扩展到整个社会主义时期，是对马克思学说的误解。而且，马克思所说的无产阶级专政，只适用于像当时英国那样的阶级关系高度简明化、无产阶级占据人口绝大多数的国家，而在中国这样的无产阶级只占人口少数、农民等其他劳动阶级占人口多数的国家，硬要实行无产阶级专政，就会出现少数人垄断政权、歧视其他劳动阶级等现象，是对马克思有关思想的误用。

---

① 《邓小平文选》第 2 卷，人民出版社 1994 年版，第 231 页。

又如，毛泽东执政开始不久，就把消灭私有制当作实践纲领，发动了生产资料私有制的社会主义改造即对个体农业、手工业和资本主义工商业的“三大改造”运动。这里存在着对马克思主义相关理论的误解误用。诚然，马克思和恩格斯在《共产党宣言》中确实说过：“共产党人可以把自己的理论概括为一句话：消灭私有制。”[①]但这不是在任何时间、任何条件下都可以和应当立即拿来实行的，它属于马克思学说中的具体结论。在这个论断背后更深层次的基本原理、普遍规律是生产关系一定要适合生产力状况的规律。这是必须遵循、不可违背的。马克思和恩格斯之所以要消灭私有制，根本理由是他们认为当时西欧物质生产高度社会化了，资本主义私有制严重阻碍了这种社会化大生产的发展，因此才要消灭它（现在看，马克思和恩格斯的这个论断也过于急切了，恩格斯在1895年曾经就此作过自我批评）。可是，新中国成立初期的物质生产社会化程度极低，私有制尚未成为它的障碍，仍有广阔的发展空间，我们断然实行消灭私有制，并不适合当时中国生产力的发展要求。毛泽东在1954年6月14日《关于中华人民共和国宪法草案》的报告中说过：“现在我们能造什么？能造桌子椅子，能造茶碗茶壶，能种粮食，还能磨成面粉，还能造纸，但是，一辆汽车、一架飞机、一辆坦克、一辆拖拉机都不能造。”[②]薄一波指出：“1955年，我国工业化刚刚起步，人均国民收入只129元，就提出让‘资本主义绝种，小生产也绝种’的问题。”[③]（附带指出，马克思和恩格斯要消灭的是资本主义私有制即剥削者的私有制，我们却是把它和劳动者——农民和手工业者的私有制“一锅端”，这里已经出现扭曲）而“据统计，1957年，我国人均国民收入仅142元。农民生活水平虽比解放初期有很大提高，但温饱问题

① 《马克思恩格斯选集》第1卷，人民出版社1995年版，第286页。
② 《毛泽东文集》第6卷，人民出版社1999年版，第329页。
③ 薄一波：《若干重大决策与事件的回顾》上卷，中共中央党校出版社1991年版，第357页。

还远没有得到解决”[①]。在生产力如此落后的基础上，全面实行社会主义公有制显然是不切实际的。即使不谈“三大改造”后我国生产力长期发展缓慢，劳动者积极性不高，生产效率很低，仅从半个世纪后中国农村家庭联产承包责任制、个体经济、私营经济的蓬勃发展，就不难得出合理的结论。可见，在半个世纪前“一穷二白”的中国就实行消灭私有制的方针政策，表面上同马克思和恩格斯的论述是一致的，但实质并不符合他们的深层思想，不符合中国实际。这是误解误用马克思主义的一个典型案例。

三、严重忽视民主法治的个人高度集权

中华人民共和国成立后的“政治体制都是从苏联模式来的”[②]。列宁和斯大林强调，只有无产阶级特别是其先锋队即共产党才能全面把握社会发展规律，因此，必须坚持共产党的高度集中统一领导。在苏联式社会主义国家，无产阶级专政在很大程度上变成了共产党专政，进而又变成了领袖个人集权。毛泽东执政时期的情况与苏联大同小异，在个人集权、个人崇拜等方面还有过之而无不及。

在毛泽东执政时期，中国全面实行党的一元化领导，即“工农商学兵、东西南北中，党是领导一切的”。权力高度集中。正如邓小平所说：“在加强党的一元化领导的口号下，不适当地、不加分析地把一切权力集中于党委，党委的权力又往往集中于几个书记，特别是集中于第一书记”[③]。毛泽东在“文化大革命”中的个人创造是，在共产党内又划分出“两个司令部”，并且用所谓无产阶级司令部代替共产党领导。中国一切权力集中于共产党的政治局（“文化大革命”中曾经一度被中共中央文化革命领导小组所取代），毛泽东个人则凌驾于党中央和政治局之上。他甚至很少参加政治局会

① 薄一波:《若干重大决策与事件的回顾》下卷，中共中央党校出版社 1993 年版，第 747 页。

② 《邓小平文选》第 3 卷，人民出版社 1993 年版，第 178 页。

③ 《邓小平文选》第 2 卷，人民出版社 1994 年版，第 328—329 页。

议，而是通过所谓“联络员”来听取汇报、下达指示。毛泽东被当作神一样崇拜，他的每一句话都被当作“最高指示”。“三忠于、四无限”“毛主席语录歌”“早请示、晚汇报”“大颂扬”等风靡全国。

这一制度模式的主要问题，一是用共产党领导代替了人民当家作主，忽视民主，奉行为民作主、“党主”。共产党几乎包办了一切公共事务，党的组织伸展到并且掌握着所有的基层单位，它与计划经济和“单位制”相结合，使任何个人都不能置身于外，党对社会的控制超过了中国历史上的任何时期。由于广大普通共产党员并无权力，党的权力实际掌握在各级官员手中，所以，“党主”的实质是“官主”。社会核心调节机制、动力机制是共产党官员特别是其领袖的动员组织。因此，党中央和领袖的决定就成为社会发展的最重要事件，执政党发展的周期和节律决定着社会发展的周期和节律。在这样一种为民作主的体制下，领导者像宗法大家庭的父亲一样包办国家和社会事务，把“子女”即国民都管束起来。其主观动机大多是为国家和人民好，但对好的理解却以父亲为转移，不大考虑国民的意愿。如果领袖人物的认识和决策符合客观实际和人民利益，社会就发展和前进，倘若相反，人民就要遭受苦难。我国之所以长期忽视发展生产力，如果追根溯源的话，应当说还是“官主”，因为老百姓都希望过好日子，本能要求是发展生产、增加就业、提高收入，只有领导人、官员由于拥有一定特权而不乏生活保障，才感觉不到群众日常生活的艰辛，其权力又不受制约，因而能够贸然把他们的价值偏好、政治追求置于首位，轻率发动名目繁多的“阶级斗争”、政治运动。试想，人民需要以阶级斗争为纲和那么多政治运动吗？当然，我国改革开放以来这种状况已有一定变化，但不良传统的影响仍然不能低估。例如，在实际社会地位上和人们的心目中，宪法规定的人民行使国家权力的最高国家权力机关——全国人民代表大会，一直排在党委和政府之后，人大代表和政府主要官员大多数都是由上级党委指定和任命的，许多领导干部都把由党委和政府任职转到人大工作称为“退居二线”，不少领导人也经常强调要坚持和加强党对人大的领导。

二是忽视法治，盛行人治。在毛泽东执政时期，我国基本是无法可依、有法不依、党高于法、权大于法，掌握主要权力的政府特别是执政党游离于法治之外。尽管我国宪法明文规定，国家一切权力属于人民，而实际上行使国家最高权力的执政党领导人却不是由人民选举的，人民既不能选择也不能罢免他们。执政党建立了从中央到基层的庞大的组织体系，需要消耗巨额国家经费维持运转，但又均无明确的法律规范。党委和政府特别是其主要领导人，时常随意决定重大事项，甚至轻易改变制度和法律。所以邓小平才说：“必须使民主制度化、法律化，使这种制度和法律不因领导人的改变而改变，不因领导人的看法和注意力的改变而改变。”① 我国改革开放以来虽然在法治方面已有较大进步，但至今宪法及法律的权威尚未真正建立起来，宪法中关于公民权利、人大职权等重要规定事实上被一些具体法规和条例否定了，很多人对宪法及法律的重视程度远不如对“领导讲话”和“红头文件”的重视程度，以至于有人半开玩笑地说：“中国最大的法是领导的‘看法’。”

毛泽东轻视法治。20世纪50年代我国所实行的“三大改造”，是从新民主主义社会制度向社会主义社会制度转变的根本变革即社会主义革命。如此重大的决策，党内实际是有很多不同意见的，例如，刘少奇等要“确立新民主主义社会秩序”曾受到严厉批评②，毛泽东还批评了“确保私有”“四大自由”等“资产阶级观念”以及农业合作化问题上的“小脚女人”③。本来，1949年9月29日通过的具有临时宪法性质的《中国人民政治协商会议共同纲领》明确规定：“中华人民共和国为新民主主义即人民民主主义的国家”，国家“保护工人、农民、小资产阶级和民族资产阶级的经

① 参见《邓小平文选》第2卷，人民出版社1994年版，第146页。
② 《毛泽东选集》第5卷，人民出版社1977年版。第81页。
③ 《毛泽东选集》第5卷，人民出版社1977年版，第117—120页、第168页。

济利益及其私有财产，发展新民主主义的人民经济”。然而，仅仅过了不到四年时间，1953 年 6 月 15 日，毛泽东就提出了从新民主主义向社会主义转变的“过渡时期总路线”[①]，随后就在全国实行“三大改造”，没有经过当时行使最高国家政权机关职权的“中国人民政治协商会议”全体会议讨论批准，就否定了前述《共同纲领》的规定，根本改变了我国的社会基本经济制度。这一重要史实，值得深思和总结。

在“文化大革命”中，在毛泽东的领导下，未经任何法律程序，就把国家主席打成了“最大走资派”“叛徒、内奸、工贼”，把国务院和各级地方政府的大多数官员打成了“牛鬼蛇神”“黑帮分子”，实行非法关押和虐待，导致其中不少人妻离子散甚至家破人亡。而从 1967 年 1 月起，毛泽东又批准和推动了全国范围的所谓“夺权”斗争，即推翻原来的人民政府、建立所谓“革命委员会”。更不消说，宪法明文规定的最高国家权力机关 —— 全国人民代表大会竟被视同无物，废弃不用了。这些都是极其严重的违宪违法行为。

三是实行个人高度集权。在中国新民主主义革命时期，毛泽东曾经多次严厉批判蒋介石国民党的“一个党、一个主义、一个领袖”的专制制度，并且把这种“党天下”的制度称为“法西斯独裁政治”。例如，毛泽东在 1943 年说过：随着德日意三个法西斯国家的垮台，“世界成了自有人类历史以来未曾有过的伟大解放时代，国民党的买办封建法西斯独裁政治，成了世界自由民主汪洋大海中一个渺小的孤岛，他们惧怕自己‘一个党，一个主义，一个领袖’的法西斯主义有灭顶之灾”。全国人民要求“诚意实行真正民主自由的宪政，废除‘一个党，一个主义，一个领袖’的法西斯独裁政治，并在抗战期内召集真正民意选举的国民大会。我们共产党人是自

① 《毛泽东选集》第 5 卷，人民出版社 1977 年版，第 81 页。另见中共中央党史研究室著:《中国共产党历史》第二卷（1949—1978）上册，中共党史出版社 2011 年版，第 185 页。

始至终主张这个方针的”[①]。但实际上，毛泽东执政时期的制度也未脱出“一个党、一个主义、一个领袖”的窠臼[②]。尽管这里的党是指共产党、主义是指马克思主义、领袖是指毛泽东，它们与国民党、三民主义、蒋介石不同，但其制度模式却很相似，都是同人民所要求的“民主自由的宪政”相对立的、同“世界自由民主”潮流相背离的。毛泽东甚至把这三个“一”最后都统一到了“一个领袖”即他本人。因为共产党是以他为最高领袖的，全党都听从他一个人的号令，以他的意志为转移，在“文化大革命”中他曾经亲手摧毁了这个党，后来又重建了这个党；毛泽东被林彪吹捧为“当代最伟大的马克思主义者”，他的思想是“马克思主义发展的最高阶段”和“顶峰”，他是解释和发展马克思主义的最大权威，毛泽东的意见被称为“最高指示”，意即高于党的所有决议，高于一切法律，而且高于马克思和列宁的“指示”，这些观点当时得到了全党全国大多数人的认同，毛泽东本人也欣然接受，因而马克思主义事实上从属于“毛泽东主义”，最终从属于毛泽东。

冯友兰认为:“他（指毛泽东）集党、政、军大权于一身，并且被认为是思想上的领导人。他是中国历史上一个最有权威的人。在几十年中，他兼有了中国传统文化中所谓‘君、师’的地位和职能。因此，他在中国现代革命中，立下了别人所不能立的功绩，也犯下了别人所不能犯的错误。”[③]毛泽东数十年至高无上的至尊地位以及长期封建主义传统的侵淫使其难免产生“君临天下”的“帝王思想”。而从亿万人民包括高级干部不断高呼的“毛主席万岁！万岁！万万岁！”和“祝毛主席万寿无疆！”等口号中，也可读出普遍的臣民意识、愚忠心理。

综合起来说，在毛泽东执政时期，以阶级斗争为纲的政治路线是其发

① 《毛泽东选集》第 3 卷，人民出版社 1991 年版，第 915、921 页。
② 参见《胡绩伟谈：一个党，一个主义，一个领袖》，《争鸣》杂志 2009 年 10 月号。
③ 冯友兰:《中国现代哲学史》，广东人民出版社 1999 年版，第 137 页。

展道路，被误解误用的马克思主义是其理论辩护，忽视民主法治的个人高度集权是其制度支撑，它们是“三位一体”的，而个人高度集权则是其根本，前两者只有靠这种强权才能得以推行。正如邓小平所说：“领导制度、组织制度问题更带有根本性、全局性、稳定性和长期性。”[①]形成这套制度，毛泽东负有主要责任，同时，党的其他领导人也有一定责任。当然，这套制度同中国长期封建专制主义传统、中国经济文化的落后、人民素质普遍不高具有一定的关系。

回顾历史、总结教训不是为了发“思古之幽情”，而是为了现在和未来。毛泽东执政时期这些负面遗产在中国现实中是否已经绝迹，它同人类现代文明发展趋势是否一致，它对人民和国家究竟是有利还是有害，特别是如何科学看待领袖，科学看待马克思主义，科学看待党和人民的关系，值得我们认真反思。中国近 30 多年来正处于历史上升期，但当前某些复旧迹象令人担忧。为了避免重蹈历史的覆辙，我们需要进一步清除这些负面遗产的影响，遵循而不能背离人类文明发展的大道，坚定不移地深化改革和扩大开放，促进中国科学发展、民主发展、和谐发展、和平发展，努力建设一个人民真正当家作主、富裕幸福的现代化国家。

① 《邓小平文选》第 2 卷，人民出版社 1994 年版，第 333 页。

略论我国哲学社会科学建设的几个基本问题*

——纪念“真理标准讨论”40周年

我国40年前（1978年）开展的真理标准讨论，虽然针对的是当时严重束缚我们的“两个凡是”的教条主义，但又具有解放思想、实事求是的普遍意义。现在，我们需要继续弘扬这一精神，在各个方面大胆解放思想，勇于实事求是。这里，仅就我国哲学社会科学建设或曰意识形态建设问题谈些个人认识。

要加强我国的哲学社会科学建设，有七个基本问题很值得认真研究。这些问题是回避不了的，迟早必须加以解决。

一、政治权力与哲学社会科学建设的关系

历史经验：在这方面，苏联式社会主义国家的基本特征是政治权力垄断一切、控制一切，突出表现在政治领袖既是最高理论权威，也是理论发展创新的“超级大师”，而且是裁决一切重大理论是非的最高“法官”，哲学社会科学成了政治的工具、权力的婢女。结果是理论工作者只能或只知“解经注经”，哲学社会科学虚假繁荣，失掉人心，最终和其他因素一起导致党和国家解体。我国改革开放前与苏联情况大同小异。应当说，这是所有社会主义国家都没有解决好的一个重大问题。

---

* 此文系2017年5月24日在中央党校哲学部座谈会上的发言稿，发表于《上海思想界》2018年第5期。

现实状况：我国改革开放以来，意识形态管理体制有所变革，但苏联模式仍有很大影响。现在，可以说也是进入了改革的“深水区”和“攻坚期”。

未来理想：政治权力有一定边界，哲学社会科学有相对独立地位，二者既相互分离、相互独立，又相互指导、相互支持、相互制约、相互促进。这是我国社会结构现代化的一个重要内容，也是国家治理现代化的一个重要内容。这是哲学社会科学建设的一个最根本的问题。1980 年 10 月 8 日著名电影演员赵丹在《人民日报》发文，题为《管得太具体，文艺没希望》。同样，不解决好这个根本问题，党委和政府管太多、管太死，哲学社会科学也没有希望，社会主义事业就岌岌可危。

二、法律与哲学社会科学建设的关系

抛开历史经验不谈，仅就我国现状看，大体可以概括为两个方面：

一方面，是法律不健全：譬如，新中国成立 69 年了，但《新闻出版法》等始终难以出台。某些部门和领导机关经常给各种媒体和理论工作者发指示、下指令，基本都没有法律依据，至多有国家行政机关的条例（如出版条例）。在意识形态领域中，“长官意志”、人治行为随处可见，没有法律根据的禁书、封网、屏蔽敏感词等经常发生。

另一方面，是已有法律未能践行：宪法中有关于言论自由、出版自由、结社自由等公民权利的明确规定（第 35 条），这是人们所熟悉的；宪法中还有关于科学研究自由、文学艺术创作自由和其他文化活动自由的明确规定，即第 47 条，这个可能很多人就不知道了，因为人们没有把宪法太当回事。可以说，自由是宪法中的一个关键词。但实际上落实了没有？至少打了很大折扣！

应当如何做：总体上应当是要法治，不要人治，依法治国首先要依宪治国。党中央多次讲，我国宪法是党和人民意志的集中体现。宪法的明文规定都不能落实，还谈什么依法治国？！

三、普遍规律与个别特色的关系

近年来，我国有一种倾向：强调个别特色，忽视普遍规律；强调特殊性，忽视普遍性；直到强调对立，忽视统一。2017 年 4 月 24 日《光明日报》刊登了一篇知名学者的文章——《社会科学的特殊性》，该文中说，自然科学追求普遍，社会科学追求特殊，此即所谓社会科学的特殊性。人们不禁要问：社会科学难道不要探索事物的本质和规律吗？事物的本质和规律怎么可能不具有普遍性！毛泽东在《矛盾论》中早就讲过，共性与个性的关系是矛盾问题的精髓。只讲其一，不讲其二，显然是十分片面的。我们不要自贬和自甘于另类，不要自外于大多数国家，更不要同大多数国家对立起来，不能离开人类文明发展大道！

四、统一性与多样化的关系

我们现在的基本倾向是偏好高度统一、千篇一律、千报一面。有人说，表面看，我们有成千上万种报纸，实际上只有一张报纸，因为都是一个声音、一种色彩、“清一色”！马克思在《评普鲁士最近的书报检查令》一文中曾经揭露和批判过 19 世纪普鲁士的封建专制制度：“……精神的太阳，无论它照耀多少个体，无论它照耀什么事物，却只准产生一种色彩，就是官方的色彩！”[①] 这对于 21 世纪的中国，仍然具有警示意义。

五、党的领袖与知识分子的关系

在毛泽东时代，党的领袖把知识分子视为改造对象（世界观未改造好的资产阶级、小资产阶级分子），于是，党的领袖与知识分子的关系就是改造与被改造、管制与被管制的关系。

现在，党的文件中对知识分子有些好的提法，但是，一些领导人还是

① 《马克思恩格斯全集》第 1 卷，人民出版社 1995 年版，第 111 页。

把知识分子当作麻烦制造者、杂音噪音制造者，因为领导说了一，有些知识分子喜欢说二，甚至说三道四，形成“干扰”。领导还是更愿意一言九鼎、一锤定音的。于是，党的领袖和知识分子就只剩下了领导与被领导的关系、命令与服从的关系。

实际上，知识分子是人民的一部分。他们是人民中知识较多、文化较高、视野比较开阔、对社会问题比较敏感的部分，是人民中的先进部分。他们实际上反映和代表着人民中各个阶层的心声，当然也反映自身的利益。

所以，党的领袖和知识分子的关系应当既是领导与被领导的关系，同时又是公仆与主人、监督与被监督的关系。要把这两个方面讲全了，尤其不能忽视后一个方面。

六、人民与哲学社会科学建设的关系

应当明确，人民（特别是其中的知识分子）是哲学社会科学建设的主体。它包括三层含义：其一，哲学社会科学应当满足人民精神生活多样化的需要——人民是享用的主体。其二，哲学社会科学能够满足人民精神生产、文化创作的需要——人民是生产创作主体。其三，人民也是哲学社会科学建设、精神文化领域最重要的评价主体。

人民是哲学社会科学建设的主体，集中表现为人民在精神文化领域真正享有自由。建立“自由人的联合体”是马克思主义的崇高理想。而自由人的起码表现是思想文化自由。假如连思想都不能自由，那么，其他自由就根本无从谈起，所谓主体和主人都只能流于空谈。马克思也曾激愤地说过：“没有新闻出版自由，其他一切自由都会成为泡影。”毛泽东在《论联合政府》中亦强调：“人民的言论、出版、集会、结社、思想、信仰和身体这几项自由，是最重要的自由。”当然，自由不等于任意而为，不受任何制约。当代世界公认，言论、出版自由要以不违背法律（良法）和社会公德为前提。

要使人民成为精神文化主体，第一，要真正尊重和落实宪法的有关规

定，抓紧制定和实施《新闻出版法》等法律，实行依法治“文”。第二，人民要拥有文化生产和传播的基本条件，如报纸、杂志、广播、电视、网络、出版机构、科学文化经费等。这些文化生产和传播手段不能统统掌握在官方手中，成为“清一色”的官媒和官费。离开了这些基本条件，人民不可能成为精神文化主体。在遵守法律规定的前提下，人民应当有权办报、办刊、办出版社。在当代世界，法治国家普遍通行的是“法管媒体”，而不是某个政治组织管理媒体，公民办一家出版社并不比办一个饭店难，倘若违法，由司法机关处置。第三，对于学术问题、艺术问题、思想理论问题，应当坚持“百花齐放、百家争鸣”的方针，充分尊重学术界、文艺界、理论界的自由。要相信人民，相信知识分子，相信通过讨论和争辩，各种意见可以相互砥砺、相互矫正，达致一种大致的平衡，真理和正义最终会占上风。专业问题应当主要由专业工作者来讨论和决定，不能由少数官员充当精神文化“大法官”，随意评定重要思想理论是非，乱贴各种政治的、意识形态的标签。因为官员几乎都是工作繁忙乃至日理万机，他们很难有时间和精力去真正搞清楚那些复杂的思想理论问题。而且，这种越俎代庖也侵害了人民作为精神文化主体的地位和权利。

七、科学精神与哲学社会科学建设

社会科学是科学，好的哲学也具有科学性。需要强调的是，科学不仅是指科学知识即经过实践检验已经达成一定共识的认识成果，更是指科学精神，这是其精髓。科学精神至少包括四个要素：一是依据事实，注重实证；二是追求真理，探索事物的本质和规律；三是保持质疑，不迷信任何权威和已有结论；四是致力创新，力求提出新的观点、假说、理论等。在这方面，知识分子作为知识精英，本应率先垂范走在社会前列，然而，现在不少学者却经常反其道而行之，他们忽略实证偏好玄思，不求真理但求名利，唯书唯上趋炎附势，粗制滥造了无新意，完全背离了科学精神。由此可见，我们国家亟需大力弘扬这种科学精神！

用理论的方式为改革开放鼓与呼 *

——兼忆个人党校教学科研生涯

我于 1984 年考取中央党校硕士研究生，1987 年毕业留校工作，迄今已经 31 年了。这 30 多年来，自己从一个沈阳市普通市民家庭的“下乡知识青年”，逐步成长为一名中央党校教授、博士生导师；从一个未念过高中、更未正规读过大学的初中毕业生，到取得研究生学历、硕士学位和博士学位；还曾担任近 10 年的所谓副厅局级领导职务，获得了国务院颁发的政府特殊津贴等荣誉，现在仍在继续指导博士生；拥有价值超千万的宽敞住房，退休后每月养老金过万，不少事情确实远远超出了自己和父母早年的预期。能有这些收获，固然离不开自身的长期努力拼搏，但在更大程度上确是受益于时代和机遇。没有中国自 1978 年以来的改革开放、融入现代文明的春风，就没有自己的一切。

同时，自己也在努力回馈社会，立足于中央党校教学科研的实际，用理论的方式为改革开放鼓与呼。

---

* 此文系 2018 年 7 月给中央党校离退休干部局“亲历者说改革开放 40 年”征文活动的文稿，获二等奖，并在该局微信公众号“大有晚晴”上刊登；提交中央党校老教授协会纪念改革开放 40 周年理论研讨会并被推荐作大会发言，同时提交中国马哲史学会“改革开放实践与中国马哲发展”理论研讨会暨中国马哲史学会 2018 年年会，亦作大会发言。

一、大力阐发生产力标准和“三个有利于”标准

1987年8月我留校被分配到历史唯物主义教研室，第一年到理论部（后改为研究生院）挂职锻炼。适逢党的十三大召开，我国改革开放如火如荼。我对十三大报告所强调的生产力标准很感兴趣，工作之余进行了较多研究，并且在《党校科研信息》1987年第15期发表了《生产力标准探析》一文。同年12月，自己参加中国历史唯物主义学会在北京召开的学术研讨会，作了《生产力标准的具体化》的发言。《经济学周报》1988年1月3日刊发了这个发言，后被《文摘报》同年1月21日转载。尽管明知自己只是年轻讲师，估计教研室三两年内不会安排自己讲大课，但还是写出了两万多字的《唯物史观与生产力标准》讲稿，阐述了生产力标准的提出过程、检验对象、辩证把握、科学性质等四个问题，以预做准备。恰好1988年理论部要举办两期“社会主义体制改革理论研讨班”，学员对象为省级党校教研室正副主任和副教授以上的教学骨干，每期约100人。我跃跃欲试，向理论部主任王瑞璞教授和副主任赵曜教授提出，能否让我也讲一课，并且送上了讲稿。他们审阅后表示同意。我很高兴，进一步体验到“机遇总是青睐于有准备的头脑”。1988年3月，自己作为刚刚留校的一名讲师，就给这个研讨班讲授了半天大课，提前开启了自己的党校教学生涯，也为改革开放作了一件有益的事情。须知，该研讨班学员都是各省市区的理论骨干，该讲稿和其他讲稿一起，又被印发到全国各地，他们好像思想理论的“火种”，影响不可低估。1988年6月，中共四平市委党校将这篇讲稿作为重点文章收入《论生产力标准》一书，发行了数万册。该讲稿还被收入王瑞璞主编的《社会主义改革的理论与实践》一书（中共中央党校出版社1991年2月版），产生了一定影响。

教学科研之路既已打通，继续前行就比较顺畅了。1988年5月，我参加了中国历史唯物主义学会在西安召开的“社会主义初级阶段与历史唯物主义理论研讨会”，并作了大会发言。发言提纲《生产力标准论纲》，刊

登在会议简报第1期，后被《改革十年社会科学重要观点综述》转载（学苑出版社1990年4月出版），发言的部分内容——《有关生产力标准几个问题的答复》收入会议论文集《生产力标准和社会主义初级阶段》一书中（社会科学文献出版社1988年12月版）。自己在《求是》杂志发表了《对生产力标准不能随意附加——与段若非同志商榷》一文（1989年第5期），还参加写作了《生产力标准研究》一书（中共中央党校出版社1992年版）。

从1988年秋季学期起，教研室就连续安排我和老教师们一起，给地厅级干部班等班次讲授《唯物史观与生产力标准》专题课，自己正式走上了党校教学的主课堂。

1992年邓小平南方谈话发表后，自己又大力阐述“三个有利于”标准，认为它是生产力标准的深化和拓展，发表了多篇论文，如《“三个有利于”标准与党的思想路线的关系》(《中国党政干部论坛》1995年第1期),《坚持“三个有利于”标准是解放思想实事求是的集中体现》(《经济日报》1998年5月11日，真理标准大讨论20周年纪念日)，并且给党校多个班次讲授《坚持“三个有利于标准”》专题课。

此外，我还出版了作为国家社会科学基金课题最终成果的《邓小平经济哲学思想——以“三个有利于”为根本的建设哲学》一书（河南人民出版社2001年版），从多方面深化了“三个有利于”的研究。

这些论著和讲稿，从马克思主义、历史唯物主义基本理论的层次上，对作为核心理念和价值标准的生产力标准和“三个有利于”标准，作出了较多理论论证和阐发，为改革开放摇旗呐喊，目标直指我国生产关系和上层建筑与之不相适应的方面，发挥了一定作用。可以说，它们参与到了改革开放时代最强音的奏鸣之中。

二、不断深化对社会主义和资本主义的认识

长期以来，影响我国健康发展的一个重要思想理论障碍，就是僵化的扭曲的社会主义和资本主义观念。这也是生产力标准和“三个有利于”标准所要解决的一个突出问题。我在讲课中多次讲到这一问题，谈了自己的一些认识，收到了较好效果。1992 年 9 月，我给党校学员讲授《关于生产力理论的若干问题》，并把讲稿中的部分内容改写成《运用生产力标准对社会主义和资本主义进行再认识》一文，发表于中央党校《理论动态》同年 11 月 20 日第 1048 期。该文强调，认识社会主义，不能孤立地抽象地研究生产关系和上层建筑，必须同它们对生产力的作用这个根本问题联系起来；在中国建设社会主义，必须从我国目前处于社会主义初级阶段特别是生产力还很落后这个基本国情出发；评价资本主义制度在历史上是否合理的根本标准，不是有无剥削压迫，而是生产力标准；应该深入研究资本主义国家能够促进生产力发展的那些内在机制，以便为我所用；社会主义制度同资本主义制度是两种根本对立的社会制度，但它们又存在许多共同点，二者既有区别，又有联系，我们应当利用资本主义已经取得的文明成果，来促进社会主义的发展。

1994 年，我在《“三个有利于”体现着对社会主义的新认识》一文（《党校论坛》1994 年第 3 期）中提出，邓小平提出的“三个有利于”标准，主要是针对“扭曲的社会主义观念”的。后者忘记了问题的根本，对社会主义的理解包含不少错误成分。“三个有利于”标准在这两方面实现了根本的拨乱反正。它启示我们，我们所从事的一切工作（包括坚持和完善社会主义制度），最终都是为了发展生产力、增强综合国力和提高人民生活水平，它既符合社会发展的客观规律，又符合我国人民和中华民族的利益，因而是正确的价值取向。坚持“三个有利于”与坚持社会主义本质是完全一致的，前者实际是后者的另一种形式的表达，二者是同一的。我们应当全面把握“三个有利于”标准，包括“三个有利于”各自的内容、它们之

间的有机联系以及“三个有利于”标准与其他标准的关系。

1993—1997年，自己在职攻读并获取了哲学博士学位。博士论文经修订后出版了专著：《创造更高的劳动生产率——社会主义经济哲学引论》（经济科学出版社1998年1月版）。该书从社会主义国家主要是我国经济建设实践以及人们经济观念的实际出发，紧紧围绕如何创造更高的劳动生产率这个根本问题，以当代物质生产中劳动与资产两个基本要素为“经”，以生产力、生产关系和上层建筑为“纬”，系统论证了“劳动与资产有机结合论”。具体阐发了劳动社会化理论、资产在当代物质生产中的重要作用理论、物质生产的技术结构理论、科学技术是第一生产力理论、社会主义利益关系理论、劳动与劳动者利益的关联度理论、所有者权利和所有权社会化理论、劳动者、所有者和消费者“三者兼顾的经济学”、国家的宏观调控理论以及对外开放理论。《中国社会科学》《人民日报》《光明日报》等多家报刊登载了关于该书的评介，专家们给予了较高评价，视之为我国新时期经济哲学研究的代表作之一。

社会主义初级阶段理论是邓小平理论的重要组成部分，我对它进行了认真研究，出版了列入九五国家重点图书的专著《社会主义初级阶段论》（经济科学出版社1998年版）。发表《如何理解“不够格”的社会主义》一文（原载于2000年10月20日《理论动态》，被众多报刊网站转载）。此文主要讲了三个观点：“不够格”的社会主义不是邓小平的个别论断，“不够格”的社会主义不同于马克思的“共产主义社会第一阶段”，社会主义初级阶段比新民主主义社会发展水平更高，但二者同处于“够格的”社会主义之前的历史阶段。

社会主义市场经济是我国改革开放的一个重大成果。我撰写了《社会主义市场经济理论的重大突破和发展》一文，发表于《中共中央党校学报》2000年第11期，对此进行了多方面的阐发。该文提出：社会主义市场经济理论突破了侧重从生产关系、阶级关系角度看问题的视角，注重从生产力、资源配置角度看经济；从急于消灭私人劳动实行直接社会劳动，到承认私人劳动、个别劳动的长期性；注重劳动以外的生产要素和商品效用等对价值的影响；注重从生产力角度看待中国与外国的关系，大胆借鉴和吸收人类文明的一切成果。该文被一些媒体转载。

观念变革是改革开放在思想理论领域的总体性反映，我对此进行了较多研究，给中央党校讲授有关专题课，发表了不少文章，例如，《当代中国的思维方式变革》，刊载于《中共中央党校学报》2004 年第 2 期；《对科学社会主义基本原则认识的三次转变》，发表于《理论动态》2007 年 9 月 20 日，被多种报刊转载；《当代中国的十大观念变革》，原载于《北京日报》2007 年 10 月 8 日，被《新华文摘》等诸多报纸书刊转载；《改革 30 年中国的观念变革》（访谈），人民网 2008 年 5 月 9 日；《改革开放以来的思想观念变革》，收入《中国经济体制改革报告（1978—2008）》一书（社会科学文献出版社 2008 年版）。

这些文章提出，长期以来，影响我国社会主义现代化事业健康发展的主要思想理论障碍，就是关于社会主义和资本主义、公有制和私有制、阶级和阶层特别是对待马克思主义的许多简单、片面、似是而非的观念。为了促进中国的发展，需要在这些问题上实行思想观念的根本变革：从注重经济社会形态到注重技术社会形态，从只重制度模式到更重价值取向，从“社”“资”绝对对立到互相取长补短，从过分关注“姓公姓私”到首先关注“是好是坏”，从对所有制的狭隘二分法到多维视角，研究阶级阶层从单纯生产关系角度到侧重生产力角度，从阶级阶层之间的简单对立到和谐相处，从理论本位论到实践本位论，从服从革命导师个人到服膺普遍真理，从“语录”标准到“基本精神”标准。以上观念变革的中心内容，就是进一步破除两个阶级、两条道路斗争为纲的思想，扬弃我们几十年来的“革命文化”，确立与时代、国情和党情相适应的科学合理的基本理念，建构当代中国的“建设文化”。这些概括，既是对已有成就的确认，又是对未来走向的导引。

总结新时期党和人民对社会主义原则认识的新进展，我把它概括为三次重大转变：第一次重大转变以1984年《中共中央关于经济体制改革的决定》为标志，主要内容是从计划经济到市场经济（商品经济）；第二次重大转变以1992年邓小平南方谈话和十四大为标志，主要内容是从注重手段到注重目的（社会主义本质）；第三次重大转变以2002年十六大为标志，主要内容是从经济到全面特别是到以人为本。我说，所谓社会主义甚至共产主义，没有什么神秘的，说白一点，就是让老百姓普遍过好日子！而实现这些转变的主要经验，一是始终坚持解放思想、实事求是，二是注意发挥广大干部群众的聪明才智，三是大胆吸收借鉴人类文明的优秀成果。

为了纪念新中国成立60周年，我撰写了《试论当代中国的基本走向》一文，发表于《理论视野》2010年第1期。此文在借鉴和吸收已有研究成果的基础上，对迄今为止的人类发展史作出了“四大领域、四个阶段”的简要概括：经济领域是渔猎化→农业化→工业化→信息化。政治领域是神权→君权→少数人（官僚和富豪）特权→民权（民主法治人权）。文化领域是神学→玄学（主观玄虚之学）→经典科学（近代科学）→现代科学。人的发展状况是原始蒙昧人→关系人（依赖于人的人）→自立的单面人（依赖于物的人）→健全人（自由全面发展的人）。然后，以此作为基本坐标，提出当代中国正处于深刻的社会变革之中，总体上是从农业社会走向现代社会。其主要内容，在经济上，是从农业化向工业化和信息化转化；在政治上，是从君权、少数人特权（专制人治）向民权（民主法治人权）转化；在文化上，是从封闭、愚昧、单一向开放、理性、多样转化；在人的发展方面，是从人身依赖的“臣民”、“奴性”、单面人向独立自由的公民、个性、健全人转化。此文强调了社会发展的深层机制，是个体活力与社会调控的有机结合；推进中国发展的切入点，是真正实行解放思想、言论自由。

所有制问题也是社会主义理论中的一个重点问题。我撰写了多篇文章加以阐述，提出了一系列较新的观点。例如，在《所有制问题也要进一步解放思想》一文（《南方周末》2008 年 2 月 28 日）中提出：所有制以及所有权概念需要深化和拓展，要从过分关注“姓公姓私”到首先关注“是好是坏”即是否有利于生产力发展和人民利益实现，从公私对立论到平等竞争、相互促进论，从狭隘的公有制和私有制二分法转变到多维视角，包括国家所有制与社会所有制、官有制与民有制、宏观所有制与微观所有制、直接所有制与间接所有制、关键在剩余价值归谁所有等角度，当代所有制发展的趋势和方向是以股份制为代表的混合所有制和所有权的不断社会化，等等。

我还发表了 2.6 万多字的长篇论文《“姓社姓资”问题的多维解析》（《党政干部学刊》2012 年第 3 期、第 4 期），进一步系统论述了这个问题。主要观点如下：社会主义和资本主义都是多样态的，社会主义和资本主义是历史的变化的，用发展变化的观点看待社会主义和资本主义之名实关系，社会主义有好东西，也有坏东西，资本主义同样如此，要认真研究和确立科学合理的价值标准，社会主义和资本主义可以互补，还有大量事物属于“非社非资”的人类共同文明成果。此文观点也被多种媒体转载。

在教学科研中，我经常把写作和发表的论文融入讲稿和授课，而精心准备的讲稿和授课又丰富和拓展了论文的内容，可作为新的文章发表，写作和授课相互促进，教学和科研高度契合，使自己事半功倍，赢得了教学科研双丰收。

研究社会主义和资本主义问题，必须对中国和世界有较多了解。除了参加国内实地调研之外，自己也多次出国考察，并执笔将国外的情况和经验写成报告，有些作为文章公开发表，例如，《德国见闻》，发表于《中国党政干部论坛》1994 年第 10 期；《英德两国对公共事业实行企业化和私有化的考察报告》，发表于《中共中央党校报告选》2001 年第 5 期；《企业新理念：访问英特尔公司》，发表于《理论动态》2007 年 8 月 10 日第 1751

期；《“调研”泰新马》，发表于《学习时报》2012年9月3日。

三、坚持并反思马克思主义

马克思主义一直是我们党的指导思想，新中国成立后，它又成为国家的指导思想，地位极其重要。过去，我们对马克思主义的认识，既有正确的方面，也存在许多偏差。教条主义或宗教式马克思主义观，过时论马克思主义观，标签式或口是心非式马克思主义观，朴素型或混沌式马克思主义观等，都有一定影响。直至进入21世纪，仍有不少问题需要讨论。针对这些问题，我在中央党校《燧石》1995年第6期发表了《对马克思主义的新认识》一文，提出：过去我们对什么是马克思主义不是完全清楚的，我国新时期的思想解放历程同对马克思主义的再认识密切相联，马克思主义理论具有层次性、条件性和开放性，我们要坚持马克思主义的基本精神，大胆探索前进。2000年以来，我把正确理解和科学对待马克思主义，作为一个根本理论课题，持续深入研究，发表了大量论文，出版了多部专著，给中央党校和一些地方的干部班上百次讲授了《马克思主义的一脉相承和与时俱进》《科学对待马克思主义》等课程。例如：

2002年，我发表了《关于作为我们党的指导思想的马克思列宁主义》一文（《理论视野》2002年第3期），提出有三种不同含义的马克思列宁主义，一是狭义的马克思列宁主义，即马克思、恩格斯和列宁个人的学说；二是广义的马克思列宁主义，它包括后人的丰富和发展；三是作为我们党和国家指导思想即宪法和党章中所说的马克思列宁主义，它不是指马克思、恩格斯和列宁的所有论述，而应当是指他们思想中那些经过实践证明是科学的并且具有普遍意义的理论即普遍真理，其外延包括马克思主义科学世界观和方法论以及由此展开而来的基本原理。只有这些普遍真理被越来越多的人所接受，方可世代传承。此即马克思主义一脉相承之“脉”。具体结论和个别论断不在其中。随后，我又发表《如何对待马克思主义》一文

(《中国党政干部论坛》2002 年第 6 期),强调马克思主义必须与时俱进,以便更好地为当代中国的实践服务。

2004 年,我发表《坚持科学的马克思主义观》一文(《人民日报》2004 年 11 月 15 日),提出要分清多种含义的马克思主义,全面而辩证地把握马克思主义的理论品格,包括实践性、科学性、人民性(与无产阶级阶级性一致)、开放性(与时俱进是对开放性的进一步强调),在理论与实践的统一中坚持和发展马克思主义。

2005 年,我写出《科学的马克思主义观研究》一文(《中共中央党校学报》2005 年第 3 期),在分清多种含义马克思主义的基础上,具体论述了马克思主义的一脉相承和与时俱进,强调把马克思主义转化为方法和价值取向,明确坚持马克思主义的判断标准是坚持马克思主义的基本精神——在尊重客观规律的基础上为绝大多数人谋利益。它是以实践为基础的科学性与人民性的统一,求真理与求价值的统一。

2007 年,我发表《站在人类文明发展新成果的高度研究和推进马克思主义——试论以“新”解“马”范式》一文(《马克思主义与现实》2007 年第 6 期),提出了“以新解马”这个新的研究范式,即从人类文明发展新成果的高度,研究和推进马克思主义。认为这个范式是对学术界流行的“以西解马”“以中解马”“以马解马”三种范式的辩证综合和总体超越。

2008 年,我写出《什么是马克思主义的核心》一文(《学习时报》2008 年 6 月 2 日)。此文提出,过去,我们通常都按照列宁和毛泽东的观点来理解马克思主义,认为阶级斗争和无产阶级专政是其核心;改革开放以来,邓小平引导我们实现了认识上的巨大飞跃,认识到,实事求是即其科学世界观和方法论是精髓,发展生产力和实现人民利益才是其核心,而阶级斗争和无产阶级专政归根到底都是发展生产力和实现人民利益的手段和途径。手段尽管也很重要,但终归是为目的服务的,后者无疑更为根本。随后,我又应邀写出《马克思主义的真精神》一文(《北京日报》2008 年 7

月 21 日），作出进一步的阐发。

2009 年，我发表《论马克思主义中国化的实质》一文（《马克思主义与现实》2009 年第 1 期），该文提出并具体论证了逻辑上依次递进的四个观点：应当中国化的马克思主义是指马列学说中的普遍真理，马克思主义普遍真理包含普适价值，普遍真理和普适价值不限于马列学说，马克思主义中国化的实质是实行当代世界的普遍真理和普适价值与中国实际相结合。文章强调，既要反对否定马克思主义的“过时论”和将其“虚化”的倾向，又要反对把马克思主义同人类其他文明成果对立起来的“自我孤立化”和“僵化”的倾向。强调我们要坚持的马克思主义是指马列学说中的普遍真理，它同古今中外人类其他文明成果是一致的和相容的。

2010 年 10 月，我参加中共中央编译局《马克思主义与现实》杂志创刊 20 周年暨“当前马克思主义理论研究中的重大前沿问题”学术研讨会，提交了论文《〈共产党宣言〉三个论断之辨析》，《科学社会主义》2011 年第 4 期公开发表，被多家报刊和网站转载。此文主要是深入分析了“消灭私有制”“一切社会历史都是阶级斗争的历史”“任何一个时代的统治思想始终是统治阶级的思想”等命题，在肯定马克思巨大历史贡献的同时，用大量事实证明马克思的一些重要论断也有错误，我们过去对它们的理解和运用多有偏差，提醒人们在学习马克思主义经典著作时，应当对它们采取科学的分析态度，注意克服教条主义影响。

2015 年，我写出《论马克思主义威望下降的原因》一文（《上海思想界》2015 年第 2、3 期合刊），提出，造成马克思主义威望下降的消极因素是：苏联式社会主义制度失败的打击，部分共产党官员和马克思主义理论家的言行相悖严重损害了马克思主义的声誉，不少人对马克思主义不大懂、不会用、不能解决实际问题，一些人对马克思主义的否定也起了一定作用。造成马克思主义威望下降的积极因素是：从横向上看，改革开放开阔了我们的理论视野，使马克思主义的相对地位下降；从纵向上看，我们创造出中国特色社会主义理论等新的理论，也使马克思主义的相对重要性减弱；人们现在愈来愈能够对马克思学说采取科学分析的态度，亦使马克思主义的威望从顶峰回落。在此基础上，总结了应当汲取的主要经验教训。

以上这些文章大多被众多媒体转载，产生了较大社会影响。

在这个过程中，我倾注巨大精力研究和宣传邓小平理论、“三个代表”重要思想直至中国特色社会主义理论，给中央党校和地方举办的各种干部班讲授《邓小平理论基本问题研究》等课程，发表了不少理论文章。我把邓小平理论的主要内容简要归结为“一・三・一”，即一个主题（建设中国特色社会主义）、三大理论（社会主义初级阶段论、社会主义市场经济论、社会主义本质论）、一个精髓（解放思想、实事求是），并且提出，社会主义初级阶段是我们的立足点或出发点，社会主义市场经济是主要道路或途径，社会主义本质则是方向或目标。我们就是要从社会主义初级阶段这个基本国情出发，主要通过社会主义市场经济的道路，去实现中国的现代化，使全体人民共同富裕，即更充分地体现社会主义的本质。这些，实际上构成了邓小平理论体系的基本轮廓。再如，我把中国特色社会主义理论的主要创新概括为四个方面：马克思主义的新境界、社会主义的新观念、执政党建设的新觉醒、指导发展的新理念，并且作出了具体阐发。

我的这些成果，比较集中地体现在自己的几部著作中，如《从“三个有利于”到“三个代表”——新时期党的基本理论研究》（海天出版社2002年版）、《当代中国根本理论问题——科学的马克思主义观研究》（河北人民出版社2009年版）、《用中国化马克思主义破解现实问题》（九州出版社2012年版）。

另外，我在理论方面还提出了若干建议，有些刊登在内参上，有些直接报给了中央领导同志。

四、潜心研究马克思主义哲学基础理论

在进行以上教学科研的同时，我并未忽略马克思主义哲学基础理论的研究，而是撰写并发表了若干论著，并多年给博士研究生及干部班讲授有关课程。我研究的主要课题、代表性成果和个人主要观点如下：

关于历史决定论与主体选择论。这个问题实质是社会历史有无客观规律与人在历史中的作用问题，属于社会历史观的一个基本问题。代表性论文有：《论人在历史中的选择》，《党校论坛》1991 年第 7 期；《历史决定论与主体选择论的关系》，《求是》1992 年第 16 期；《历史决定论与主体选择论》（4 万多字），收入《哲学前沿问题述要》一书，人民出版社 1993 年版；《历史决定论与主体选择论探索》，《探索》1996 年第 1 期。这些论文主要阐述了以下观点：

提出历史决定论有两种：一是机械的历史决定论，二是辩证的即马克思主义的历史决定论。论证了辩证的历史决定论的合理性和基本点：第一，社会历史具有客观规律性；第二，社会规律具有辩证性质。

认为主体选择论也有两种：一是唯心的主体选择论，二是唯物的主体选择论。马克思主义肯定后一种选择论。具体阐述了唯物主体选择论的主要内容：第一，人的选择是社会历史的普遍现象；第二，人的选择受到多种因素制约；第三，人的选择具有不同的性质和作用。

最后，论证了社会规律与人的选择之间的辩证关系：第一，社会规律是历史过程的深层本质，人的选择是历史过程的表层特征；第二，社会规律制约着人的选择，而人的选择又是社会规律起作用的条件；第三，人的选择与社会规律统一的中介是人对社会规律的能动反映。因此，应当把正确反映它们的辩证历史决定论与唯物主体选择论统一起来。而坚持二者统一的最高意义是更好地实现广大人民群众的利益。

关于马克思主义哲学方法论研究。主要有以下论著：《历史唯物主义方法论》，新疆人民出版社 1993 年版；《历史唯物主义的主要观点和方法》，

《学习导刊专刊》1994年大专版；《历史唯物主义方法论探索》，《河北学刊》1995年第4期；《从新的角度理解和认识马克思主义哲学》，原载于《河北学刊》2006年第6期，《新华文摘》等多种报刊转载；《马克思主义哲学方法论概要》，《学术研究》2008年第10期；《注重研究和建构马克思主义价值观》，《哲学动态》2011年第3期。主要观点是：

提出与马克思主义哲学基本原理相比，马克思主义哲学方法论具有相对独立性，它们是以前者为基础的两个层次的理论，应当依据前者阐发马克思主义哲学方法论。认为马哲主要方法包括辩证决定论方法、社会本体论方法、实践标准、生产力标准、人民利益标准、阶级阶层分析方法、矛盾（系统）分析方法、历史主义方法等。其中，辩证决定论方法是总方法。它们是以实践为起点和终点的“一总多分”的体系。研究马克思主义哲学方法论具有弥补马哲研究薄弱环节、拓展和深化马哲基本原理、更直接地指导人们实践等多重意义。

结合马哲方法论研究，我从新的角度阐释了马克思主义科学世界观即其哲学，强调五个“着眼于”：第一，着眼于特点，注重马克思主义哲学的独创性观点。第二，着眼于根本，把握马克思主义哲学的基本精神。第三，着眼于发展，吸纳马克思主义哲学研究的新成果。第四，着眼于现实，搞清作为我们指导思想理论基础的马克思主义哲学与作为个人学说的马克思哲学的关系。第五，着眼于应用，把马克思主义哲学转化为现实的思想路线。

关于历史主客体问题的研究。发表的文章主要有：《论社会主人》，系提交1989年全国党校系统哲学年会的论文，收入《主体与客体》一书，中共中央党校出版社1990年版；《中国特色社会主义理论的主体思想蕴涵》，《社会科学》1993年第4期，收入《建设有中国特色社会主义理论与唯物史观的发展》一书，吉林人民出版社1993年版；《略论客体对主体的反作用》，《中共中央党校学报》2013年第4期；《人民当家作主是社会主义的根本》，收入《邓小平理论研究·2013》，人民出版社2013年版；《论人民主体理念及其落实问题》，《党政干部学刊》2016年第11期。由这些论文的题目即可看出，它们不是抽象思辨和空洞议论哲学概念，而是紧密结合我国现实讨论理论问题。

得益于我国改革开放所提供的机遇和条件，30多年来，自己出版了6部个人专著，3部个人文集，发表了数百篇文章，合作和主编的著作数十部，给中央党校和一些单位讲授过很多课程。其主旋律就是用理论的方式为改革开放提供深层论证和前瞻性支撑，力图为中国特色社会主义理论大厦添砖加瓦，履行一名理论工作者的责任和使命。

今天应当怎么看“消灭私有制”*

马克思和恩格斯在《共产党宣言》中明确宣告：“共产党人可以把自己的理论概括为一句话：消灭私有制。”这个论断的影响极其广泛深入，给几代中国人留下了难以磨灭的思想烙印，直至今日，还有很多人认为，消灭私有制是共产党、马克思主义的天经地义，不消灭私有制那还叫什么共产党、社会主义！而中国的现实是，我们在大力发展多种所有制经济，其中包括私有制经济，理论与实践反差很大。这使许多人包括不少高级干部感到十分困惑，疑虑重重，底气不足，摇摆不定。有些人甚至认为，这是我国改革开放的一大“罪状”，它完全背离了马克思主义，走上资本主义“邪路”了。极个别学者和网络写手竟然高调宣扬要“消灭私有制”和“民营经济应该离场”，以致引起了一定程度的社会恐慌。这些，已经对我国的持续健康发展构成了很大干扰。这些认识是需要加以澄清的。鉴于这是一个基本理论问题并有重要现实意义，本文试对“消灭私有制”问题作些具体辨析。

一、“消灭私有制”是有前提条件的

马克思和恩格斯所说的“消灭私有制”，不是指剥夺“那种小资产阶级

---

* 此文系提交2019年4月中国辩证唯物主义研究会、中央党校哲学部理论研讨会的论文，收入会议论文集；发表于《中国民商》杂志2019年第5期，爱思想网、参考网及中国民商网等转载。

的、小农的财产”，而是特指消灭资本主义私有制。《共产党宣言》指出：“共产主义的特征并不是废除一般的所有制，而是要废除资产阶级的所有制。”“共产主义并不剥夺任何人占有社会产品的权力，它只剥夺利用这种占有去奴役他人劳动的权力。”[①]后来，马克思在《资本论》中更加明确地指出：“……私有制的性质，却依这些私人是劳动者还是非劳动者而有所不同。”[②]

这种特定含义的“消灭私有制”即消灭资本主义私有制是否是在任何时间、任何条件、任何国家，都应当立即拿来实行的纲领和政策？显然不是。“消灭私有制”是有条件亦即是有逻辑前提的。其直接前提是：资本主义私有制已经严重阻碍了生产力的发展，成为生产力发展的桎梏，丧失了历史合理性，因此，应当加以消灭。

进一步说，资本主义私有制阻碍生产力发展，为什么就必须消灭它呢？其条件即逻辑前提是：生产关系特别是所有制一定要适应生产力的状况。只有适合生产力状况的生产关系包括所有制，才能充分调动劳动者和所有者的积极性，更好发挥各种生产要素的作用，创造更多的物质财富，提高人们的生活水平。这是一切人类社会发展的普遍规律，任何人、任何政党和集团都无法改变这一规律。这是马克思的历史唯物主义所揭示的科学真理。

可见，“消灭私有制”这一结论蕴含着这样一个逻辑学上的三段论：

大前提：生产关系一定要适应生产力状况；

小前提：资本主义私有制已经严重阻碍生产力发展；

结论：因此，必须消灭资本主义私有制。

这里的大前提是普遍适用的社会发展一般规律，也是“消灭私有制”

① 《马克思恩格斯文集》第2卷，人民出版社2009年版，第45—47页。

② 《马克思恩格斯文集》第5卷，人民出版社2009年版，第872页。

这个论断所蕴含的深层思想，是我们应当着重把握和始终坚持的根本指南。现在的主要问题是，这个三段论中的小前提是否成立？资本主义私有制是否已经严重阻碍了生产力的发展？它是否应当立即被推翻？这是需要运用事实和理论予以证明的。

二、资本主义私有制还能容纳生产力发展

在1848年《共产党宣言》发表的时候，马克思和恩格斯认为，资本主义私有制已经严重阻碍了生产力的发展，他们说："生产力已经强大到这种关系所不能适应的地步，它已经受到这种关系的阻碍；……资产阶级的关系已经太狭窄了，再容纳不了它本身所造成的财富了。"① 其后，马克思在1867年出版的《资本论》第1卷中再次宣告："资本的垄断成了与这种垄断一起并在这种垄断之下繁盛起来的生产方式的桎梏。生产资料的集中和劳动的社会化，达到了同它们的资本主义外壳不能相容的地步。这个外壳就要炸毁了。资本主义私有制的丧钟就要响了。剥夺者就要被剥夺了。"②

可惜，马克思和恩格斯的这个结论没有经受住历史的实践的检验。

1895年恩格斯在公开发表的为马克思《1848年至1850年的法兰西阶级斗争》所写的导言中说："历史表明，我们以及所有和我们有同样想法的人，都是不对的。历史清楚地表明，当时欧洲大陆经济发展的状况还远没有成熟到可以铲除资本主义生产的程度；历史用经济革命证明了这一点，从1848年起经济革命席卷了整个欧洲大陆，在法国、奥地利、匈牙利、波兰以及最近在俄国刚刚真正确立了大工业，并且使德国简直就变成了一个头等工业国——这一切都是以资本主义为基础的，可见这个基础在1848年还具有很大的扩展能力。……这就彻底证明了，在1848年要以一次简单

① 《马克思恩格斯文集》第2卷，人民出版社2009年版，第37页。
② 《马克思恩格斯文集》第5卷，人民出版社2009年版，第874页。

的突然袭击来实现社会改造，是多么不可能的事情。”恩格斯接着还写道：“甚至在那时（指 1871 年——引者注），即在本书所描述的那个时期的 20 年以后，工人阶级的这种统治还是多么不可能。”[①] 这些话，可以看作是恩格斯本人并且代表马克思所作的自我批评，他否定了自己早年的结论。实际上，即便在恩格斯撰写这篇导言的 1895 年，工人阶级夺取政权依然十分艰难，消灭私有制远未成为现实。

放眼世界，直至一个多世纪以后的今天，世界上大多数国家包括所有发达国家都在实行资本主义制度，他们的生产力总体上也都在发展，有些时候有些国家发展还很快。这表明，资本主义私有制还能容纳生产力的发展，尚有存在的合理性，短期内不可能灭亡。正如马克思在《〈政治经济学批判〉序言》中所指出的：“无论哪一个社会形态，在它所能容纳的全部生产力发挥出来以前，是决不会灭亡的；而新的更高的生产关系，在它的物质存在条件在旧社会的胎胞里成熟以前，是决不会出现的。”[②]1992 年初，邓小平说：“我们搞社会主义才几十年，还处在初级阶段。巩固和发展社会主义制度，还需要一个很长的历史阶段，需要我们几代人、十几代人，甚至几十代人坚持不懈地努力奋斗，决不能掉以轻心。”[③] 这也从反面表明了资本主义私有制还会存在相当长的时间。

由上可见，《共产党宣言》以及《资本论》“消灭私有制”的判断存在较大误差，而且，《共产党宣言》是作为共产主义者同盟的“实践的党纲”和“最近目的”即近期奋斗目标而写作的[④]，就此而言，“消灭私有制”的论断比较激进并含有空想因素。在很大程度上，马克思和恩格斯是把处于“青春期”因而“生理和心理一度失衡”的上升时期的自由资本主义当作了

① 《马克思恩格斯文集》第 4 卷，人民出版社 2009 年版，第 540、541、542 页。
② 《马克思恩格斯文集》第 2 卷，人民出版社 2009 年版，第 592 页。
③ 《邓小平文选》第 3 卷，人民出版社 1993 年版，第 379—380 页。
④ 《马克思恩格斯文集》第 2 卷，人民出版社 2009 年版，第 5、44 页。

衰老的、垂死的资本主义。当然，这不应苛求于马克思和恩格斯，众所周知，在《共产党宣言》出版的时候，马克思未满30岁，恩格斯不到28岁，他们虽然是两个伟大的天才，但毕竟还很年轻，而且，他们先后被法国等国家的当局驱逐出境[①]，马克思一家更是时常处于饥寒交迫的贫困状态，他们对资本主义制度怀有满腔怒火，在这种情况下，怎么能要求他们完全做到客观、冷静呢！

问题是，20世纪的不少马克思主义者、社会主义国家不作科学分析，机械地照搬马克思和恩格斯在激情状态下写作的《共产党宣言》的结论，采取了很多超越阶段的“左”的方针和政策。这就是后来者的责任了。

例如，新中国成立初期的物质生产社会化程度极低，资本主义私有制尚很弱小，更未阻碍生产力发展，仍有广阔的发展空间，我们却教条式地照搬《共产党宣言》的结论，断然实行消灭私有制，并不适合当时中国生产力的发展要求。毛泽东在1954年6月14日《关于中华人民共和国宪法草案》的报告中说过：“现在我们能造什么？能造桌子椅子，能造茶碗茶壶，能种粮食，还能磨成面粉，还能造纸，但是，一辆汽车、一架飞机、一辆坦克、一辆拖拉机都不能造。”[②]不能造这些东西，表明我国当时的工业、农业、交通运输业和国防工业的水平极低，还是一个落后的农业国。薄一波指出：“1955年，我国工业化刚刚起步，人均国民收入只129元，就提出让‘资本主义绝种，小生产也绝种’的问题。”[③]（附带指出，马克思和恩格斯要消灭的是资本主义私有制即剥削者的私有制，我们却是把它和劳动者——农民和手工业者的私有制“一锅端”，甚至以后者为主要对象，这是一种扭曲）而“据统计，1957年，我国人均国民收入仅142元。农民

① 《马克思恩格斯文集》第10卷，人民出版社2009年版，第1031、1033页。

② 《毛泽东文集》第6卷，人民出版社1999年版，第329页。

③ 薄一波：《若干重大决策与事件的回顾》上卷，中共中央党校出版社1991年版，第357页。

生活水平虽比解放初期有很大提高，但温饱问题还远没有得到解决”[①]。在生产力如此落后的基础上，全面实行社会主义公有制显然是不切实际的。

改革开放以来，我们党和国家没有拘泥于马克思和恩格斯关于“消灭私有制”的具体结论，而是抓住了这个论断背后的深层思想，即生产关系一定要适应生产力状况的规律，从我国现阶段生产力不发达、多层次、不平衡的实际情况出发，改变过分单一的所有制结构，在继续发展公有制经济的同时，允许和支持非公有制经济包括私有制经济的发展，形成了多种所有制经济共同发展的新格局，调动了多方面的积极性，使生产力得到了巨大发展，人民生活水平和国家实力都得到了很大提高。实践证明，我们现在的路子走对了，符合社会发展一般规律，是真正坚持了科学的马克思主义。我们应当坚定不移地继续坚持这条道路。

三、消灭资本主义私有制的两种途径

凡是在历史上产生的事物，都必然随着历史的发展而消亡。资本主义私有制同样不会万世永存。那么，如何消灭资本主义私有制呢？

马克思和恩格斯提出的基本思路是暴力剥夺。《共产党宣言》说：“共产主义革命就是同传统的所有制关系实行最彻底的决裂……无产阶级将利用自己的政治统治，一步一步地夺取资产阶级的全部资本，把一切生产工具集中到国家即组织成为统治阶级的无产阶级手里，并且尽可能快地增加生产力的总量。”“共产党人不屑于隐瞒自己的观点和意图。他们公开宣布：他们的目的只有用暴力推翻全部现存的社会制度才能达到。”[②]苏联基本按照这一思路，对资产阶级以及富农采取了暴力剥夺的办法，迅速建立了以国有制为主体的经济制度。中国 20 世纪 50 年代对资本主义工商业的社会主

① 薄一波：《若干重大决策与事件的回顾》下卷，中共中央党校出版社 1993 年版，第 747 页。

② 《马克思恩格斯文集》第 2 卷，人民出版社 2009 年版，第 52、66 页。

义改造有所调整，利用国家权力实行了“和平赎买”政策，走上了公私合营道路，后来在全国很快形成了以国有经济为主导的公有制。这种以国有制为主体或主导的、过分单一的所有制结构与计划经济体制相结合的结果，已经被实践证明不够成功。在很长时间里，苏联以及中国生产力发展欠佳，经济效率和效益不高，处于日常生活用品长期匮乏的“短缺经济”和“票证经济”状态，人民生活水平没有得到应有的提高，与资本主义国家及地区的经济发展差距显著拉大。这也正是后来苏联解体、中国实行改革开放的一个根本原因。

另一种“消灭私有制”的途径是合作、融合。从多国实践看，资本主义私有制事实上处于不断“蜕变”之中。马克思和恩格斯当年所看到的资本主义私有制，主要是小业主式的私有制，如恩格斯所说：“究竟什么是资本主义私人生产呢？那是由单个企业家所经营的生产”。后来，私人企业又扩展为股份公司、托拉斯等[①]。这里，已经可以看到私人资本的联合、合作。私人资本为什么要联合、合作呢？根本原因是追求经济利益。在机器大生产日益发展、生产不断社会化的条件下，资本只有达到一定经济规模，才能提高效率和效益，并在激烈的市场竞争中立于不败之地。在私人资本逐渐联合、合作的过程中，与私人所有不同的共有的因素也在增长。同时，随着生产力的发展，劳动者的生活水平在逐渐提高，越来越多的人拥有了部分剩余资产，为了保值增值，他们也要将其投入社会再生产。现在，资本主义国家大多数企业的所有者已经不再是少数个人，而是公民大众，企业主要资本由私人资本转变为各种“基金”“社会化的资本”。这是私人资本和平合作、自然融合的过程。在这个过程中，公有制的因素在逐步增长，相应地，私有制的比重在相对减少。从长期趋势看，它也展示着私有制的消亡前景。

① 《马克思恩格斯文集》第4卷，人民出版社2009年版，第410页。

在这一过程中，公有制与私有制不是非此即彼、截然对立的，而是交叉、混合、融合在一起。例如，就当代世界各种企业的主要实现形式股份制来看，它兼容公有、私有、国有、民有等各种所有制成分，具有很大的“杂交”优势：在股份制企业中，即便全部股权都归个人所有，股东可以分红，这是私有制的成分，但私人所有的资产却为企业法人即集体所用，谁也不能拿走，并为社会提供商品、服务、税收和就业，这又是公有的因素。就其内部机制而言，一方面，它保留了私有制中所有权的强约束即所有者对其资产关切度高的优点（私有制之所以能够存在数千年，这大概是主要原因之一），又克服了私有制的经济规模小、私人能力有限、彼此利益容易抵触等缺陷。另一方面，它解决了苏联式公有制经济中所有者虚化、资产无人关心和负责、损失浪费严重以及创新动力不足等痼疾，但又保持了公有制集体协作、收益共享、规模经济等长处。在这里，公有制与私有制不是“彻底决裂”、简单地一个“吃掉”另一个、一个代替另一个的关系，而是一个彼此融合、扬长避短、辩证否定即扬弃的关系。

在资本主义私有制的“蜕变”过程中，国家也发挥了重要作用，主要是通过法治的途径，既保护私人财产包括知识产权，又限制垄断，鼓励竞争，同时保护劳动者的基本权利，提供基本社会保障，利用税收调整收入分配，使各种经济成分包括私有制经济在现代文明的框架内有序运行[①]。相对于暴力剥夺的革命，这种国家宏观调控方面的变化可以称之为改良或改革。

实际上，这也是我们国家正在做的事情。当然，社会主义中国与资本主义国家在所有制方面是有重要区别的，主要的不同，就是我国的公有制经济始终占据主体地位。即使是在非公有制经济已经占有较大比重的今天，如果不是仅仅计算企业中的经营性资产，而是考虑到我国的资源性资产

① 详见董德刚：《〈共产党宣言〉三个论断之辨析》，《科学社会主义》2011 年第 4 期。

（包括土地、矿产、河流、水源、海洋、空间资源等）几乎全部属于公有制经济，它们的体量又无比巨大，那么，就会看到，我国公有制经济的主体地位是绝不可能轻易动摇的。

以上“消灭私有制”的两种途径，究竟哪一种更好些？相对地说，暴力剥夺是政治外力强行介入经济运行过程的行为，作为政治上层建筑的国家强力改变经济基础，容易打乱经济本身发展的内生性和连续性，造成社会震荡，发生“唯意志论”的“拔苗助长”的错误。而合作、融合则是经济主体自发自愿的行为，体现经济必然性即符合经济发展规律，属于经济本身发展的“自然历史过程”，社会震动也较小，经济效益和社会效益均较优，有利于更好地发展我国生产力、增强国家综合实力和提高人民生活水平。

因此，正如多年来我们党所一再强调的，我们应当从过去简单化的“公私对立论”转变到各种所有制成分“平等竞争、相互促进”论，实行公私兼容，劳资两利，同等保护，共同发展。

简言之，资本主义私有制是要消灭的，它必将被更高级的所有制形式所代替，但那是一个漫长的历史过程。我们要注意它的长期性、复杂性和艰巨性，千万不要急于求成。

面向中国实际研究经济基本理论问题 *

——我的经济哲学研究成果概述

在我40多年的理论生涯中，经济哲学是一个重要研究方向。在这方面，我出版了三部专著、发表了数十篇论文并长期从事这方面的教学。其主要特点，就是面向中国亟须发展经济、实行改革开放的实际，运用马克思主义哲学思想，深入研究经济基本理论问题，试图对解决这些问题提供若干思路。

一、个人专著《创造更高的劳动生产率——社会主义经济哲学引论》

本书是在我的博士学位论文基础上修订而成的一部个人专著，25万字，经济科学出版社1998年出版。

本书的主要内容是：从我国经济建设实践以及人们经济观念的实际出发，针对我国存在的现实问题，围绕如何创造更高的劳动生产率这个中心，以历史唯物主义基本理论和方法为指导，参考西方发达国家的经验，发掘马克思关于物质财富具有劳动和物质条件两个源泉以及生产者和所有者的关系构成社会结构之基础的思想，以当代物质生产中劳动与资产两个基本要素为“经”，以生产力、生产关系以及上层建筑为“纬”，首先，

---

* 此文收入《中国经济哲学年鉴（2019）》（主编张雄、执行主编卜祥记），社会科学文献出版社2020年版。爱思想网等转载。

在生产力层面研究劳动与资产及其技术性结构，兼及经济管理和科学技术的作用，以助开发物质财富的源泉；然后，在生产关系层面研究劳动与资产两要素的提供者即劳动者与所有者的利益，以及他们相互之间和各自内部的利益关系问题，以利建构提高劳动生产率的主体动力机制；最后，联系上层建筑主要是国家，研究宏观经济体制和对外开放问题，以便为提高劳动生产率创造良好的宏观环境和条件，这是前两个层次研究的补充和扩展。

该书的基本结论是，要在坚持劳动的主导作用和劳动者中心地位的前提下，实行劳动与资产的有机结合，让社会财富的一切源泉充分涌流。在这个基本思想之下，该书比较深入地阐发了劳动社会化理论，资产重要作用论，劳动与劳动者利益关联度理论，所有者权利理论，所有权社会化理论，劳动者、所有者和消费者“三者兼顾的经济学”等。

该书出版后，杨春贵、崔自铎、陈柏灵、边立新等在《经济日报》1998年1月26日、《光明日报》1998年3月2日、《人民日报》1998年3月12日、《市场报》1998年5月28日、《中国社会科学》1999年第1期发表了评介文章。该书获“中共中央党校1995至1998年度优秀科研成果二等奖”。

二、个人专著《邓小平经济哲学思想——以“三个有利于”为根本的建设哲学》

此书是我承担的1998年国家社会科学基金一般项目的最终成果，28.2万字，河南人民出版社2001年出版。

本书认为，邓小平经济哲学思想的最高概括，就是以“三个有利于”为根本的建设哲学。它以我国社会主义初级阶段为立足点，以马克思主义所揭示的社会发展一般规律和价值取向与我国特殊国情相结合为基本方法，以实现中国式现代化为目标，由经济建设中心论、经济发展战略论、经济体制改革论、思想政治保证论四个部分构成，其中，经济建设中心论是总论，它主要回答经济建设在我国社会主义发展中的地位和作用问题，其他三论则是分论，分别从生产力、生产关系、上层建筑三个层面来回答怎么样发展经济的问题。它们是“一总三分”的关系。而经济建设中心论和经济体制改革论，是邓小平经济哲学思想中最为杰出的“华彩乐章”，因而也是本书的两个重点部分。

本书面世后，赵家祥、吴元梁、郭湛等在《中国经济时报》2001 年 12 月 5 日、《光明日报》2001 年 12 月 25 日、《人民日报》2002 年 1 月 10 日、《北京日报》2002 年 1 月 14 日、《经济日报》2002 年 2 月 25 日、《学习时报》2002 年 3 月 4 日、《理论前沿》2002 年第 10 期发表了关于本书的评介文章。

2002 年 6 月，此书获中南五省（区）人民出版社第二十四次优秀图书奖；同年 9 月，又获第 17 届北方十五省、市、自治区哲学社会科学优秀图书奖。

三、本人牵头合作专著《经济哲学》

本书是由董德刚牵头、集体合作的专著，作者还有庞元正、边立新、赵理文、张峰和江涛，24.9 万字，中共中央党校出版社 2003 年出版。

本书以经济重大问题为线索，主要研究了经济理论的人性假设、人力资本与知识经济、所有制以及产权辨析、经济效率与社会公平、市场经济与经济竞争、市场经济与企业分析、市场经济的宏观调控、市场经济与伦理道德、市场经济与民主政治等专题。此书被多所大学选作研究生教材。

本书是“十五”国家重点图书出版规划项目《新兴哲学丛书》之一，该丛书由庞元正、董德刚、韩庆祥主编，包括经济哲学、政治哲学、管理哲学、价值哲学、公共哲学、历史哲学、生态哲学、语言哲学、科学哲学九部专著，由中共中央党校出版社出版。

四、个人在报刊上发表的经济哲学论文

1.《论资产在当代物质生产中的重要作用》,《中共中央党校学报》1997年第3期，中国人民大学复印报刊资料《理论经济学》1998年第2期转载。

2.《论劳动的社会化》,《现代哲学》1997年第3期。

3.《社会主义经济哲学引论》,《哲学动态》1997年第5期。

4.《社会主义公有制与所有权的社会化》,《河北学刊》1997年第4期，中国人民大学复印报刊资料《社会主义经济理论与实践》1997年第9期转载。

5.《从“所有者的经济学”走向“三者兼顾的经济学”》,《燧石》1998年第1期。

6.《论市场经济的社会功能》,《珠海论坛》1998年 第4期。

7.《从理论上概括社会主义经济建设的经验教训》，系提交1998年5月在上海召开的“经济哲学高级论坛”的论文，被编入张雄、陈章亮主编的《经济哲学——经济理念与市场智慧》一书，云南人民出版社2000年出版。

8.《论所有者权利》，收入董德刚文集《哲学与现实》，经济科学出版社1999年出版。

9.《邓小平经济哲学思想论纲》,《哲学动态》2000年第6期。

10.《社会主义市场经济理论的重大突破和发展》,《中共中央党校学报》2000年第4期，中国人民大学复印报刊资料《社会主义经济理论与实践》2001年第1期转载。

11.《近年来经济哲学研究概况》,《教学与研究》2000年第10期。

12.《恩格斯怎样看待马克思的劳动价值论》,《理论学习》2001年第11期,《党建文汇》《宁波日报》等转摘。

13.《试析剥削概念》,《理论动态》2001年11月30日。

14.《如何看待我国现阶段的剥削现象》,《前线》2002年第2期，中国人民大学复印报刊资料《社会主义论丛》2002年第5期转载。

15.《从单一要素价值论到系统价值论——劳动价值论的创新》,《求索》2005年第1期。

16.《所有制问题也要进一步解放思想》,《南方周末》2008年2月28日，被人民网等众多网站转载。

17.《逐渐淡化“公私二分”，走向社会所有》,《南方周末》2010年4月28日，人民网和《北京日报》等众多网站和报刊转载（摘）。

18.《对所有制若干热点问题的思考》,《中国教育报》2010年5月5日，被人民网等网站转载。

19.《关于经济哲学两个问题的研究》,《党政干部学刊》2015年第6期。

20.《今天应当怎么看“消灭私有制”？》,《中国民商》杂志2019年第5期，爱思想网、参考网及中国民商网等转载。

五、我在经济哲学方面的教学成果

多年来，在中央党校哲学部，我和其他教师为博士生、硕士生及在职研究生开设了经济哲学研究课程，讲授过很多经济哲学研究专题。我讲授的题目主要有:《经济哲学研究概况》《邓小平经济哲学思想》《所有制以及产权辨析》《战略与经济哲学》。

我指导了多名以经济哲学为研究方向的博士研究生。他们的博士论文题目分别是:《所有制问题的哲学研究》(焦丽萍，2006年),《企业社会责任的哲学研究》(满河军，2008年),《消费哲学研究》(张爱丰，2008年),《市场秩序基础理论的哲学审视》(刘希良，2009年),《论当代中国分配正义》(黄有璋，2010年),《论我国社会主义市场经济》(汪强，2012年),《信用哲学引论》(杨文礼，2013年)。

我还指导了博士后研究报告《新时期民营企业伦理问题研究》(岳公正，2010年)。

第三编

出国考察报告及其他

德国见闻 *

今年6月底至7月初，我们应德国社民党艾伯特基金会的邀请，访问了德国的波恩、柏林、慕尼黑、法兰克福等地，了解了一些德国的情况和经验，现在整理出来，以与国内的同事们共享。

一、“中国发展很快，但贫富差距太大了”

与我们交谈的不少德国人都来过中国，有些人甚至不止一次，他们几乎异口同声地说，这十几年来，中国发展很快，特别是广东、上海，更出乎他们的预料，对此，他们都给予了很高的评价。由于这些成绩的取得，是与邓小平的领导分不开的，所以，他们也经常谈到邓小平，很关心邓小平的现状。

不少德国人士很关心中国现在的问题。他们提到的主要有：中国的贫富差距以及东西部差距问题，社会保障问题，民主问题，官员腐败问题，等等。一位德国政治家说，他到过北京、上海、广州，未想到街上跑的“宝马”“奔驰”等高档轿车比德国还多。很多“大款”住高级宾馆，享受豪华生活，同时却看到一些人连温饱问题都未解决，处于失业半失业状态。他认为：“这种贫富差别比德国还大。”

* 此文发表于《中国党政干部论坛》1994年第10期，系作者随中央党校代表团访问德国的札记。该代表团团长为中央党校副校长邢贲思教授，团员有张文正教授、谢世荣教授、郑伊倩教授和本人（时为副教授）。

与我们会见的德国人士大多对中国持有十分友好的态度，其中一些人还热心地为解决中国问题“出谋划策”。好几位德国朋友向我们详细地介绍了德国“托管局”出售原东德国有企业、使之私有化的做法和经验，希望我们借鉴。有的德国朋友甚至说：“你们不要听美国和世界银行的意见。”言下之意，除了对美国的动机不无怀疑外，主要是认为，市场经济有多种模式，而美国式的自由放任的市场经济不如德国的社会市场经济优越。

值得注意的是，大多数德国人对中国了解不够，甚至有较大误解。例如，在几个地方，德国人士都向我们提过同一个问题：“现在中国也搞市场经济了，不知中国什么时候完成私有化？”他们以为，市场经济只能以私有制为基础，中国要搞市场经济，自然要搞全面私有化，走资本主义发展道路。我们对此只好反复进行解释。另外，我们看到电视节目中有时播放一些反映中国农村的贫困落后的生活景象的纪录片，表明一些普通德国人对中国的了解至少还停留在几十年前，以为中国还是“文化大革命”以前的形象，对改革开放以来的中国了解得很不够。这使我们深深感到，确有加强对外交流、对外宣传的必要。

二、“要有足够的制约力量”

在我们同德国政治家们会谈的过程中，他们主动向我们谈的最多的问题是竞选问题。这是可以理解的。因为在议会民主体制下，能否在竞选中获胜，决定着各个政党的命运，特别是决定着它们的领导人出任政府要员还是屈为平民百姓。竞选的种类有很多，按层次分，有州竞选、联邦（全德）竞选，还有欧洲议会竞选；按重要程度分，各层次又有中期选举和大选等差别。为了在竞选中取胜，各个政党都十分重视争取选民的工作，他们认真研究选民的状况、心理、愿望和要求，力求提出能够打动他们的口号和政策，树立本党的良好形象，促使他们投自己的票。这里体现出政治家和选民的双向制约机制。一方面，政治家们无疑对选民、对国家政治生活起着十分重要的导向作用，但另一方面，这些政治家能否进入议会，进而能不能成为执政党，他们及其政策主张能够在多大程度上发挥作用，却取决于选民的意愿。这种情况，使政治家们不敢蔑视群众。各政党之间的相互竞争，对普通群众是有利的，扩大了他们的政治选择空间，他们通常会选择那些能够给他们带来更多利益的党。这样，也就在客观上为各个政党如何争取政治权力规定了一个基本方向。于是，各种争取人心包括向群众许愿、讨好的政策主张也就不断出笼。这一点，在某些反对党中最为明显。由于他们不执政或执政希望甚微，提出了政策主张不用自己去兑现，所以，时常提出一些看来对多数群众十分有利、实际是完全做不到的意见，用中国的一句老话说，不过是“邀买人心”。相反，执政党或有较大希望执政的党，他们的主张往往更切实一些，因为他们说过之后还要去兑现，只唱高调是不行的。当然，从长远结果看，那些言而无信的政党最终是不会得人心的。

顺便提提，也许是经常向选民发表演说、参加竞选的缘故，与我们会见的政治家都很健谈，头脑灵活，多数人很有幽默感。尚未发现一个头脑呆滞、木木讷讷的政治家。

关于民主，德国人还有一个观念很值得注意。现在，德国执政党基民党与最大反对党社民党的政策主张十分接近，它们在外交政策上几乎完全一致，在国内政策上也只是略有差别，因此，两党联合执政的可能性是存在的。当我们谈及这个问题时，社民党的政治家们说：“我们不可能和基民党联合执政，因为那样一来，执政党就将在议会中占绝大多数席位，反对党的力量则微乎其微，这不符合我们的民主观念。真正的民主，就要在执政党之外保持足够强大的制约力量。”“民主最重要的前提是，政府有一个强大的反对力量，否则，民主就不起作用了。”这种寻求保持与执政党相抗衡的政治力量的做法，其作用看来是双重的：它的弊端是分散国家的政治领导力量，影响决策效率，造成一些能量内耗；但它也确有益处，使执政党不能恣意妄为，并能及时揭露和纠正其失误（从一定意义上说，反对党是专门给执政党挑毛病的），不致于使国家的命运维系于不受制约的个别政治家寡头手中。

在德国的政治体制中，还比较普遍地实行了限任制，即任何人担任政治领导职务的时间都是有一定期限的，不准超过，甚至连社民党党校校长、一些大学的系主任都实行限任制。这种做法，利远远大于弊，值得认真研究借鉴。与此相联系，一些反对党的政治家经常向我们宣传："基民党执政时间太长了，不会有什么朝气和新主意了，它的政治家也老了，头发白了，一副很累的样子，该休息了，需要新的政党和年轻的政治家来接替他们……"

附带说说，德国很注意政治的公开化或透明度，在柏林新建的议会大厦外墙，从上到下都是透明的玻璃窗，人们介绍说："那象征着德国政治的透明度。"

此外，德国的工会是一支独立于政府和各个政党的强大力量。据说，德国工会会员占工人总数的35%—40%。他们的工会是统一的，即一个行业只有一个工会。德国工会主要在参与决定工人的工资水平、工作时间、工作条件等方面发挥作用。工会有权组织工人罢工，有权参与劳资双方关于工资等问题的谈判，有权代表工人参加工厂的监事会，参与决定董事会成员的任免、巨额投资决策，等等。

三、社会市场经济与德国统一问题

德国属于经济发达国家，人民生活是比较富裕的。普通工人一般月工资4千至5千马克（相当于人民币2万—2.5万元），大学教授月工资7千至1.3万马克（相当于人民币3.5万—6.5万元）。当然，德国的物价水平较高，至少是中国的10倍以上。

中国和德国在经济上的差距主要在哪里？我们的感受是两个方面：一

方面，仅就两国的大城市相比较，中国虽然有差距——主要表现在德国的商品、服务档次更高、质量更好，几乎无不精益求精。但是，凡德国市场上有的东西，中国大城市也基本都有，所以，二者的差距并不大。另一方面，如果考虑到两国的农村和落后地区，那么，两国的差距就相当大了。德国城乡之间的差别很小，农村居民的生活也是现代化的，而中国有许多经济落后省份和贫困地区，甚至还有8千万未解决温饱问题的人口（这些人口相当于德国的总人口）。中国的落后省份、贫困地区和广大农村，要达到德国现在的一般生活水平，恐怕需要上百年的时间。因此，我们觉得，中国同德国的差距主要在后一方面，德国的经济发展是比较均衡的，中国的地区差别过大，落后面过大。

德国的经济体制是社会市场经济。他们对社会市场经济的解释是：第一，实行市场经济，以提高效率；第二，注重社会福利和民主，以缩小包括贫富差别在内的社会不平等。社民党的政治家们说，实现社会福利和民主，是社民党131年来始终为之奋斗的目标。而他们对市场经济的认识则有一个转变过程：第二次世界大战以后，社民党主张国家经济理论，提倡国有化，当时基民党主张搞市场经济。经过实践和比较，他们看到了市场经济的好处，所以，从1959年起，社民党也赞同搞市场经济了。他们认为，财产放到个人手里，他会更关心它，更负责任，私人企业有活力，而政府官员没有经营企业的能力。因此，经济应尽可能私有化，国家所有的只是很少一部分公共服务事业，如邮电、卫生等部门。目前，邮电部门也正在私有化，但国家仍将掌握一半左右的股份。市场经济带来的一个突出问题是失业问题。所以，各政党竞选中的一个重要议题是：如何创造更多的工作岗位。由于私人企业绝不雇用冗员，也由于高科技的推广使用人减少，这个问题很难解决。目前他们的主要做法是：压缩在职工人的劳动时间（随之适当减少报酬），以吸收更多的劳动力；发展新兴产业，特别是环保工业，增加就业岗位；尽可能开拓新的市场特别是国外市场，以创造更多的就业机会。

德国统一后，东西部的差距仍然是一个很大的问题。同原西德相比，原东德机器设备比较陈旧，劳动力素质较低，劳动生产率大约只有原西德的四分之一左右。他们说，经过40年的竞争，东部最后失败了。德国统一后，东部的生产效率目前达到西部的50%左右，而东部劳动者工资已达到西部的70%左右，大大超过劳动生产率的增长。德国统一后，由于世界性经济衰退的影响，也由于原苏东政局变化后，东部失掉了原在东欧地区的许多市场，东部经济发展相当困难。德国政府改造东德经济的主要办法，是委托财政部下属的“托管局”，将原东德国有企业出售给个人，实行私有化，这个工作已接近完成。在出售国有企业时，“托管局”要求买主保证一定数量的就业岗位，同时还要考虑环境保护、技术改造等费用，不得不给买者很多优惠，而且还要付给失业半失业工人生活费，最后结果是，出售这些企业国家还要赔钱。他们说，东部幸亏有一个富有的西部“哥哥”，这个“哥哥”从1990年开始，每年向东部投资1000至1100亿马克。购买国有企业的主要是西部的有钱人以及少数外国资本家。原东德的法律全部废止，实行西部的法律。这些法律有1200多部，内容复杂，东部目前几乎无人知晓。所以，无论在经济还是在政治上，现在领导东部地区的基本上都是西部人以及少数外国人，东部不少居民认为他们被出卖了，成了二等公民，心理上难以平衡。政治家们估计，消除东西部的经济特别是心理差距，大概要经过一两代人的时间。

四、讨论式的学习

德国社民党也有一所党校，它成立不到10年。该党校的专职人员很少，教师主要是从各大学聘请的。党校的主要任务是培训党的专职领导人员，形式是短期研讨。每期一周左右，每个研讨班大约15个人，1993年办了30期这种研讨班。学习是自愿的，党校事先发出邀请信，愿意学习的专职党务人员自己报名参加。研讨题目结合当时的社会、政治生活，征求学员意见确定。党校校长说："人家学得最好的，是他最感兴趣的东西。"党校学习没有教科书，但发些讲义和研讨会简报。主持研讨会的教师经过认真准备，也作报告，但一般不超过20分钟，"报告越长越不受欢迎"，主要是学员共同研讨。研讨会结束时，再对照开始时拟定的题目、计划，看看是否达到了目的。他们认为，这种研讨会形式生动活泼，学员收获也较大。

我们还参观访问了设在慕尼黑郊区的一所政治教育学院。它创立于1948年，其主要任务是向公民进行政治教育，向全民开放。主要形式也是短期研讨会，每个研讨会25人左右，学习时间一周。这个学院有50个学员床位，可以同时举办两个研讨会。每年约有3000至3500人来参加这个学院的研讨会。他们说，这些研讨会与大学教育不同的地方，主要是他们提出一些现实问题和学员生活有关的问题，强调对学员的针对性。学院总的目标是，帮助参加者选择适合他们的政治和人生取向，了解德国公民、欧洲公民、人类一员是什么意义，政治有什么必要，希望他们积极参与政治，介绍各种政治工具、法律，学习怎样演讲，等等。中心是从个人角度，让参加者认清自己的位置，愿意积极参与政治活动。具体研讨题目很广泛，我们访问时正在进行的两个研讨会的题目分别是"安乐死"问题和"第三帝国"妇女作用问题。学员要交学费，但数额不多。学员中不少人是带工资学习的，这是他们的一种权利。这个学院共有18名工作人员。据介绍，像这样的政治教育学院，全德国约有140个。

英德两国对公共事业实行企业化和私有化的考察报告 *

近年来，英国和德国在对竞争性行业实行私有化的基础上，又对原来由国家垄断的公共事业实行了企业化和私有化。2000 年九十月间，我们对此进行了考察，现将情况简要报告如下。

一、公共事业企业化和私有化的背景

英国从 20 世纪 50 年代到 70 年代，实行了部分国民经济国有化，1979 年达到顶峰。邮政、电信、电力、天然气、煤炭、铁路、造船业的全部资本都归国家所有，钢铁、航空以及汽车工业基本也是由国家控制。在资本和从业人员方面，国有经济占到国民经济的 1/7。原西德国有经济略少一些，但在 1979 年，国家也是百分之百地拥有邮政、电信、铁路、航空业的资本，并基本控制了电力、天然气和煤炭业。在这些行业中，既包括竞争性行业，也包括公共事业和一些自然垄断性行业。

英德学者介绍说，他们实行私有化的原因主要是：

第一，提高经济效益。据统计，英德原国有企业的利润率，普遍比私有企业低 10 到 16 个百分点。大量国有企业是亏损企业，缺乏竞争力。同时，他们从国外也看到，国有企业的效率和效益普遍低于私有企业。国有

---

* 此文发表于《中共中央党校报告选》2001 年第 5 期，系中国市场经济研究会代表团（团长为中央党校教育长李兴山，副团长为中央党校教务部主任岳长龄，团员十多人）的考察报告，由董德刚执笔。

企业效率低下的原因，主要是提高效率的动力不足，并且预算软约束，因而使生产成本过高。特别是在公共事业方面，国家处于垄断地位，缺乏竞争，致使一些商品和服务质次价高，损害公众利益。

第二，减少政府对企业亏损的经济负担以及减税。国家对亏损国有企业实行补贴，经济负担很重。例如，1993 年，德国铁路亏损 163 亿马克，累计（第二次世界大战之后）亏损 672 亿马克，政府每年仅支付亏损的利息就达 5 亿多马克。为此，必须增加税收，从而大大加重了公众的税负，有时甚至达到了“挣 100 镑要付 98 镑税”的地步。

第三，使企业独立于政府。因为政府的事不是管企业，应该是企业家管企业，这已经成为人们的共识。而且，政府经常把一些国有企业作为所谓“优势企业”给予特殊照顾，也使企业不能平等竞争。

第四，削弱工会的权利。在国有企业中，工会的权力过大，动辄举行罢工，过高的工资要求也容易得到满足；工人不担心企业破产，工作不够努力；企业很难辞退工人，用工制度不灵活。

第五，鼓励工人购买企业股票，使他们从经济上增强对企业的责任感。

第六，通过廉价股票获取资本以奖励政治支持者，并推动金融服务业的发展。

国有企业卖给工人时，可以便宜一点，鼓励工人购买，对工人也有好处，从而能够得到他们的支持。

在以上原因中，第一、二两条即经济效率和效益的考虑是主要的。英德学者说，私有化能够给企业带来经济效益，人们对此越来越认同，人们越来越不能容忍国有化给国家带来的沉重包袱。

二、公共事业企业化和私有化的过程

首先，成立由政治家、经济学家和有关产业代表参加的改革小组，研究并提出该产业私有化的方案，然后，经过政府和议会批准，制定出相关法律，再予以实施。他们将实施过程大体分为四个阶段：

第一阶段，国有企业。这是由国家掌握全部资本并由政府直接管理的企业，是私有化开始时的企业状态。

第二阶段，将国有企业改组为股份制企业，但国家仍然拥有 100% 股份。在这个阶段，作为股份制企业，国有企业同私有企业在形式上是一致的，但国家仍然拥有全部股份，他们称之为“形式私有化”阶段。不过，国有企业在经营上也有重大变化：由原来的政府经营变为由企业家经营，即变国营为民营。所以，这个“形式私有化”也是“民营化”或企业化阶段。国有企业以前的亏损，全部由政府承担，新的经营者只对改组后企业的经济效益负责。

第三阶段，国家减持股份，但仍然拥有 50% 以上的股份。由此开始，进入了“实质私有化”阶段。国有企业能否吸收其他股东的资本特别是能否上市，基本条件是有无赢利，因为没有赢利，人们就不会向该企业投资。所以，国家要减持股份，就要设法帮助企业转亏为赢。

第四阶段，国有股份减少到 50% 以下，直到趋向于零。

需要说明的是，私有化并不等于国家资本完全退出所有企业。例如，在英国的飞机公司，政府就掌握着“金股”，即数额不大但有否决权的股份，并且规定，该公司的股份不得出售给外国人。在德国，政府还有自己的银行，包括联邦银行、州政府的州银行、市政府还有储蓄所，它们大多是政府 100% 控股。一些州政府还拥有自己的投资公司。这些银行和投资公司都是政府参与和调控经济的手段。在两国的邮政、电信等行业，尽管已经实行私有化，国家仍然掌握一半左右的股份。

三、公共事业企业化和私有化的做法

过去，英德两国的公共事业都是由国家掌握全部资本并且垄断经营的。现在，他们普遍进行了企业化和私有化改革，但具体做法有所不同。

第一，对于直接为公众服务的公共事业，德国的基本做法是，这部分职能仍由政府负责，但不再由政府垄断经营，而是由政府向企业招标，转制后的国有企业和其他企业都可以投标。政府同中标企业签订包括服务内容、价格、时间等规定的合同，予以履行。例如，对于城市的污水处理，基础设施由政府建设，资产属于政府，政府将管道等基础设施通过招标，订立合同，租给公司，一般租赁期为10年。10年之后，公司赢利，可以从政府手中买下管道等设施，并且可以改善服务质量，扩大服务范围。在这个过程中，企业每月都要给政府账单，报告有关情况。他们说，类似的还有供电、供暖、煤气等公共事业，它们像电话网络一样，都是赢利的（由于垄断而不可能亏损），因此，私有企业非常感兴趣，这为引入竞争机制、改变原来的垄断经营提供了条件。

第二，对于铁路这类自然垄断性行业，德国也实行了企业化和私有化。德国铁路原归铁道部管理，铁路员工属于国家公务员。从1994年开始，德国铁路由政府机构变为股份制企业，尽管目前国家仍有100%的股份，但国家要逐步减少所持股份。他们的主要做法是，一方面，是实行企业化改革，包括建立主要由经济专家和工人代表组成的监事会以及董事会，实行企业化的经营管理，并准备适当时机上市。为了促进提高效率，他们将铁路集团下属公司划分为短途客运、长途客运和旅游、货物运输三个公司，形成了它们与地方铁路公司、公路运输、空运多足鼎立、相互竞争的局面。另一方面，是妥善处理政府机构转变为企业所带来的问题。首先，他们将铁路的任务划分为私人性和公共事业性两部分。前一部分是指铁路的正常经营管理以及维护，后一部分是指国家应当承担的任务。对后一部分，他们又将其分为两块：一块是对铁路的监督控制，新建和改建铁路，以及对铁路事故的调查处理，等等。这些任务，由新成立的联邦铁路管理所负责。另一块是对铁路改革遗留问题的处理。为此，成立了联邦铁路资产管理组。这个组的任务是，承担和消化铁路原有的全部亏损（将亏损划归到国家债务，然后由国家税收逐步冲销），继续负责原来属于国家公务员的铁路员工（包括退休员工）的工资和其他福利待遇（铁路公司向资产管理组交费，不足部分由这个组补齐，以使这些员工的收入不至于降低）。资产管理组是临时性的机构，到国家资本退出铁路公司时（大约 2003 年），其使命即行结束。1993 年，德国铁路员工高达 35 万多人，企业化和私有化以后，每年都裁减 2 万人，现有 24 万多人（其中一部分还是从事房地产等非铁路产业的），用人大大减少，但并未发生更多的问题。

第三，对于核电站这类涉及国家安全的国有企业，他们也进行了企业化和私有化探索。例如，德国汉堡有个核电厂，两年前是州政府的独资企业，经过私有化改造，目前州政府占有这个厂 50% 多一点的股份（今后会逐步减少），其他两家企业各占约 25% 的股份。过去，该电厂人员超编，工作积极性不高，电价也居高不下。现在，这个核电厂有了自主性和灵活性，加强了内部管理，把电输入很远的电网，去进行竞争，并且由于吸纳其他企业的股份而增强了自身的实力。其明显成效是，电价比过去便宜了 30%—40%，消费者受益很多。柏林等地其他一些电厂也进行了类似的改革。至于安全问题，德国学者认为，它同私有化没有关系，因为企业仍按原来的方式运行，企业必须遵守法律和政府的有关规定。事实也证明，大量军工产品由私人企业生产，并未危及国家安全。

四、公共事业企业化和私有化的效果

据英德学者介绍，这两个国家实行公共事业企业化和私有化的主要结果是：

第一，提高了企业效率和竞争力。由于剥离了公共事业职能，原国有企业的目标单一化了，增强了提高效率和效益的动力。在此基础上，企业改进了管理，减少了人工，自筹资本的能力也提高了。以德国铁路为例：人均生产率比改革前提高了 113%，营业额增加 12%，客运量增加 18%，吨公里效益增加12%，资金流量增加43%。从1994年以来，国家共减少了1500亿马克的亏损。改革前，政府对铁路的投入不高，每年约70亿马克，现在，企业自己的投入增加了，加上政府投资，总额比过去翻了一番，达到150亿马克。德国政府对铁路私有化寄予两点希望：一是增加铁路客货运输量，以适应国民经济发展的要求；二是解脱国家对铁路的沉重经济负担。德国学者认为，这两个目标，都可以实现。

第二，由于打破了国有企业的垄断，很快就有国内外其他公司参与竞争，实现了更低的消费价格，并且改善了服务。

第三，减少了国家对国有企业的贷款和亏损补贴，在对失业者的支付增加的情况下，还实现了减税。

第四，提高了股票持有率，推动了股票市场的发展。

第五，限制了垄断并调整了经济结构。

此外，国家也加强了对行业的管理，工会的权力也减少了。

英德两国私有化的主要副作用，是失业增多。为了减少失业，政府还不得不继续承担对企业的责任，包括参股、控股和资金扶持。例如，德国萨克森州政府仍然对该州钢铁厂实行控股，主要目的是为了维持这个亏损企业1.5万人的就业。德国还有一个大型建筑公司濒临破产，为了使该公司30万人不至于失业，德国总理施罗德亲自出面，动员各大银行为该公司贷款300亿马克。当然，这种带有捞取选票之嫌的做法，也遭到了一些人的批评。不过，私有化带来的失业问题并不严重，目前，德国的失业率是最低的。

五、几点启示

第一，对于大量的竞争性行业，可以大力发展多种所有制经济，并非一定要国有和国营，这已经成为我们的共识。然而，对于公共事业以及涉及国家安全的行业、自然垄断性行业，许多人至今还认为，必须由国家垄断。英德两国的实践使我们看到，这并不是天经地义、不可改变的。许多这类行业，实行民营或企业化经营，并且吸纳其他经济成分、引入竞争机制，是利国利民，有助于提高国民经济整体效益的。在这个过程中，政府也不是完全撒手不管，而是尽可能把政府履行公共服务职能同利用市场机制结合起来。我们应该在这方面进一步解放思想，大胆试验股份制、两权分离以及打破垄断等改革，以便从根本上解决我国公共事业等国家控制的行业效率不高、效益较差的问题。

第二，英德两国的企业化和私有化，主要出于提高经济效益的考虑，它追求的是提高企业的效率和竞争力、减轻国家的经济负担、发展国民经济等这样一些务实的目标，而很少考虑意识形态因素，没有什么“姓社姓资”“姓公姓私”之类的争论。这种注重实效的务实精神，特别值得我们借鉴。当然，英德两国的企业化和私有化，也有政治方面的考虑，但在议会民主体制下，主要是考虑能否得到更多公众的拥护，从而使政治家们能够得到更多的选票。这一点，也不能完全否定。

第三，英德等西方国家所谓的“私有化”概念，包含十分宽泛的内容，它不仅包括国有企业彻底变为私有企业，而且包括由国有企业变为股份制企业，由国家经营变为民营即企业家经营。尽管后两者的所有制性质并未改变，也被看作是私有化。它同我们国内很多人所理解的私有化（将公有特别是国有“彻头彻尾、彻里彻外”地化为私有）是有重要差别的。所以，我们对所谓的私有化要作分析，不能笼统、简单地否定或者肯定它。

第四，英德两国的私有化，是以多方面专家的认真研究和相关法律的制定为前提的，并且都是渐进性的过程。这种注重战略性统筹（包括对发展阶段的预测和规划）、严守法治和逐步推进的基本做法，可供我们参考。

第五，英德两国不同产业和行业国有企业私有化的情况是不同的，有些行业，国有资本准备全部退出，有些行业，国家还保留一定的股份甚至处于控股的地位。这表明了事物的多样性。我国的情况比西方国家更为复杂，所以，我们在改革中，更不能简单推行某一种模式，而是应该从实际出发，按照“三个有利于”标准，采取和创造更加灵活多样的有效形式，以便从整体上搞活搞好国有经济和整个国民经济。

企业新理念：访问英特尔公司*

2007年5月，我们中央党校代表团对美国英特尔公司进行了访问。通过实地考察和听取介绍，我们加深了对英特尔这个跨国公司的了解，接触了不少可供我们研究和借鉴的有益经验。

英特尔公司创立于1968年，现已成为世界最大的半导体公司。该公司1971年创造的“4004微处理器”被称为美国历史上的12大发明之一。2006年，该公司销售收入达354亿美元（80%以上来自美国本土之外），净利润50亿美元，名列世界企业500强第144位，被评为当年“全球品牌价值100强”的第5名。它在全球60个国家设立了144个机构，共有9.1万多名员工。英特尔公司十分看好中国，投入了除美国本土之外的最多资源，在北京、上海、成都和大连建有研发中心或工厂，已有7千多名员工。该公司自我宣传是“领先的行业巨人”“创新的技术领袖”“可信赖的合作伙伴”“优秀的企业公民”。他们还说：“英特尔作为全球公民（世界公民）”，“公司在发展中一直在改变着世界”。其所言基本不虚。

一、关于企业社会责任

英特尔公司履行企业社会责任成效卓著。2006年，该公司在中国及亚

---

* 此文系中央党校代表团访问英特尔公司的报告，由董德刚执笔，刊登于《理论动态》2007年11月。代表团团长为中央党校信息部主任郭英楼，成员有董德刚、刘俊杰、李文强、孙巍。

洲获得了“最具社会责任感企业奖”“中国最佳企业公民奖”“最受尊敬的企业”“光明公益奖”等多项社会荣誉。

他们认为，企业社会责任可以用不同的术语替换，如企业公民、（企业发展的）可持续性、企业公信力等，但这些概念的共同含义是：企业的成功要建立在遵守道德和以人为本、建立和谐社区和保护自然环境之上。他们解释说，企业社会责任不仅是指企业对社会事业（如慈善事业）的责任，而且是指企业对一切“利益相关者”、受企业影响的人（包括客户、员工、股东、上下游厂商、所在社区等）的责任；企业社会责任既包括经济责任，也包括其他方面的责任。

他们说，企业之所以要履行社会责任，一方面，是企业自身利益的需要。履行企业社会责任，树立良好的企业形象和信誉，有利于提高品牌价值和扩大市场，有利于改善企业的社会环境，有利于吸引投资、人才，增强企业的长期竞争力，提高企业经济效益。另一方面，这又是企业的义务。社会是企业生存的环境和基础，企业的发展和效益是在社会各个方面的支持下取得的，企业应当回馈社会。这样，才能实现企业和社会的可持续发展。他们说，英特尔公司履行企业社会责任，是该企业文化的重要内容，是他们20多年行之有效的企业理念，他们堪称“全球的标杆”，员工在这样的企业工作感到很荣耀。

对于如何履行企业的社会责任，他们介绍说，英特尔作为世界公民，基本要求是从事正确的活动，尊重人类和我们周围的环境。其指导方针是：诚信公开运作，加强社区建设（这里的社区系泛指企业所在的地区），通过科技改善人类生活。这主要不是宣传的问题，而是实践的问题。而且，不同企业履行社会责任应当体现自身的特点，有所为有所不为（要求该公司支持和赞助者众多），这也是企业社会责任发展的一个新趋势。

英特尔公司履行社会责任的特点，主要是突出环保、健康、安全，突出对教育的支持，突出对所在社区的贡献。在环保、健康、安全方面，英特尔公司认为，环保至关重要。他们结合自己的生产经营，在原有已经达标的基础上，进一步降低了单位生产能耗、新一代微芯片能耗、全氟化碳排放量，提高了产品效能和全球废弃物回收率。英特尔公司对教育的支持，本文下面再谈。在对所在社区的贡献方面，他们实行了“英特尔基金会志愿者爱心教育工程”并把它把推广到了中国、印度等发展中国家，捐款额超过 200 万美元。英特尔全球员工志愿者服务率达到 38%，志愿者工作时间达到 30 万小时 / 年，占半数以上的员工捐献了时间，公司将这些时间的工资捐赠给社区。他们在“世界地球日”期间还组织了 50 场活动，在 10 个社区活动中回收了 150 万磅的电子废弃物；在发生飓风等灾害时，他们奉献爱心，无偿提供了无线通讯等设备。我们在英特尔公司员工餐厅就餐，亲眼看到有志愿者在一个角落募集食物和钱款，用于帮助穷人。

英特尔公司设有企业责任部，但他们强调，企业履行社会责任不是单一部门能够完成的任务，而是全体员工共同的责任。因此，他们组织公司上下多个部门直接参与，制订企业社会责任计划，进行通力合作。他们每年都要公开发布企业社会责任报告，作为总结和督促。该公司 2006 年的企业社会责任报告篇幅长达 80 多页，并有中文简介。

二、关于支持教育

英特尔公司从创立伊始，就十分关注教育事业。他们说，英特尔作为一个高科技公司，是围绕知识体系从低到高的提升而创立的。尤其是在 21 世纪，知识更是关键，更需要大力发展教育。该公司每年对教育的投资超过 1 亿美元（按照美国法律规定，其中部分款额可以抵税），用于 50 多个国家的教育项目。他们在教育项目上主要做了三方面的工作：

一是通过有效利用技术来改进教学工作。首先是培训中小学教师，再通过教师来提高学生素质和教育质量。目前，该公司已经培训了各国教师近 400 万人，计划到 2011 年完成培训 1000 万教师的宏伟目标。其中，在中国已经培训79万，计划培训100万。培训内容主要是运用电脑等工具、进行互动、制作课件和案例等。他们还在德国试验从面授扩展到远程教育，并取得了成功。其次是实行“英特尔求知计划”，为发展中国家技术条件相对落后地区的青少年提供课外辅导，8个国家的30万学生受益，中国是第一个开展这项工作的国家，有7万多学生参加。再次是建立“英特尔电脑俱乐部”，已经在21个国家设立了107个这种俱乐部，作为课外教育的载体，每年接受培训的青少年达到25000人。

二是推动数学、科学和工程的教育和研究的发展。该公司特别注重青少年的培养，每年都要举办“英特尔国际科学与工程大奖赛”（英文缩写是Intel ISEF），吸引全世界50多个国家的100多万（9—12年级的）中学生参与。它鼓励科技创新，实际是高中生的“科技世界杯”比赛。仅其颁奖仪式就有来自世界各地的、经过层层选拔的1500多名“年轻的未来科学家”即优秀中学生参加，成为全球的一件盛事（中国大陆、香港和台湾都有学生参加并且获奖）。这个“大奖赛”是英特尔公司与全美科学技术服务机构（相当于中国的科协）共同举办的，是企业与政府成功合作的一个范例。与此同时，该公司还为30多个国家的200多所大学提供支持，与这些大学建立了合作关系。

三是宣传和表彰全球优秀教育成果。他们建立了英特尔教育网站（有中文网站），为教育人士免费提供教育内容、互动工具以及其他各种资源。其中的网上电子课件内容十分丰富，包括生动直观的人体呼吸系统等各种知识。

在大力支持教育的基础上，该公司进一步推出了旨在消除“数码鸿沟”的“世界齐步走”计划，其5年目标是：帮助发展中国家的10亿人口改善基础教育并推动计算机技术和互联网的普及。目前，该计划正在实施中。他们还打算与联合国合作（英特尔公司董事长贝瑞特兼任联合国全球信息发展联盟主席），把这些项目推向非洲。

当我们问到支持教育发展对英特尔公司本身有什么意义时，他们回答说，一方面是促进各地经济发展，为公司提供良好的大环境；二是与大学、学术界建立密切的合作关系，有助于培养公司所需要的优秀人才，并推动共同创新。

三、关于企业文化

以上关于企业社会责任、对教育的支持等很多内容实际都是英特尔公司企业文化的组成部分。

英特尔公司的文化植根于美国的基督教文化和实用主义文化的土壤中，同时又富有现时代的色彩。在英特尔这样的高科技企业，创新的重要性特别突出。他们介绍说，半导体产品的生命周期很短，变化极其快速。英特尔每年年终收入的90%以上都来自于年初尚不存在的产品。“我们靠的是聪明、创新和快速反应人才。”“聪明的人造就一切。”“在英特尔，我们始于一粒沙子，其他附加值都是人创造的。”（英特尔首席财务官语）他们坚守“创新”理念，立志于“超越未来”：发现和推动技术、教育、文化、社会责任、制造业及更多领域的飞跃，与合作伙伴共同携手，推进技术更迅速、更智能、更经济地向前发展，使最终用户能够以前所未有的精彩方式应用技术成果，以使人们的生活更惬意、更多彩、更便捷。

英特尔公司的核心价值理念是：1. 客户至上；2. 纪律严明；3. 保证质量；4. 勇担风险；5. 理想的工作环境；6. 注重结果。这些理念，印在发给每个员工的身份标志牌上，而且，每一条都有具体的解释，作为员工的行为指南，公司也在努力按照这些要求来实践。例如，“理想的工作环境”具体体现在：英特尔公司注意把工厂和机构建在宜居城市，为员工提供有竞争力的工资和福利（包括所有员工都配有公司股份，这在硅谷已成惯例）、知识和技能培训、新的发展机会，营造多元文化并存的氛围，下属与上司之间定期（一般每2周）进行1对1的面谈（谈个人长处、兴趣、目标、建议等），等等。

英特尔公司自承的使命是：成为全球互联网经济最重要的关键元件供应商，包括在客户端成为个人电脑、移动计算设备的杰出芯片和平台供应商，在服务器、网络通讯等方面提供领先的关键元件解决方案。

四、关于技术发展

英特尔公司初创时，它的创始人诺伊斯、摩尔、格鲁夫就相信“摩尔定律”，即单块硅芯片上的晶体管数目每年增加1倍（这是1965年提出的，1975年修改为每2年），相信半导体行业具有广阔的发展前景。这个信念是支撑他们进行风险创业的重要支柱。同时，半导体元件的生产又需要极其精细的工作，该公司的许多车间都是“超净化装置”，几乎做到了严格意义上的“一尘不染”。这种胆识与精细的结合，是英特尔的一条重要经验，给我们留下了深刻的印象。

他们注意到，1997—2007年，全球移动通信业务快速增长，目前，中国的移动电话用户已经超过美国总人口（可见中国市场的巨大），而有线电话业务从2000年开始增速下降。这表明，无线通信是一个大趋势。

同时，宽带互联网通信增长更快，2000年以来每年增速超过25%，是移动通信增速的2倍。现在，宽带互联网通信用户只有3.5亿人，而移动通信用户已达25亿人，显见前者潜力巨大。宽带互联网是应用最广泛的媒介（美国的宽带互联网在工作日的夜间和节假日是免费的，类似于不收费的“高速公路”），人们不仅从中获取大量信息，还可以使用博客，而且可以把个人的演唱等作品放到网上，可圆很多人的“明星梦”。

另外，笔记本电脑也在起飞。在现有的电脑中，笔记本电脑占欧洲的7/10，占美国的6/10，占亚洲的4/10。目前，不少地方几乎人人有手机；10年后，大概会人人有笔记本电脑。那时，全球笔记本电脑的用户将会达到25亿。

综合以上情况，他们预计未来10年的发展趋势是，把移动通信与宽带互联网结合起来，建立移动互联网。而其中的关键技术，主要是芯片、底版、显示屏与相应的软件。它蕴含着无限商机。

英特尔公司还介绍了美国高科技产业与美国政府的关系。他们说，政府是高科技产业研发资金的一大来源，是重要客户，是产业的倡导者、保护者和政策制定者，但也是出口管制、移民限制等“麻烦制造者”。高科技产业则是政府相关立法和政策的倡议者、顾问和智囊团、竞选基金提供者、合作伙伴。它们相互影响，关系复杂，人员也在政府和企业间不断变换。

“调研”泰新马*

今年2月，利用寒假时间和妻子自费去泰国、新加坡和马来西亚旅游11天，虽是走马观花，但也颇有感触：世界是丰富多彩的，许多人生活得很好。

一、世界是丰富多彩的

泰国是佛教国家，寺庙林立，金佛耀眼，信众如云，香火兴旺。而回教是马来西亚的国教，清真寺四处矗立，巍峨不凡，庄重整洁，并且不树偶像。新加坡则是多宗教国家，佛教、道教、回教、基督教、锡克教各有信众，共生并存。

当地导游一再介绍，泰国是民主国家，但就是在这个民主国家，一直存在国王，民主与国王并行不悖。泰国国王不是荣誉性职务，他是国家元首兼任军队总司令，威望很高。多处王宫都是游人参观、瞻仰胜地。现任国王在位时间超过了英国女王，为世界之最。泰国的国王是世袭的，马来西亚也有“国王”，但他是由九个州的苏丹（该国共13个州）轮流担任，每届限任5年。如果一个州的苏丹想再次担任最高元首，他就必须等到40年之后。现任最高元首已经90多岁，是第一位担任两届最高元首的人。为

---

* 此文发表于《学习时报》2012年9月3日，求是理论网、人民网、百度文库、中道网、中国政府创新网、中国日报网等转载。

此，特地建造了新的王宫。新王宫十分富丽堂皇，业已成为一个重要的旅游景点。而新加坡没有国王，有总统，但主要由总理施政，实行多党竞争、民主选举，但常被称为威权统治。这些国家政体不同，但都治理得井井有条，社会安定，经济较为发达，人民生活富庶。由此可见，各个国家完全可以而且应当走自己的道路，不必照搬某一种模式。当然，它们也有共通的东西：生产力发展水平较高，人民生活较好，人民拥护和满意现有制度。

新加坡是花园城市国家、蕞尔小国，人口不过500多万，国土狭小，资源贫乏，主要靠拼搏创造，竟而成为世界金融、航运中心，人均国内生产总值名列世界前茅。而马来西亚地广人稀，资源丰富，盛产石油，3/4用于出口，带来了可观的收入，政府将其中部分收益用作补贴，使得马来西亚国内石油、电力价格远低于国际市场。他们大量种植棕榈树、可可树、咖啡树等热带经济作物，也带来了很高收入。马来西亚没有沙漠和戈壁滩，土壤肥沃，炎热多雨，国土面积竟至90%到处是林海花簇。

泰国人口6500多万，绝大多数民众信仰佛教，相信因果报应，注重积德行善，做生意讲究诚信，食物丰盛，物价低廉。而在新加坡，却是严格依法治国，厉行严刑峻法，包括现代世界极为罕见的鞭刑。新加坡的严刑峻法富有成效：社会治安极好，犯罪率很低，基本做到了路不拾遗，夜不闭户。而在马来西亚，真主享有至高无上的权威，回教徒每天要做5次礼拜，星期五还要专门去清真寺朝拜，国家的一些重大政策，只有在经过回教高层人士认定“与《古兰经》不冲突”的情况下，才能取得合法性并得以实施。当地导游一再提醒我们，背包要斜跨在身上，不能只搭在一个肩膀上，那样容易被骑摩托车的人抢走。问他什么人会抢？他说，本地人生活很好，不会去抢，是防外劳——马来西亚只有2800多万人口，劳动力不足，每年约有300万左右的外国劳工来此谋生，其中有些人会心生邪念。不过，我们并未遇到这样的事情，导游可能是极而言之，以预防万一吧。

新加坡这个注重传统儒家道德的现代化国家，却新建了大型CASINO

即赌场，里边人头攒动，熙熙攘攘。那里的赌场，对外国人大开绿灯，有护照即放行，而对新加坡人则要每人收100新元（相当于人民币500元左右）的“入门费”，未成年人更是禁入，以此加以限制。马来西亚的云顶早已建有大型赌场，号称世界第三，仅次于美国的拉斯维加斯和澳门的葡京赌场。与新加坡不同的是，马来西亚鼓励本国人参与赌博，有免费车接送游客，还实行积分奖励制度。当地一位为攒积分去赌博的华裔中年妇女跟我们随口说了几句“俏皮嗑”：“人生不赌，对不起父母。把钱输光，为国争光。”据说，这个“娱乐场”（包括赌场和一些游乐设施）规模宏大，仅员工就有2.5万人，每年人工费高达数亿元，由此可以想见其“营业额”之巨。我们住宿的“世界第一酒店”拥有100800个房间，“世界第一”所言不虚。由这些赌场联想到，西方很多人赌钱、赌球、赌马，中国很多人打麻将、买彩券、玩股票，赌是否也属于人的一个本性呢？所谓“小赌怡情，大赌败家”，或许不无道理。

二、许多人生活得很好

过去，对于欧美发达国家的富裕，我们都是亲见亲历，不以为奇，新加坡作为亚洲“四小龙”之首，不输欧美，也是早已知晓，而对泰国和马来西亚则了解不多。这次确实大开眼界。泰国导游对我们说，中国这些年经济发展很快，人均国内生产总值已经超过4000美元，再过几年，就要赶上泰国了；马来西亚导游说，该国人均收入大体是中国的两倍，生活压力也没有中国那么大，当地人都比较满足。我们听后，心中有些酸涩：我们经过数十年的艰辛努力，原来却依旧落在“小朋友”邻居的后面。经查，他们所说的情况基本属实。按照世界银行的统计，以汇率法计算，2010年新加坡人均国内生产总值43324美元，居世界第12位，马来西亚人均8519美元，居第53位，泰国人均4679美元，居第76位，中国人均4393美元，居第82位。另据国际货币基金组织统计，以购买力评价法计算，

2010年泰国人均国内生产总值9221美元，居世界第86位，中国人均7544美元，居第94位，二者相差近1700美元。马来西亚人均竟达14744美元，居第58位。新加坡人均56694美元，更高居世界第三位。

据导游介绍，泰国义务教育达15年，包括中学6年、小学6年、学前教育3年。实行全民免费医疗。泰国一些大医院达到了世界一流水平，费用却只有发达国家的一半，所以，不少西方人都专程到泰国就医。居民住房解决得也很好，政府为收入低者提供公租房保障。马来西亚实行13年义务教育，包括小学6年、中学5年、预科2年。居民看病每次只交一点挂号费，其余全部免费。房价不高，公租房也保障供给。新加坡的义务教育延伸到大学，全民免费医疗，购房给予优惠，工薪阶层买房每月负担很轻，低收入者可住政府提供的廉价“组屋”。而且，所有“组屋”的第一层都是没有墙壁的通道，以供路人防晒避雨、居民偶坐休闲，很人性化，禁止进行商业开发，不惜因此减少收入。在这三个国家，大街小巷很少看到广告牌，远没有中国多数城市商业气息那么浓烈，但这并未影响他们的经济发展和人民生活水平的提高。

参照人均国内生产总值的排名，可以说，现在，世界上多数国家人民的生活都比我们好。这是人类的福音，我们应当为之高兴。同时，也应看到，中国尽管已经取得了巨大进步，但至今仍然处于世界后列，我们不能盲目乐观，要更加努力提高人民生活水平。

从初中生到硕士研究生 *

我是1966年的初中毕业生。未等我们离校，十年动乱就开始了。自己正值求学的年龄，却失去了升学深造的机会。当然，这不只是一个人的遭遇，而是整整一代人的悲剧。不过，自己并未消沉，而是结合工作，坚持自学，特别是随着“科学的春天”的来临，自己看到了希望，更加努力，终于在前年（1984年），跨越了高中和大学阶段，直接考取了中共中央党校的硕士研究生。这里，应朋友之邀，不揣浅薄，结合个人经历，简单谈谈对自学的几点认识吧。

一、不利条件和有利条件往往相伴而生

我开始参加工作是在一个农村公社，后来调到县委机关，两上两下，辗转迎送了十三个春秋。农村基层工作是很艰苦忙乱的，闲暇时间很少，图书资料匮乏，信息相当闭塞。这些条件对自学显然是不利的。

有几次自己下乡归来，翻阅积攒成堆的报纸，眼前似乎豁然敞开了另一个天地，感到一切都是那样的新鲜、诱人，自己贪婪地吮吸着精神营养，心里是那样惬意。这类体验，大大激发了自己的求知欲，深感学习的必要，决心工作再忙也要坚持学习。以后下乡，自己总要在挎包里带上几本书，有空便读起来。《共产党宣言》《反杜林论》等马列著作，自己就是在生产

* 此文发表于湖南《年轻人》杂志1986年第8期。

队的队部或饲养院里伴着油灯读完的。只要自己有心，到处都可以学习。高尔基曾经把社会比作“我的大学”，艰苦的农村工作，其实也是一所“学校”，不过读的多是“无字之书”罢了。比如，农村工作接触实际多，只要留心，就可以学到许多宝贵的知识，丰富自己对社会、对人生的认识。再如，做基层工作，经常处理各种问题，要眼看、心想、口说、手写、实际干，可说是全面锻炼提高自己的一个有利条件，问题只是自己要勤勉。此外，在基层没有什么“名人”“权威”压你，用武之地广阔，只要自己努力，也容易显露头角，得到社会承认。

这使自己想到，人才的成长固然离不开条件，但条件往往具有两重性，并且是可变的。所谓“命运的宠儿”是相对而言的，事情总是难以尽如人愿。事实已经证明，顺境无疑可以成才，而逆境成才者其实更多，“奇迹多是在厄运中产生的”。在不利的条件面前，不能怨天尤人，更不能自暴自弃，而应该明确地认识和对待它：既要承认条件不利的一面，尽力加以弥补；也要认识条件有利的一面，以便充分加以利用；主观上多努力，促使不利条件向有利条件转化。

二、个人奋斗目标要与主客观条件相结合

参加工作之初，自己热情有余，思想却十分单纯，只知道领导叫干啥就干啥，并且努力干好它，至于今后的一生怎样度过，基本没有考虑过。后来，组织将我调到县委党校，机关一些老同志劝自己要有长远打算，我想，是该“定向”了。现在，党要求自己从事理论工作，这是客观需要；自己对理论比较感兴趣，掌握了一定的基本知识，有做好这一工作的可能。因此，我准备终生从事这一事业。我分析了自己的情况，觉得在哲学方面学过的东西略为多些，兴趣也更浓，便确定了马克思主义哲学这一专业方向。从此，好像轮船确定了入港的码头和航向一样，自己有了学习和努力的着力点。

总之，理想和奋斗目标是人生的重要精神支柱。我们每个人都应该明

确个人的努力方向，既看主观愿望，又看客观可能，扬长避短，把自己恰当地安置在四化建设的巨型机器上。不能浑浑噩噩，庸庸碌碌，无所作为；也不能眼高手低，志大才疏，流于空想。

三、自学要讲究方法

学习方法十分重要。有了好的学习方法，可以少走许多弯路，达到事半功倍的效果。我在这一方面的体会是：

第一，注意学习的系统性。我开始自学时，有时从兴趣出发，有时又抓到什么书就读什么，学习比较杂乱。后来，我认识到这是一个缺点，便设法加以补救。当确定了哲学方向以后，我特地到大学哲学系去询问，同时，又向老同志请教。随后，就大体上按照大学哲学系的科目，拟定了自学的计划，坚持循序渐进地学习，逐步使自己的哲学知识系统起来了。

第二，注重打好基础。根深才能叶茂，基础十分重要。各门学科的基本概念、原理都是这样的基础，应该反复学习，真正理解，力求运用自如。举个例子来说吧：在外语学习中，我就比较注意打好基础，对那些基本词汇、基本语法，都反复识记，大量练习，力争娴熟。同时，充分运用理解帮助记忆，比如，掌握了构词的基本规则，再去识记生词就比较省力了。作为一个自学者，自己居然能在研究生外语期中、期末、过关考试中都取得90分以上的好成绩，是深感得益于上述方法的。

第三，注意学用结合。在理论工作中，所谓用，主要不外乎一是“讲”，二是“写”。只有通过“讲”和“写”，才能真正把书本上的东西变成自己的东西，进而把自己的东西，变成对社会有用的东西。有了这一认识，我便积极争取讲课、辅导等机会，而当学习有些心得时，常常动笔写作。几年来，我在大大小小的课堂上讲过几百次课，在中央、省及地市报刊上发表过几十篇文章。这些，既尽了自己对社会的责任，反过来，又促进了自身的学习和提高。

四、人是要有一点精神的

自学的困难很多，要想作出成绩，需要付出更多的血汗。因此，意志就要比别人更坚强一些，这几乎可以算是自学者必备的一个条件。

要立足于自己多努力。现在，党和政府十分关怀和鼓励青年自学，这是一个有利的条件。但是，一个人的成长，不能单纯指望外部条件，也不能依赖别人的帮助，更不能期冀某种“机遇”。路是要自己走的，美好的未来靠自己去创造，关键还是要靠自己。靠自己什么呢？有人可以靠资历，有人可以靠学历，有人靠“关系”，我们自学青年不能也不屑于靠这些，唯有靠能力，靠自己多努力。要靠自己，就有一个自信心的问题。自负固不可取，自卑也大可不必，我们既然要立志成才，就必须打掉自卑感，要相信自己的力量，保持一个健康的心理状态。

要有一点拼搏精神。俗话说：“书山有路勤为径，学海无涯苦作舟”。一个自学者，是必须做好吃苦和拼搏的思想准备的。工作往往是紧张的，这就要靠八小时之外挤时间学习；家务负担重，又责无旁贷，只好“两副担子一肩挑”了；全家只有一间居室，为了不影响家人晚上休息，只得晚睡或早起学习……作出这些牺牲，而且旷日持久，确实是苦的，然而乐也就在其中了，“贫贱忧戚，玉汝于成”。

要有一股“闯劲”，敢于做自己没有做过的事情。许多时候，在条件基本具备的情况下，一件事情成功与否往往只差一步。这时，个人主观上是否敢于去“闯”，可能就是决定性的因素了。回顾自己走过的道路，很多次讲授新课，写作论文，以及报考研究生等，都是得益于这个“闯”字的。只要前进，就难免担些风险，假如没有一点敢想敢做的精神，不少事情可能就会功败垂成，永无成功之日了。

自己刚刚在自学道路上起步，谈不出多少东西，但愿以上这些无知妄说，不致贻误青年朋友吧。

《公民社会基础理论研究》序言*

伍俊斌同志是我指导过的博士生。他好学上进，刻苦勤奋，思想活跃，品学兼优，读博期间就在重要报刊发表过10多篇理论文章。他的博士论文是我最省时省力而又质量最高的学位论文之一。作者还很年轻，是我们未来的希望。近日，十分高兴地得悉他在博士论文基础上修订的政治哲学专著——《公民社会基础理论研究》即将出版，欣然应允为本书作序。

作者广泛研读了国内外大量有关资料，在吸收前人思想的基础上，初步建构了一个理论框架，形成了自己的一家之言，提出了内含新意的较多独到见解。例如：

本书系统梳理了公民社会理论的历史演变。通过对古希腊罗马、近现代直至当代思想家的公民社会理论的解读，深入揭示了公民社会理论从传统到现代再到当代的范式转换及其理论意义。其中，作者提出，马克思主义关于国家与社会关系的基本理论可概括为四个方面：国家源于社会、国家脱离并驾驭社会、社会摆脱国家控制、国家终将回归社会。权力是政治国家的主导运行规则，权利是公民社会的主导运行规则，公民社会的建构必须实现从权力本位到权利本位的转变。这种系统深入的思想史的分析综合，工程浩大，难度很高，显现了作者严谨的治学态度和扎实的理论功力。

本书提出，公民社会是与政治国家相对应的分析范畴，是以市场经济

* 此文系为伍俊斌博士的专著《公民社会基础理论研究》一书所作的序言，该书2010年10月已由人民出版社出版。此文后又发表于《科学社会主义》杂志2010年第6期。

为基础，以契约文化为中轴，以尊重和保护公民的基本权利为主旨的社会自主领域。面向经济市场化、政治民主化和文化多元化浪潮，作者从经济、政治和文化三个维度探究公民社会发展的基础。认为市场经济对造就公民社会起着基础性作用，公民社会的建构对市场经济的发展存在反作用。公民社会的建构要求从国家本位走向社会优位，从权力本位转向权利本位。有限政府为公民社会发展创造了政治环境。建构公民社会，要求当代政府必须实现四个根本转变：在政府权力上，从高度集权向适度分权转变；在政府治理上，从人治向法治转变；在政府职能上，从管制型向服务型转变；在管理方式上，从统治向治理转变。公民社会与契约文化内在关联，自由、平等、法治成为共同的价值追求。当代中国呼唤契约文化、契约理念和契约实践，以推动体制变革和制度创新。

本书从平衡自由与秩序、增强社会自主性和国家权威性的政治哲学的高度，分析了政治国家与公民社会的各自局限性，寻求达致两者良性互动的目标模式和内在机制。政治国家与公民社会各有其局限性。政治国家的局限性主要体现在：淹没公民社会、背离公共利益、权力寻租以及政治合法性危机；公民社会的局限性主要体现在：可能滋生极端个人主义、导致社会两极分化，它不是民主政治的充分条件。政治国家与公民社会应建立起良性互动关系，以克服各自的消极方面，超越“零和博弈”走向“正和博弈”，形成双向适度制衡和发展型互惠，形成政治国家能力强大、公民社会富有活力的新局面。

本书分析了当代中国公民社会的两重性，探索了政治国家与公民社会互动维度下中国公民社会发展的结构性要素。当代中国公民社会表现出明显的两重性：自发性与人为性并存、民间性与官方性并存、自主性与依赖性并存、宏观鼓励与微观约束并存、制度剩余与制度匮乏并存、制度空间小于现实需求。中国公民社会发展的结构性要素是：经济生活的多元化和相对独立的社会、自主的个人和社会组织、科学界定和规范国家权力、法治体系的完善和政治文化的重构。

本书还研究了公民社会和政治国家两分法与三分法（前二者加市场经济）之争的实质及其应用的分殊。提出公民社会理论作为一种分析和解释社会现实的理论架构，其运用应当以现实语境和实际效应为依归。基于历史传统和现实状况，作者主张在西方发达国家的语境中主要应用三分法，在前现代化国家的语境中主要应用两分法。后一观点可能与学界多数人观点有所不同。我也不大赞同这一观点，曾经和作者对此做过多次讨论。不过，从另一个角度看，如果把市场经济视为外在于公民社会的东西，那么，在前现代化国家中公民社会就过于微弱了，甚至难以成立，更不堪称之为一极。而且，两分法也同马克思的市民社会思想相一致。就此而论，也有一定道理。这类问题，还可以继续讨论。

诚如作者所言："公民社会既是富有增殖性的理论话语，又是内蕴挑战性的现实课题。"我认为，对公民社会（作为与政治国家相对应的一个概念）的研究，实质上是从学理层面深入触及到当代中国的政治体制改革问题。这是当代中国发展的关键问题。研究这一问题，不仅具有现实必要性，而且具有长远的意义。

按照马克思主义的基本观点，国家本来是从社会经济结构中产生的上层建筑，是为协调和控制社会矛盾服务的，但它在很长时间里又凌驾于社会之上，甚至统摄整个社会，以公共利益之名，行为少数统治者谋利之实。这虽然具有一定的历史必然性，但又是一种完全的名实抵牾、本末倒置。随着人类的日益进步，国家将逐步还权于社会，自己走向消亡，即变为单纯的社会公共事务管理机构而不再具有政治统治性质。这也是社会和国家由统合到分离、再到新的统合的否定之否定的过程。当然，这将是一个很长的过程。

从长远的历史眼光来看中国社会，我国封建社会绵延数千年，人民备受封建专制压迫之苦。新中国成立以后，我们又经过了高度集权的计划经济时期，尽管社会生活及其部分性质发生了很大变化，但是，强国家、弱社会的基本政治格局并无根本改变。改革开放以来，民主法治人权愈来愈鲜明醒目地镌刻在中国特色社会主义旗帜上，实践中也有不少推进，但也毋庸讳言，我国的政治体制改革明显滞后，同经济体制改革和社会发展并不适应。当代中国的许多社会问题，包括官员腐败滥权问题、贫富差距过大问题、社会创新活力不足问题等，都根源于我国目前权力过于集中而又得不到有效约束，这是当代中国各种社会问题的总病根。

譬如，在经济上，我国公共财产收益（包括巨量的国有土地收益、国有资本收益等）和财政预算都由政府掌握，但又很不透明，人民群众很难对其进行监督制约。在政治上，我国庞大的党政机构设置包括领导职数、职级和待遇的确定，尚无明确的法律规定，某些部门经常随意调整和扩充，人民群众却难以置喙。在文化上，某些部门对一些重要信息的封堵、对大众传媒的干预，距依法治国要求甚远，人民群众的知情权、表达权、监督权和参与权受到很大限制。在人的发展方面，在现有的管控体制下，我国宪法规定的公民权利包括言论、出版、结社等自由，在现实中也未完全兑现。

我在《试论当代中国的基本走向》一文中讲过，当代中国正处于深刻的社会变革之中，总体上是从农业社会走向现代社会。其主要内容，在经济上，是从农业化向工业化和信息化转化；在政治上，是从君权、少数人特权（专制人治）向民权（民主法治人权）转化；在文化上，是从封闭、愚昧、单一向开放、理性、多样转化；在人的发展方面，是从人身依赖的“臣民”、“奴性”、单面人向独立自由的公民、个性、健全人转化。从社会主体角度看，社会发展的深层机制是个体活力与社会调控的适当结合。社会发展的动力之源在于人的个体活力。马克思和恩格斯指出：“社会结构和国家总是从一定的个人的生活过程中产生的。”[①] 马克思还说过：“人们的社

① 《马克思恩格斯选集》第1卷，人民出版社1995年版，第71页。

会历史始终只是他们的个体发展的历史，而不管他们是否意识到这一点。”[①] 资本主义兴起以来，人类社会发展之所以非同寻常地不断加速，其根源就在于人的解放，特别是个体的解放。当然，个体的力量是有限的，只有结合起来才能形成强大的力量，而且个体活力也可能损害他人和社会的利益，这又不可缺少一定的社会调控。市场经济数百年来的发展历程，印证了个体活力（这是基础）和社会调控二者缺一不可。从人类史角度看，这种社会调控经由动物式的强者为王、专制人治逐渐向人人平等、民主法治的现代文明演进。而个人的解放与社会组织的改进，是一体两面，互为因果。一般地说，有政府总比无政府好。但也应当看到，过于强势的政府比无政府也好不了多少，因为它势必束缚个体的活力。推进中国发展的深层机制是激发个体活力，并与改善社会调控相结合。而解放思想、言论自由则是推动中国发展的一大“法宝”和“启动阀”。它实质上就是相信群众、尊重群众、依靠群众、服务群众，这是马克思主义早已阐明的群众观点。[②]

因此，当代中国的要务之一，就是加强对公共权力的有效监督和制约。这实际也就是在继续完善市场经济的基础上，大力培育和促进公民社会的健康成长。

现在，对我国政治体制改革问题，人们仁者见仁，智者见智，众说纷纭，莫衷一是。这也足见该问题的复杂性。对如此复杂的问题，人们完全可以从不同角度来研究它。不过，国内外大量经验表明，对于当前中国的问题，过于激进不行，不改不动更不行，可行路径还是改革和改良。所有对人民和民族具有责任感的人们，都期冀在这一问题上有所推进。伍俊斌同志的专著就是从公民社会这一政治哲学角度深入研究该问题的力作。我相信，随着时间的推移，它的重大理论和实践意义会愈益显现出来。

---

① 《马克思恩格斯选集》第 4 卷，人民出版社 1995 年版，第 532 页。

② 董德刚:《试论当代中国的基本走向》,《理论视野》2010 年第 1 期。

《中国特色社会主义的哲学思考》序言 *

2013 年 7 月 28 日至 8 月 1 日，由全国应用哲学研究会、中共中央党校哲学教研部主办、安徽省马克思主义哲学应用学会协办、安徽电气工程职业技术学院承办的“推进中国特色社会主义暨全国应用哲学第十六次理论研讨会”，在著名历史文化名城——合肥成功举行。来自全国各地的 60 多位代表参加了会议，提交论文 30 多篇，计 30 多万字。

全国应用哲学研究会是全国性二级学会。它经过中华人民共和国民政部批准，成立于 1994 年，迄今已有 20 年的历史。本研究会的正式登记名称为“中国马克思主义哲学史学会应用哲学研究分会”，简称为全国应用哲学研究会，活动领域是“全国”，业务范围是“理论研究、学术交流、业务培训、国际合作、咨询服务”。

安徽是中国应用哲学研究的重要发源地或曰重镇之一。早在 1990 年，安徽省哲学学会和辽宁大学哲学系等单位，就在安徽黄山召开了应用哲学研讨会。许多老学者包括金志华、钟玉海、马兆民等都对研究会的工作作出了很大贡献。现在，全国有两个省级应用哲学学会，一个就是安徽省马克思主义哲学应用学会（现任会长是钟玉海教授，常务副会长是陈祥明教授），另一个是陕西省应用哲学与社会工程研究会（现任会长是李永胜教

* 此文系为钟玉海、陈祥明主编《中国特色社会主义的哲学思考》一书所作的序言（作者时任全国应用哲学研究会会长），该书已于 2014 年 7 月由安徽人民出版社出版。

授），可见这两个省对应用哲学研究的重视。安徽的杂志《哲学大视野》和《学术界》刊登了不少应用哲学方面的文章。这些年来，安徽学者也是参加我们应用哲学研讨会最积极的成员。

这次会议的主题是“推进中国特色社会主义”。之所以确定现在这个主题，是出于以下考虑：

第一，中国特色社会主义是我国改革开放以来的旗帜，是我们实践的主题，也是理论的主题。也可以说，尽管还有个别的否定意见，但中国特色社会主义大体上是我国官方和民间、“左”派和右派（所谓上下、左右）各个方面的基本共识。我们大家都希望中国发展得更好，而中国要发展得更好，用流行的政治语言来讲，就是推进中国特色社会主义。这个主题，大方向是完全正确的。

第二，2013年，中国马哲史学会、中国辩证唯物主义研究会等几个学会都在召开年会，他们的主题基本都是“中国特色社会主义道路”。其实，研究中特道路，离不开中特理论、中特制度。甚至可以说，它们是三位一体的。离开了中特理论、中特制度，中特道路实际上也说不清楚。相对而言，推进中国特色社会主义的包容性更大，涵盖面更宽。在这个主题之下，既可以研究中国特色社会主义的总体性问题，又可以分别研究中国特色社会主义的道路、理论和制度问题，还可以研究中国特色社会主义的经济、政治、文化、社会、生态建设问题。而且，既可以侧重总结成就和经验方面，也可以侧重研究问题和教训方面。不同的学者都能够有话可说。研究问题和教训方面是十分重要的。我个人体会，马克思哲学的基本风格，就是以人为本、关注现实、注重批判。我们应当弘扬这种精神，不要一味地歌功颂德、“解经注经”、“跟风”、“唯上”。不要更多顾虑什么人是否满意，归根到底要看对国家是否有利，对人民是否有利。为国为民、忧国忧民应当是我们的基本价值取向。

第三，推进中国特色社会主义与哲学应用密切相关，哲学界在这方面是可以大有作为的。哲学需要联系实际，而当代中国最大的实际，就是我们正在建设的中国特色社会主义，它是中国历史、现实与未来的结合部、连接带、聚焦点。研究中国特色社会主义，是应用哲学研究的题中应有之义，乃至是我们应用哲学研究的主要任务。哲学在这方面是有优势的。哲学注重把握研究对象的深层本质和一般规律。我们研究中国特色社会主义，当然不应当就事论事，罗列表面现象，不应当只是表达主观意愿乃至发泄个人情绪，而应当注重逻辑、注重思想、注重本质和规律。这正是哲学的用武之地。哲学还有一个重要作用，就是拓宽人们的思路，多角度地看问题，从而产生新视野、新认识。这对于我们全面、“立体”、动态地看待中国特色社会主义也是大有裨益的。

在这次会议上，与会代表对中国特色社会主义的哲学意蕴、中国特色社会主义核心价值观、中国特色社会主义社会转型和社会建设、中国特色社会主义与中国梦等重要问题进行了积极热烈的讨论，不少学者发表了很多颇有启发的真知灼见。会后，我们组织专人在《学习时报》、《理论视野》和《安徽教育网》等媒体上发表了会议综述和报道，它们被求是理论网、共产党员网、国史网、中国干部学习网、紫光阁等网站转载，产生了一定的社会影响。我们还向全国应用哲学研究会的全体理事寄发了关于本次会议的通报，通告了有关情况。

现在，经过安徽省钟玉海、陈祥明、丁怀超、高岚和黄春等同志的辛勤努力，我们筛选编辑了会议论文集，交由安徽人民出版社出版。这是一件好事和喜事，我受同事们委托撰此短文，忝为序。

附带说明，郭国勋老师作为我们的老会长、现在的顾问，十分关心我们应用哲学研究会的活动。他殷切期望我们应用哲学研究会后继有人，持续发展。他在 2012 年全国应用哲学研究会第十五次理论研讨会（辽宁大学会议）上的主题报告，系统回顾了应用哲学研究会的历史，总结了若干宝贵经验，提出了诸多有益建议，具有重要指导价值。本次会议除理论研讨之外还对全国应用哲学研究会理事会进行了个别调整，补充了新生力量。

在现实制约中追寻自由*

——读宋惠昌教授《哲学问题二十讲》

中央党校宋惠昌教授是资深学者，年逾古稀还接连出版学术专著，仅我手头就有《换个角度看问题——领导者哲学思维能力训练与提升》《现代政治家人格修养》《权力的哲学》等多部，其中，有的著作中的文章曾被《学习时报》等报纸连载，影响甚广。近日，他又出版了新著《哲学问题二十讲》，该书虽然是一本属于“领导干部学经典学理论系列”的普及性著述，但凝结着他多年深沉思考的结晶，包含诸多人生感悟，具有重要的思想和学术价值。

该书以马克思主义哲学为理论基础和基本框架，大体按照唯物论、认识论、辩证法、历史观、人生观等几个部分编排，但又吸收了古今中外多种哲学的有益成分，力图构建一种反映时代特点的新形态的现代哲学。该书的很多讲题都大有新意，如“哲学思维的本质和功能”“哲学的理性思维之功：消除蒙昧驱逐迷信”“尊重世界的多元性”、提出“快乐哲学”等。

该书的突出特点，是注重理论联系实际，针对现实问题阐发哲学理论。

哲学首先要从根本上把握世界尤其是现代社会。作者提出，世界的多元性是世界存在的根据，也是世界发展的动力。研究世界的多元性，尊重

---

* 此文发表于《学习时报》2014 年 12 月 1 日，光明网、云讯网、中国改革论坛网、北京经济信息网、前线网等转载。

世界的多元性，维护世界的多元性，是我们为推动人类文明繁荣发展应当承担的一个重大使命。当然，多元性中有统一性，存在着社会发展的一般规律，有人类文明的共同发展道路即人间正道。在当代世界，市场经济、民主政治和法治，业已成为现代文明的主要支柱、社会发展的基本趋势。中国在这方面已经迈出了具有决定意义的步伐，取得了巨大成就，但与人类先进文明相比，仍有很大差距。

面对这样的时代和国情，哲学何所为呢？一言以蔽之，就是引导人们在现实制约中追寻自由。诚如卢梭所言："人是生而自由的，却无往不在枷锁之中。"这些枷锁既包括外在的羁绊，如自然条件的限制，不良体制的压迫，也包括内在的禁锢，如陈旧观念的束缚，自我意识的缺陷。而哲学思维是最高层次的抽象思维、批判思维、概括思维，更是一种自由思维，它把每一个个体包括自己都看作是独立、平等的主体，理性地思考问题，从而破除一切愚昧和迷信，对现存事物采取分析批判的态度。哲学理性思维是思想自由的代表，是启蒙运动的旗帜，也是人类文明进步的旗帜。

诚然，思想自由以经济自由和政治自由为现实基础和约束条件。但是，思想自由又是源于人类本性的一种趋向，是人类自我超越的内在根据，是所谓创造精神的灵魂，它不会因为任何制约而泯灭。因此，思想自由常常成为经济自由和政治自由的前导，充当破除经济束缚和政治钳制的开路先锋，推动社会从专制走向民主、从人治走向法治、从迷信走向科学。

实现一切人包括每个人的自由发展，是马克思主义的根本追求。作者强调，建立以人的自由为核心，包括平等、诚信在内的基本价值观，是稳定人心、稳定社会的基础，是社会主义意识形态建设的一个重要任务。承认人民的主体地位，实现人的解放——人民的自由和权利逐步得到更多的保证，应该成为社会主义改革的最高价值追求。

透思日本战争，批判“靖国史观”*

——读不破哲三《从“科学视角”思考日本的战争》

数月前，作为纪念世界反法西斯战争胜利70周年的重要举措之一，中共中央党校出版社郑重推出了《从“科学视角”思考日本的战争》一书。作者不破哲三是日本共产党中央委员会前议长（党主席）、当代马克思主义理论家，自1973年起曾多年担任日本国会议员。他对马克思、恩格斯和列宁的著作，对社会主义和发达资本主义等问题做过系统深入的研究，有上百部著述问世，不少见解独到深刻。《从“科学视角”思考日本的战争》是他2015年在日本出版的一部新著，由有邻（中共中央党校原副校长韩树英等）翻译。该书由两部分内容构成，主体部分是在名为“科学视角”的系列讲座上所作的题为“思考日本的战争”的报告，第二部分是作者在《赤旗报》上连载过的评论文章，合称《“靖国史观”与美国》。该书虽然仅有8万字，却具有重要的历史价值、政治价值、理论价值和现实意义，它对于人们深入了解70年前日本所发动的那场战争会有较大帮助，对于维护亚洲和世界和平也有较多裨益。

该书的第一个特点是注重实证，科学严谨。作者旁征博引了大量当时日本政府和军队内部的公文、当事人的日记、亲历者的回忆录、重要史学

---

* 此文发表于《学习时报》2016年3月10日（发表时，此文第一段被改作“编者按”），被诸多网站转载。

著作等历史资料，从战争的性质、日本的战时体制、日本士兵、日本国民等多个角度，严格依据历史事实，还原了日本侵略中国、征服东南亚和发动太平洋战争的实况，视角新颖，内容详实，证据确凿，分析透彻，论证有力，令人信服。这正是该书所言“科学视角”的重要体现。

该书的第二个特点是伸张正义，是非鲜明。作者依据历史事实揭露说，日本在战争期间竭力宣扬所谓“满蒙生命线”“大东亚新秩序”（后称“大东亚共荣圈”。所谓“大东亚”，不仅把整个中国、东南亚国家包括在内，而且把澳大利亚、新西兰等国，甚至把位于太平洋西南部的英国领土也纳入了侵略范围），直至所谓“八纮一宇”（即全世界统一于天皇统治的一个家）。1940 年 9 月，日本还和德国、意大利缔结了《三国轴心协定》，其主旨是，除了苏联和美洲大陆外，地球的其他地域全部由三国来瓜分。

作者的基本结论是：日本在“战争中向中国派出了如此庞大的军队占领了人家的领土，践踏东南亚国家，单方面向各个国家发起攻击，造成了 2000 万人的牺牲”，“并且，作为一个发动过侵略战争的国家受到了国际社会的批判，作为宪法里明确记载着对此作出反省的国家”，日本制造和挑起的所谓“满洲事变”（九一八事变）、“日中战争”（中国称抗日战争）、太平洋战争，毫无疑问是使用武力来扩大领土、依靠武力来统治其他国家的侵略战争。他提出，这场战争不仅给被侵略国家人民带来了深重灾难，而且给日本人民和军队造成了极大损害。例如，日本实行天皇至上的专制统治，国民被剥夺了表达自己意愿等权利，只能被战争口号所洗脑，被动员到战场上，或在后方的工厂里，被强制要求支持战争，付出了巨大的牺牲，以至于为了荒谬的所谓“维护国体”，日本战争领导层叫嚣要进行“本土决战”，竟然不惜全体日本国民“一亿玉碎”；主要由于严重忽视补给而战争旷日持久，日本阵亡的士兵中有半数以上是饿死的。

该书的第三个特点是针砭现实，面向未来。该书虽然是一部史学著作，却含有强烈的现实针对性。多年来，在日本特别是自民党内流行着赞颂日本战争的“战争美化论”、宣扬日本发动战争是所谓“自存自卫”的“靖国史观”。作为这一逆流发源地的靖国神社，在它大量发行的历史全景摄影集中，把“大东亚战争”赞颂为“日本民族的巅峰”，它的宣传影片甚至把太平洋战争说成是美国为摆脱经济和政治困境而“强迫日本开战”。这些观点还被塞进了一些历史教科书。多位日本首相参拜靖国神社，他们中有些人对战争性质态度暧昧，有些人公然美化这场战争。作者提出，认为“那场战争是正确的”的政治家们（包括现任执政党的政治家），是日本版的“新纳粹”，他们要推翻的不仅仅是日本宪法第九条和日本战后史，而且要推翻第二次世界大战后的世界史和世界秩序。这是彻头彻尾的亡国政治。这样的政治横行下去，日本在这个地球上将无法生存。作者呼吁，为了日本的前途和未来，为了亚洲和世界和平，日本国民要肩负起应尽的责任，批判“靖国史观”，击退这一逆流！在这些论述中，体现着作者真正的爱国主义，它与国际主义是高度一致的。

附录　作者简介

一、基本情况

董德刚，男，1950年1月出生于辽宁省沈阳市，汉族。1966届初中毕业生，1968年作为“知识青年”“上山下乡”到辽宁省清原县南八家公社插队落户暨“参加工作”。1971年加入中国共产党。1972年12月从南八家公社调往清原县干部学校充任理论教员。1973—1974年到辽宁大学哲学系进修。1975年起历任清原县敖家堡公社党委常委、革委会副主任、清原县干部学校党委委员、革委会副主任（副校长）等职。1982年春调往公安部劳改工作干部学校（现名为中央司法警官学院）政治理论教研室任教。1984年秋考取中共中央党校哲学硕士研究生（导师为高光教授），1987年夏毕业获哲学硕士学位并留校任教，1993至1997年在职攻读并获取哲学博士学位（导师为中共中央党校原副校长韩树英教授）。中共中央党校（国家行政学院）教授（1996年晋升）、博士生导师。曾任中共中央党校原哲学教研部副主任（2000—2010年）、全国应用哲学研究会会长、全国邓小平理论研究会副会长等职。2013年办理退休手续后，又被返聘和续聘为博士研究生指导教师，直至2020年夏所带学生全部按期毕业。

主要研究马克思主义哲学、当代中国的马克思主义、经济哲学。曾主持完成多项国家级、省部级科研课题和多部国家重点图书，并多次荣获省部级以上教学奖和科研奖。获国务院颁发的政府特殊津贴。

二、主要科研成果

（一）个人专著

1.《历史唯物主义方法论》，新疆人民出版社 1993 年出版，16 万字。

2.《创造更高的劳动生产率——社会主义经济哲学引论》（本人博士论文修订稿），经济科学出版社 1998 年出版，25 万字。

3.《社会主义初级阶段论》（“九五”国家重点图书《邓小平理论研究丛书》之一），经济科学出版社 1998 年出版，21 万字。

4.《邓小平经济哲学思想——以“三个有利于”为根本的建设哲学》（本人承担的国家社会科学基金一般项目最终成果），河南人民出版社 2001 年出版，28.2 万字。

5.《从“三个有利于”到“三个代表”——新时期党的基本理论研究》（中宣部和新闻出版总署确定的全国“迎接党的十六大重点图书”），海天出版社 2002 年出版，27 万字。

6.《当代中国根本理论问题——科学的马克思主义观研究》，河北人民出版社 2009 年出版，25.9 万字。

（二）个人文集

1.《思想者的足迹——哲学论文集》，文津出版社 1995 年出版，22 万字。

2.《哲学与现实》，经济科学出版社 1999 年出版，24 万字。

3.《用中国化马克思主义破解现实问题》，九州出版社 2012 年出版，48 万字。

4.《岁月留痕新编——人生轨迹 · 思想结晶 · 个人档案》，2018 年自行印制，39 万字。

5.《从“知青”到教授——我的五味人生》，2019 年自行印制，14 万字。

6.《哲学和社会主义新论》即本书，东方出版社 2023 年出版，30 万字。

（发表个人论文数百篇，主要文章已经收入以上文集中）

（三）合作著作

1.《社会主义改革的理论与实践》（王瑞璞主编，董德刚为作者之一），中共中央党校出版社 1991 年出版。

2.《当代哲学思潮研究》（中共中央党校哲学教研部集体撰写，董德刚为作者之一），中共中央党校出版社 1992 年出版。

3.《哲学前沿问题述要》（邢贲思主编，董德刚为作者之一），人民出版社 1993 年出版。

4.《马克思主义哲学教程》（中共中央党校哲学教研部集体撰写，董德刚为作者之一），中共中央党校出版社 1993 年出版，1997 年出版第 2 版（修订本）。

5.《毛泽东哲学思想》（国家“八五”重点图书，韩树英、杨春贵等著，董德刚为作者之一），山东人民出版社 1993 年出版。

6.《市场经济与道德流变——当前若干重大问题研究》（中共中央党校校级科研项目最终成果，贾高建、董德刚等著），中共中央党校出版社 1997 年出版。

7.《邓小平理论研究丛书》（“九五”国家重点图书，包括 10 部专著，杨春贵任主编，蒋宝恩、庞元正、董德刚任副主编，董德刚具体操作），经济科学出版社 1998 年出版。

8.《让思想冲破牢笼——“真理标准讨论”与新的思想解放》（庞元正、刘维林主编，董德刚为作者之一），中国人民大学出版社 1998 年出版。

9.《唯物史观新视野》（国家社会科学基金重点项目最终成果，董德刚、赵理文主持），东方出版社 1999 年出版。

10.《发展理论论纲》（庞元正等著，董德刚为作者之一），中共中央党校出版社 2000 年出版。

11.《邓小平理论基本问题》（中共中央党校教材、国家社科基金重大项目，郑必坚、龚育之、杨春贵、李君如主编，董德刚为作者之一），中共中央党校出版社 2001 年出版。此书后被列入“全国干部学习读本”，人民出版社 2002 年出版。

12.《新兴哲学丛书》（“十五”国家重点图书出版规划项目，包括政治哲学、经济哲学、管理哲学、价值哲学、公共哲学、历史哲学、生态哲学、语言哲学、科学哲学 9 本专著，庞元正、董德刚、韩庆祥主编。其中，董德刚牵头合作撰写了《经济哲学》一书），中共中央党校出版社 2004 年出版。

13.《马克思主义哲学前沿问题研究》（中共中央党校研究生教材，庞元正、董德刚主编，董德刚具体主持），中共中央党校出版社 2004 年出版。

14.《让哲学引领社会进步——韩树英教授从事党校教育五十周年、诞辰八十周年纪念文集》（庞元正、侯才主编，收入董德刚的两篇文章），中共中央党校出版社 2004 年出版。

15.《马克思主义哲学与党的思想路线研究》（中共中央党校教学参考书，庞元正、董德刚、韩庆祥主编，董德刚具体主持），中共中央党校出版社 2005 年出版。

16.《哲学二十二讲》（庞元正、董德刚、韩庆祥主编，董德刚具体主持），中共中央党校出版社 2005 年出版。

17.《“三个代表”重要思想概论》（“全国干部学习培训教材”，虞云耀主编，董德刚为作者之一），人民出版社、党建读物出版社 2006 年出版。

18.《基本理论精读》（侯少文主编，董德刚为作者之一），中共党史出版社 2006 年出版，后曾修订再版。

19.《干部成长规律和党校教育规律研究——中共中央党校“两个规律”课题研究成果汇编》（中共中央党校科研部、中共中央党校研究室编），中共中央党校出版社 2009 年版。

20.《马克思主义哲学的新探索（1978—2009）》（中国辩证唯物主义研究会编），北京师范大学出版社 2010 年版。

21. 南方周末编：《摸一摸河对岸 —— 大参考卷》，上海世纪出版股份有限公司上海书店出版社 2011 年版。

22.《邓小平理论研究 · 2013》（张峰主编），人民出版社 2013 年版。

23.《邓小平理论研究 · 2014》（张峰主编），中共中央党校出版社 2014 年版。

24.《马克思主义哲学前沿问题》[中共中央党校（国家行政学院）学位研究生教材，董振华主编]，中共中央党校出版社 2018 年版。

25.《当代中国马克思主义哲学研究 2018》（任平、曹典顺主编），中央编译出版社 2020 年版。

其他合著作品百余部（略）。

（四）网站专栏

人民网、爱思想网开设了《董德刚专栏》，中国改革网、中道网、哲摄线等网站辑录了《董德刚文集》。

三、获奖概况

（一）教学奖

1. 1990 年 12 月，获中共中央党校校务委员会“中共中央党校教学奖”——“1988—1990 年部门教学奖”。

2. 1993 年 9 月，获中共中央党校校务委员会“1991 至 1993 年中青年教师教学优秀奖”。

3. 1996 年 9 月，获中共中央党校校务委员会“中央党校 1995—1996 学年教学辅导优秀奖”。

4. 1998 年 9 月，获中共中央党校校务委员会“1997—1998 学年教学优秀奖”。

5. 2001 年 9 月，获中共中央党校校务委员会“二〇〇〇至二〇〇一学年教学优秀奖”。

（二）科研奖

1.1996年9月，《一个国有大企业的出色答卷》一文（集体合作调研报告，庞元正执笔）获中共中央宣传部精神文明建设第五届“五个一工程”入选作品奖。

2.1999年9月，个人专著《创造更高的劳动生产率——社会主义经济哲学引论》一书获“中共中央党校1995至1998年度优秀科研成果二等奖”。

3.1999年9月，《市场经济与道德流变》一书（贾高建、董德刚等集体合作成果）获“中共中央党校1995至1998年度优秀科研成果二等奖”。

4.1999年9月，《中国工业企业怎样实现“零的突破”》一文（集体合作成果）获“中共中央党校1995至1998年度优秀科研成果二等奖”。

5.2001年7月，论文《认识社会主义的方法论》一文获全国党校系统纪念中国共产党成立80周年理论研讨会论文二等奖。

6.2002年9月，获中共中央党校校务委员会“二○○○至二○○一年度科研工作优秀奖”。

7.2004年6月，论文《邓小平理论若干热点难点问题探讨》一文被评为中共中央直属机关工作委员会“邓小平生平和思想”征文活动“优秀论文二等奖”。

8.2004年8月，论文《邓小平理论研究中的几个问题》一文被评为“全国党校系统纪念邓小平同志诞辰100周年理论研讨会优秀论文”。

9.2009年9月，论文《对“什么是马克思主义、怎样对待马克思主义”的求索》一文被评为“全国党校系统纪念新中国成立60周年理论研讨会优秀论文”。

10.2017年12月，论文《论人民主体理念及其落实问题》获中国马克思主义研究基金会颁发的2017年度中央党校退（离）休人员科研成果奖。

11.2018年12月，文章《用理论的方式为改革开放鼓与呼——兼忆个人党校教学科研生涯》获中央党校离退休干部局“亲历者说改革开放 40 年征文”二等奖。

12. 2018 年 12 月，论文《关于人类共同价值的几点思考》获中国马克思主义研究基金会颁发的 2018 年度中央党校退（离）休人员科研成果奖。

13. 本人参与撰写、董振华主编的中共中央党校学位研究生教材《马克思主义哲学前沿问题》（中共中央党校出版社 2018 年 9 月出版），2018 年 9 月获中共中央党校“2017 至 2018 学年学位研究生教材创新奖一等奖”，2019 年 12 月获中国马克思主义基金会第六届马克思主义研究优秀成果三等奖。

14. 2020 年 12 月，论文《全面把握共产党人的价值观 —— 坚持人民主体地位与为人民服务的统一》获中国马克思主义研究基金会颁发的 2020 年度中央党校退（离）休人员科研成果奖。

15. 2021 年 12 月，论文《论国家治理现代化的一般规律》获中国马克思主义研究基金会颁发的 2021 年度中央党校退（离）休人员科研成果奖。

16. 2022 年 12 月，论文《论国家治理在历史唯物主义中的定位》获中国马克思主义研究基金会颁发的 2022 年度中央党校退（离）休人员科研成果奖。

（三）图书奖

1. 2002 年 6 月，个人专著《邓小平经济哲学思想 —— 以“三个有利于”为根本的建设哲学》一书获中南五省（区）人民出版社第二十四次优秀图书奖。

2. 2002 年 9 月，个人专著《邓小平经济哲学思想 —— 以“三个有利于”为根本的建设哲学》一书获第 17 届北方十五省、市、自治区哲学社会科学优秀图书奖。

3. 2003 年 12 月，个人专著《从“三个有利于”到“三个代表”——新时期党的基本理论研究》被中共广东省委宣传部评为广东省精神文明建设第五届“五个一工程”入选作品。

4.2010 年 9 月，个人专著《当代中国根本理论问题 —— 科学的马克思主义观研究》一书获“第二十五届北方十五省、市、自治区哲学社会科学优秀图书奖”。